상
두
지

상두지

비운의 실학자,
조선의
국방 청사진을
그리다

이덕리 지음 · 정민 강진선 민선홍 외 옮김

Humanist

■ 일러두기

• 이 책은 국민대학교 성곡도서관 소장《미산총서(嵋山叢書)》제6책에 수록된 이덕리(李德履)의《상두지(桑土志)》필사본을 완역한 것이다.

• 번역문의 차례는 필사본 원문의 차례와는 조금 다르다. 필사본 원문 권두에 수록된 차례는 본문에 명시된 몇몇 편목을 빠뜨리거나 제목을 달리 붙인 경우가 있어 번역 과정에서 이를 교정한 것이다. 단, 책 뒤쪽에 실은 원문에는 필사본 권두의 차례를 그대로 실었다.

• 번역문에 보이는 행갈음은 문맥을 고려하여 임의로 한 것이다. 원문에서 단락이 나뉜 부분은 번역문에서 한 줄을 더 떼어 구분했다.

• 필사본 원문에 오탈자가 있는 경우, 이를 교정하고 각주에 그 내용을 밝혔다.

•《상두지》속 '車'로 표기된 병장기는 모두 '차' 음으로 읽었다. 다만, 기존에 '거' 음으로 알려진 기기는 고치지 않고 그대로 따랐다.

고전학자인 나는 자료를 통해 옛사람과 만난다. 우연히 맞닥뜨린 자료가 말을 건네면, 시간과 공간을 초월한 대화창이 열린다. 그간의 학문 인생에서 이 같은 접속이 적지 않았다. 이번 책의 주인공인 이덕리(李德履, 1725~1797)와의 만남은 조금 특별했고, 또 남달랐다.

2006년 여름, 다산(茶山) 정약용(丁若鏞)의 친필 서간을 보려고 강진 백운동 이효천 선생 댁을 찾았다. 이 집에서 초서로 쓴 《강심(江心)》이란 낯선 이름의 작은 책자를 보았다. 책에는 지은이를 확인할 수 있는 정보가 없었다. 이것이 필자와 이덕리와의 첫 대면이었다. 그 책 속에 실린 〈기다(記茶)〉가 한국 차계(茶界)에서 그토록 애타게 찾고 있던 《동다기(東茶記)》임을 확인하기 전까지, 나는 이 책이 과거를 준비하던 서생의 과책문(科策文)을 모아둔 그저 그런 책이라고 생각했다.

〈기다〉가 바로 《동다기》임을 확인하는 과정에서 이 책의 저자가 그때까지 알려져 온 정약용이 아니라 이덕리라는 사실도 드러났다. 깜짝 놀라 계속 파고드는 동안 《상두지(桑土志)》란 책이 하나 더 포착되었다. 이 책마저 엉뚱하게 정약용의 저술로 둔갑해 소개되고 있었다. 어이가 없었다.

작자에 관해 추적하기 시작했다. 도대체 문헌에 남은 것이 없었다. 희미한 자국을 찾아서 책의 저자와 《동다기》의 발굴을 알리는 논문을 썼다. 차계의 반응이 뜨거웠다. 그런데 뭔가 석연치 않았다. 어딘가 켕겼다. 그리고 몇 해 뒤에 그 석연치 않은 켕김이 같은 문중의 동명이인을 저자 이덕리로 잘못 비정한 데서 온 것이었음을 깨달았다. 같은 전의(全義) 이씨인 데다 시기마저 비슷했다. 무엇보다 족보에 이덕리가 이덕위(李德威)라는 이름으로 올라 있었던 것이 오류를 낳게 한 결정적인 원인이었다.

마음이 너무 불편해서 전의 이씨 대종회 사무실과 종친회를 찾아가 수소문 끝에 직계 후손을 만났다. 직계 후손조차도 이덕리의 존재와 그의 저술에 관해 아무것도 모르는 상태였다. 그는 철저히 익명의 존재로 지워져 있었다. 친형 이덕사(李德師, 1721~1776)가 정조 즉위년인 1776년에 사도세자의 복권을 청하는 상소를 올렸다가 대역부도에 몰려 사형에 처했고, 이에 연좌되어 이덕리 또한 진도에 귀양 가서 19년을 살다가 다시 영암으로 이배되어 2년 뒤에 그곳에서 세상을 떴다. 자식 셋도 동시에 함경도와 전라도, 경상도로 뿔뿔이 유배되어 이후 한 번도 서로 만나지 못한 채 세상에서 잊혔다.

이윽고 양근 땅에 위치한 그의 무덤을 찾아 절을 올리고, 작업을 서둘러 2018년 가을 《잊혀진 실학자 이덕리와 동다기》(글항아리)란 책을 펴냈다. 그 책의 서문에서 나는 "살아서 슬펐고, 죽어서도 불운했던 한 실학자의 영전에 이 책을 바친다."고 썼다. 새롭게 정리한 묘소에 내가 비문을 지어 비석에 새겼고, 그 영전에 책을 올렸다.

사실《동다기》가 중요해도, 그의 생애가 걸린 본격 저작은 이번에 완역하여 소개하는《상두지》다. 처음 이 책의 존재를 알린《여유당전서보유(與猶堂全書補遺)》(경인문화사, 1974)의 영인본에는 책의 원본 소재를 밝히지 않고, 다만 두계(斗溪) 이병도(李丙燾) 박사의 구장본으로만 소개되어 있었다. 그래서 또 중간에 사람을 넣어 이병도 선생의 후손가에 문의해보았지만 그런 책이 없노라는 대답이 돌아왔다. 그러는 사이에 소득 없이 여러 해가 지나갔다. 그러다가 우연히《상두지》원본이 국민대학교 성곡도서관에 있는《미산총서(嵋山叢書)》속에 한 부분으로 끼어들어 있는 사실을 확인했다. 단걸음에 달려가 원본 자료를 보자, 비로소 작자 문제가 꼬이게 된 전말을 가늠할 수 있었다.

이덕리의 직계 후손인 이종화 선생은 폐묘 상태의 이덕리 묘소에서 나온 귀가 깨진 제기 받침 하나를 들고 와 내게 보여주며, 이제껏 불운하게 귀양 가서 죽은 처사공(處士公) 할아버지로만 알았는데 이렇게 대단한 분이셨다니, 뒷머리를 한 대 맞은 것처럼 어리둥절하다며 눈시울을 붉혔다. 이덕리의 직계 후손은 변고 이후 경북 청송으로 숨어들어 오늘날까지 힘겹게 문호를 이어왔다. 그이의 글썽이는 눈빛을 보다 결국 이덕리의 두 책을 모두 내가 번역해 세상에 알려야겠다고 다짐했다.

《상두지》는 국방과 무기에 관한 책이라 낯선 분야인 데다, 전문 용어가 많아 막상 번역이 쉽지 않았다. 그래서 작년에 조선 후기 유박(柳璞)의 원예서인《화암수록(花菴隨錄)》번역을 함께했던 제자들과 스터디 그룹을 꾸려 지난 1년간 이 책을 옮겼다. 관련 도판을 부지런히 찾고,

전문 용어에 관한 주석도 상세히 달았다. 특별히 실학박물관의 연구 지원을 받아 번역 작업을 진행할 수 있어서 큰 힘이 되었다. 실학박물관 김태희 관장님께 감사의 마음을 전한다. 전의 이씨 문중의 이종준 선생과 직계 후손 이종화 선생의 더운 마음도 늘 고맙다.

작업의 전 과정을 함께한 제자들이 자랑스럽다. 이덕리 선생께 진 마음의 빚에서 이제는 벗어날 수 있을 것 같다. 휴머니스트 김선경 선생과 하빛 씨가 편집을 위해 애를 많이 썼다. 이 또한 감사하다.

2020년 여름
정민 쓰다.

차례

《상두지》 권2

비운의 실학자 이덕리와 《상두지》의 국방 기획

이덕리의 《상두지》는 우리에게 아직 낯선 책이다. 18세기 후반의 국방 전략과 군사·무기 관련 전문서인 이 책은 1974년에 김영호 교수가 펴 낸 《여유당전서보유》 제3책에 다산 정약용의 저작으로 잘못 수록되면 서 세상에 처음으로 알려졌다. 《상두지》 원본은 국민대학교 성곡도서 관이 소장하고 있는 이병도 박사 구장의 《미산총서》 8책 중 제6책 속 에 들어 있다.

이덕리는 《상두지》 외에 중국과의 차(茶) 무역을 통해 국부(國富)를 창출해 국방 인프라 구축 비용으로 쓸 것을 제안한 《동다기》를 따로 남겼다. 하지만 어찌 된 일인지 이 또한 최근까지 정약용의 저술로 잘 못 알려져 왔다. 필자는 2006년 정약용의 강진 시절 제자 이시헌(李時憲, 1803~1860)의 집이었던 강진 백운동 별서정원을 찾았다. 그곳에서 《강심》이란 표제의 필사본 시문집을 만났고, 이 책에 실린 〈기다〉가 바로 초의선사(草衣禪師)가 자신의 《동다송(東茶頌)》 속에 인용한 《동다

기》라는 사실과 그 저자가 정약용이 아닌 이덕리임을 확인했다.[1]

이후 이덕리를 추적하는 과정에서 《여유당전서보유》에 수록된 《상두지》 또한 이덕리의 저작이고, 《동다기》와는 자매편의 성격을 띠는 저술임을 알게 되었다. 한편 《상두지》가 실려 있는 《미산총서》는 정약용이 강진에서 해배되어 마재로 돌아온 이후의 제자인 미산(嵋山) 정주응(鄭周應, 1805~1885)의 저술로 알려졌지만, 이 《미산총서》 8책은 국립중앙도서관에 소장된 또 다른 《미산총서》 6책과 규장각본 《비어고(備禦考)》 10책과 함께 정약용의 사라진 저술 《아방비어고(我邦備禦考)》의 일부임을 필자가 별도의 논문에서 상세히 밝힌 바 있다.[2]

정약용은 유배지 강진에서 《아방비어고》를 엮을 당시, 인근의 영암 지역에서 유배 중 세상을 뜬 이덕리의 유고 《상두지》를 입수해 살핀 뒤, 이를 자신의 《아방비어고》에 비중 있는 한 부분으로 수록했다. 다만 죄인 신분이어서 자신을 드러내기 꺼렸던 이덕리의 의도적인 기술 태도로 인해 엉뚱하게 정약용의 저술로 오인되었고, 이제껏 직계 후손뿐 아니라 학계에서조차 이덕리의 존재 자체를 아예 모르고 있었다.

2018년 《동다기》 번역에 이어 이번에 《상두지》 전문을 완역함으로써 한 불운한 실학자의 비원(悲願)의 전모가 비로소 세상에 환하게 드러나게 된 것을 기쁘게 생각한다. 이 글에서는 저자인 이덕리의 생애와

---

1 이덕리의 생애와 저술, 특히 《동다기》에 관해서는 《잊혀진 실학자 이덕리와 동다기》(정민, 글항아리, 2018)에서 상세히 소개했으므로 여기서는 가볍게 다루었다. 이 서설은 같은 책의 프롤로그와 2부 1장 〈국방의 경륜을 담은 대표 저술, 『상두지』〉 부분의 내용을 일부 수정·보완하여 재집필한 것임을 밝혀둔다.

2 정민, 〈다산(茶山) 《비어고(備禦考)》의 행방〉, 《대동문화연구》 100집, 2017.

저술 경위를 정리하고,《상두지》에 담긴 국방 기획의 열개와 자료적 가
치를 간략하게 제시하기로 한다.

이덕리의 생애와 저작 동기

전의 이씨 족보에는 이덕리의 이름이 이덕위로 나온다. 대역죄에 연좌
되어 유배된 죄인이었던 까닭에 족보에서 이름을 바꾼 것으로 보인다.
자는 이중(而重)이며, 명종~선조 연간의 관료이자 문장으로 이름이 있
던 청강(淸江) 이제신(李濟臣, 1536~1583)의 6대손이다. 이징택(李徵澤,
1689~1770)의 셋째 아들이자, 정조 즉위년 사도세자의 추존을 논한 상
소문을 올렸다가 대역부도로 몰려 극형에 처한 이덕사의 친동생이다.
부인은 고흥(高興) 유씨(柳氏) 성종(星宗)의 딸이다.

　1775년경 윤광심(尹光心, 1751~1817)이 펴낸 《병세집(幷世集)》은 당
대에 글솜씨로 명성이 있던 문사들의 시문을 엮어 편집한 선집이다. 이
책 속에 이덕사와 이덕리 형제는 박지원(朴趾源), 이용휴(李用休) 등 당
대의 쟁쟁한 문인들과 나란히 이름을 올렸다. 대과에 급제해 벼슬길에
있던 형 이덕사와 달리 이덕리는 포의(布衣)의 신분이었음에도 시권(詩
卷)과 문권(文卷)에 이름을 다 올린 것을 보면 지위에 비해 그 문명(文
名)이 상당히 높았음을 알 수 있다. 하지만 겨우 몇 편 남은 글만으로는
그의 젊은 시절 모습을 온전히 그려보기 어렵다.

　정조가 즉위한 지 채 한 달도 되지 않은 1776년 4월 1일, 이덕사가
사도세자의 신원을 청하는 상소문을 올렸다. 이 일은 당시 어수선한 조

정의 분위기에서 가장 예민한 정치적 뇌관을 건드렸고, 정조는 이튿날 이덕사를 대역부도의 죄목으로 동소문 밖에서 능지처참에 처했다. 이덕리는 이덕사의 친동생으로 이 사건에 연좌되어 다음 날 진도로 귀양을 갔다.[3] 이때 이덕리는 이미 52세의 중년이었다.

이덕리의 세 아들 또한 숙부의 죄에 연좌되어 귀양길에 올랐다. 장남 이형배(李馨培, 1748~1826)는 함경도 무산으로, 3남 이경배(李絅培, 1758~1805)는 경상도 남해로, 4남 이필령(李畢靈, 1764~1841)은 전라도 강진으로 귀양 갔다. 아버지와 세 아들은 하루아침에 멸문의 화를 만나 겨우 목숨만 보전한 채 뿔뿔이 흩어져 이후 다시는 얼굴을 보지 못했다. 차남 이승배(李昇培)만 일가인 이덕용(李德容)에게 진작에 입계되어 유배를 면했다. 이후 이덕리는 유배지인 진도의 성문 밖 통정리에서 흙벽의 귀뚜라미 소리를 들으며 적막하게 살았다. 1795년 10월 호남에 기근과 전염병이 돌았는데, 특히 진도의 상황이 좋지 않았다. 이에 조정은 인도적 차원에서 그곳에 있던 죄인들을 주변의 각지로 나누어 배치했고, 1776년 4월에 진도로 귀양 왔던 이덕리는 19년 반 만에 뭍으로 나와 영암 땅에 이배되었다. 그는 이곳에서 2년 남짓 더 살다가 쓸쓸히 세상을 떴다.

그는 진도의 유배지에서 자신의 존재를 각인하듯《상두지》와《동다기》저술에 심혈을 쏟았다. 이덕리는 왜 그 고단한 유배지에서 그 많은 자료를 뒤져가면서《상두지》와《동다기》를 썼을까?《상두지》서문에서

---

3 《승정원일기(承政院日記)》 1379책, 정조 즉위년(1776) 4월 3일 기사에 이덕리와 세 아들을 비롯한 일가의 연좌 및 유배 사실이 보인다.

이덕리는 이렇게 적고 있다.

이《상두지》한 권은 부서진 집, 비가 새는 거처에서 해진 옷에 이를 잡으면서 얻은 것이 대부분이다. 농사짓는 것도 버리고 직분 너머의 것을 생각했으니, 나를 알아줄 것도 나를 죄줄 것도 바로 여기에 있을 것이다, 여기에 있을 것이다. 잠시 가을바람이 서늘해지고 이른 곡식을 방아 찧을 만할 때를 기다려 이 책을 소매에 넣고 가서 먼저 광범문(光範門) 밖으로 달려가 그다음에는 비변사의 제공에게 고하리라. 만약 혹 청찬만 하고 채택하지 않는다면, 곧장 내년 봄 임금께서 원행(園幸)하시는 날에 임금의 수레 앞을 범하는 죄를 피하지 아니하고 배다리 곁에서 절하고 이를 올려, 당나라 대종(代宗) 때 남자 순모(郇模)가 광주리와 자리를 가지고 가서 30글자를 바쳤던 고사를 본받겠다. 사람들이 미쳤다고 하는 것이 이 같은 지극함에 이른다면, 공중에서 이 말을 듣고 웃는 자가 있는 것에 가까울 것이다.
계축년(1793) 정월 상순에 쓰다. 공(公)이 야인(野人)에 이름을 가탁하고자 하였으므로 권도(權道)로 이 서문을 써서 자신을 감추었다.

자신을 알아줄 것도 죄줄 것도 이 책 때문일 것이라고 했다. 형 이덕사의 상소로 하루아침에 풍비박산된 집안과 품은 경륜에도 불구하고 세상에 아무 기여도 하지 못한 자신의 삶을 돌아보며, 마지막으로 경륜문자(經綸文字)를 남겨 나라에 보탬이 되겠다는 충정을 담아 이 책을 썼다고 말한 것이다. 글 끝에 작은 글씨로 "공이 야인에 이름을 가탁하고자 하였으므로 권도로 이 서문을 써서 자신을 감추었다."고 썼는데, 이덕리가 죄인의 처지였기에 신분과 성명을 끝까지 밝히지 않았다는 말이다. 이 대목이 이 책을 정약용의 저술로 오인하게 만드는 빌미가 되었다.

이덕리가 이 책을 쓴 것은 장차 국가에 혹 닥쳐올지 모를 전란에 대비할 필요가 있다는 생각에서였다. 나라에 전쟁이 사라진 지 200여 년이 되자 놀고 즐기며 안일에 빠진 벼슬아치들의 태도를 근심했다. 책 제목 '상두(桑土)'에 이 같은 뜻을 담았다. '상토'로 읽지 않고 '상두'로 읽는 것은《시경(詩經)》〈빈풍(豳風)〉의 '치효(鴟鴞)'에서 "장맛비가 오기 전에 저 뽕나무 뿌리를 가져다가 둥지를 얽었거늘[迨天之未陰雨, 徹彼桑土, 綢繆牖戶]"이라 한 데서 나왔다. 상두는 뽕나무 뿌리다. 올빼미가 지혜로워 큰비가 오기 전에 뽕나무 뿌리를 물어다가 둥지의 새는 곳을 미리 막는다는 뜻이다. 환난을 미연에 방지한다는 유비무환의 의미로 많이 쓴다.

이덕리가 이 책을 완성하고 서문을 쓴 시점이 1793년 1월 초다. 1776년에 진도로 유배되고 17년이 지났다. 당시 그의 나이는 69세였다. 유배지의 척박하고 절박한 상황에서 필생의 열정을 쏟아《상두지》를 완성하고도 자신의 이름을 드러내놓고 밝히지 못했다.

《상두지》 저자의 오인 경위

김영호 교수가 엮어 펴낸《여유당전서보유》에서《상두지》를 발견하고 나서도 원본의 소장처를 찾는 일은 쉽지 않았다. 필자는 대단히 복잡한 과정을 거쳐 이병도 박사 구장의 《미산총서》가 허선도 교수의 기증으로 국민대학교 성곡도서관에 소장되어 있음을 확인했다. 그 과정은 앞선 책에서 자세히 설명한 바 있으므로 다시 쓰지 않겠다. 1973년 허 교수가 처음으로 《미산총서》를 소개한 뒤, 1974년 김영호 교수가 이 자료를 정약용의 저술로 판단해 《여유당전서보유》에 수록했다. 하지만 《상두지》는 이후 40여 년이 지나도록 특별한 후속 연구 없이 학계에서 방치되었다.[4] 독립된 책의 형태로 전하는 것이 따로 없는 데다, 저자를 판단할 모든 정보가 누락되어 있고, 무엇보다 정약용의 제자였던 정주응이 집록(輯錄)한 내용에 포함된 까닭에 정약용의 수많은 저술 중 하나로 잘못 알려졌기 때문일 것이다.

　《상두지》는 조선 후기의 지리와 기후, 경제와 군사 정보 등에 관한 폭넓은 식견을 바탕으로 평시와 전시에 서북방 연로(沿路) 지역의 방어 체제와 무기 체계를 정밀하게 논한 실학적 저작이다. 정약용이 〈자찬묘지명(自撰墓誌銘)〉에서 직접 언급한 저술 중 유일하게 실체가 확인되지 않았던 《비어고》의 일부로 포함된 책이기도 하다. 하지만 《상두지》는 정약용의 저술 속에 이미 세 차례나 이덕리의 이름으로 인용된 바 있다. 《경세유표(經世遺表)》와 《대동수경(大東水經)》 그리고 《민보의(民堡議)》에 각각 한 차례씩 인용된 것이다.[5] 그런데도 이 책이 정약용의

4　《상두지》에 대한 논고는 노영구 교수의 〈《상두지(桑土志)》의 군사기술론: 성제(城制), 전차(戰車)를 중심으로〉(《문헌과해석》 41, 2007)가 유일하다. 다만 저자에 관한 논의에서 필자의 앞선 논거에 따라, 필자가 잘못 추정한 동명이인 이덕리를 《상두지》의 저자로 보았는데, 노영구 교수께 대단히 송구하게 생각한다.

저술로 잘못 알려져 온 것은 실로 납득하기 어렵다.

정약용은《경세유표》와《대동수경》및《민보의》를 편찬할 당시 이미 이덕리의《상두지》를 입수하여 가까이 두고 참고 자료로 활용했다.《민보의》가 1812년 봄에 완성되었고,《대동수경》이 1814년 겨울에 정리가 끝났으며,《경세유표》가《방례초본(邦禮艸本)》이라는 이름으로 1817년 본격적인 작업이 시작되었던 점을 고려할 때, 정약용이《상두지》를 손에 넣고 자신의 저술에 활용한 것은 적어도 1812년 이전이었음이 분명하다. 이덕리가 쓴《상두지》의 서문이 1793년 1월에 작성되었고, 그가 1797년에 세상을 떴으니, 정약용이 이 책의 초고를 손에 넣은 것은 그의 사후 10년 안팎의 일이 된다.

한편《상두지》의 〈치둔전(置屯田)〉 조에 흥미로운 대목이 보인다. 본문에 달린 주석 가운데 "정안(晴案): 이 이하의 문장은 분명치 않은 대목이 많아 지금 10여 구절을 삭제하였다.[晴案: 此下文多未詳, 今刪十餘句.]"라는 대목이다. '정안'은 정약용의 강진 유배 시절 제자였던 이정(李晴)의 안설(案說), 즉 이정이 덧붙인 설명이란 의미다.《상두지》에는 이정의 안설이 두 군데 들어 있다. 책 속에 이정의 안설이 포함되어 있으니,《상두지》의 초고 정리도 강진 시절 정약용과 그 제자인 이정에 의해 이루어졌음을 알 수 있다. 이 구절은《상두지》의 편찬 과정에 관한 의미심장한 시사점이다. 이정의 안설이 포함되었다는 것은 초고 상태의《상두지》원본이 1812년보다 훨씬 이전에 정약용의 손에 들어갔다는 뜻이고, 뒤죽박죽이던《상두지》의 초고를 정약용의 지시에 따라

---

5   해당 인용과 자세한 논의는《잊혀진 실학자 이덕리와 동다기》122~132쪽을 참조할 것.

이정이 날렵한 솜씨를 발휘해 현재의 수준으로 끌어올렸다는 의미다.

이덕리의 저술을 정약용의 저술로 오인한 것은 이전부터 답습해온 것이기도 하다. 김윤식(金允植, 1835~1922)은 《운양집(雲養集)》 권12에 실린 〈문정공이 올린 정묘호란 뒤 평안도와 황해도의 일 처리에 관한 상소문 뒤에 삼가 쓰다[敬書文貞公丁卯亂後兩西事宜疏後]〉에서 "근세에 정다산이 《상두지》를 지어, 관서(關西)의 직로(直路)에 성을 쌓고 보루를 설치하고자 했다. 내가 일찍이 그 정확한 논의에 감복했었다."고 쓴 바 있다.[6] 또 김영호 교수는 《여유당전서보유》의 《상두지》 해제에서 "정인보(鄭寅普) 선생은 일제 때에 《상두지》를 찾아 다산 저술로 확인한 바가 있고, 당시 그 책의 소장자로서 정인보 선생과 출판 문제를 협의했던 조국원(趙國元) 선생은 이 책을 보고 당시 정인보 선생이 확인했던 책과 내용이 일치하는 동일 서책이라고 증언하고 있다."고 적었다.[7]

이로 보아 김윤식이 《상두지》를 정약용의 저술로 오인한 이래 정인보를 거쳐 일반화된 것이 아닌가 한다. 또한 정인보와 조국원이 직접 본 또 다른 필사본 《상두지》가 있었다는 사실도 확인된다.[8] 언젠가 이 책 또한 출현할 날을 고대한다. 《상두지》의 원저자는 이덕리가 명백하다. 그리고 그 초고를 정리해 기록으로 남긴 것은 1812년 이전, 강진 시절의 정약용과 그의 제자 이정에 의해서였다.

---

6   김윤식, 《운양집》 권12, 〈서후(書後)〉, '경서문정공정묘란후양서사의소후(敬書文貞公丁卯亂後兩西事宜疏後)'. "近世丁茶山著有桑土志, 欲於關西直路, 築城設堡, 余嘗服其確論."

7   김영호, 《여유당전서보유》 3책, 〈해제〉, 경인문화사, 1974, 4쪽.

8   이 증언에 따라 조국원 선생의 아드님인 조남학 선생을 찾아뵙고 《상두지》의 존재를 확인해보았으나, 선친의 유품을 다 보관하고 있지만 이 책은 본 적이 없다는 대답을 들었다.

《상두지》의 주요 내용과 구성

이제 《상두지》의 구성과 주요 내용을 간략히 소개하겠다. 《상두지》는 전체 2권으로, 권두 목차 상 42개의 항목에 124개의 세칙으로 구성되어 있다. 권1에서는 주로 둔전(屯田)과 축성(築城) 분야를 다루고 있다. 둔전에 관해서는 역대 중국의 둔전 제도를 살피고, 조선에서 둔전을 운용할 방안으로 둔전 설치 지역과 규모, 둔전용 토지를 사들일 재원 마련책, 산간 지대의 수리 시설 설치 방안, 둔졸의 모집 대상과 운용비 마련 및 급료 지급 방식 등을 제시했다. 이어서 성터의 선정부터 흙과 벽돌 등 축성 자재의 조달, 성의 크기와 높이 등 축성에 관한 각종 기본 정보를 정리하고 있다.

권2에서는 축성과 무기, 전술 분야를 다루고 있다. 권1에서 일반적인 축성 정보를 제공했다면, 권2에서는 관서(關西)와 해서(海西) 지역의 실제 도로 상황과 청나라 군대의 전술에 맞춰 성을 설계해 성벽을 쌓고, 돈대를 세워 대포를 안치하고, 도로와 도랑, 함정을 설치해 적을 막아내는 방법을 논했다. 이어서 북방 기마병과의 접전에 특화된 도검류의 철제 무기와 방어구, 화포 등의 각종 화약 무기나 전차 같은 여러 병장기의 제원과 제작법 및 활용 방안을 제시했다. 마지막으로는 《무편(武編)》과 《후감록(後鑑錄)》, 《만사합지(蠻司合誌)》 같은 중국의 병학서에서 변방의 이민족이나 농민군과의 공성전에 시도되었던 각종 전법과 무기 생산을 위한 제철과 제련에 관한 내용을 초록해 정리했다.

항목마다 예시를 들어 이해를 도왔고, 한 항목에 여러 세칙이 있으면 첫 글자를 한 자 올려 써서 표지를 두었다. 다만 각각의 항목이 다소 무질서하게 나열되어 있고, 항목 간 서열도 통일성이 없다. 항목의 제목도 앞쪽에 붙은 경우, 끝에 붙은 경우, 아예 제목이 없는 경우 등 제멋대로다. 이는 이덕리의《강심》에 수록된〈기다〉, 즉《동다기》에서도 나타나는 현상이다. 이 같은 체제상의 불일치와 혼란은《상두지》가 필사될 당시《강심》과 마찬가지로 상당히 어지러운 초고 상태였음을 짐작하게 한다. 다만 이미 서문까지 작성되어 있던 점으로 보아 이덕리로서는 일단 정리를 끝낸 상태였던 것은 분명하다.

《상두지》에서 인용한 책들은 유배지의 열악한 상황을 고려하면 뜻밖에도 상당히 풍부한 편임을 알 수 있다. 그는 조선과 중국의 각종 역사서와 더불어 중국 당나라 때 편찬된《두씨통전(杜氏通典)》의〈병전(兵典)〉부터《삼국지(三國志)》나《수호지(水滸志)》는 물론이며, 특히《무비지(武備志)》,《서호이집(西湖二集)》,《무편》,《후감록》,《만사합지》처럼 명말청초 시기 중국에서 간행된 각종 병학 관련 서적을 인용했다. 또한 조선 중·후기의《동환봉사(東還封事)》와《유원총보(類苑叢寶)》,《추포집(秋浦集)》 등을 인용했으며,《반계수록(磻溪隨錄)》에서도 관련 내용을 참고한 것으로 추정된다. 아울러 자신의 6대조인 이제신의《청강소설(淸江小說)》, 이덕수(李德壽)의《서당사재(西堂私載)》같은 한집안의 문집과 편서 등도 비교적 폭넓게 활용했다. 오랜 시간 준비해서 관련 자료를 구하고 카드 작업을 거쳐 각각의 항목을 집필한 셈이다. 그는 이 저술을 통해 유배된 죄인의 처지이기는 하지만 국가의 장래를 걱정하는 붉은 뜻을 잃지 않았음을 보여주고 싶었던 듯하다.

정약용은 후에《아방비어고》를 정리하면서 전쟁과 국방에 관련된 각종 기록을 집대성했다. 특별히 국민대학교가 소장한《미산총서》8책은 대부분 청나라의 강역과 산천, 성지(城池) 등에 관한 종합 정보와 지도, 정묘·병자호란의 전후 사정과 청나라의 개국 경과를 정리한 내용으로 구성되어 있다. 여기에 《상두지》를 추가하면서 청나라의 침입에 대비한 서북 지역의 둔전 운영 및 축성과 함정 등 방어 시설의 설치, 화포와 전차 등 무기 체계의 정비에 관한 내용을 보완할 수 있었다. 실제로 정약용의 방대한 《아방비어고》에서 군수와 병기 분야에 하드웨어적으로 접근하는 저작은 《상두지》가 유일하다. 이런 점에서 《상두지》는 근대 이전에 국방 시스템에 관한 구체적인 비전을 담은 보기 드문 저작으로, 그 자료적 가치가 작지 않다.

《상두지》의 국방 전략과 무기 체계

유배 이전에 시문으로 이름이 있었던 이덕리가 말년에 유배지에서 느닷없이 국방과 무기 체계를 논한 《상두지》를 지은 것은 어떤 연유에서였을까? 서문에서 그는 "고래 같은 풍파가 우리나라에서 잠잠해진 지 이미 200년이나 되고, 붉은 투구를 쓴 청나라 황제가 하늘에 교제(郊祭)를 지낸 것 또한 이미 150차례나 된다."면서, 이러한 때 "규정과 법도를 하나로 통합하여 흐리고 비 올 때를 대비하지 아니하고, 한갓 패거리 지어 자기와 다른 이를 배척하면서 아침저녁으로 느긋하게 여유를 부리는 것은 여러 관리의 계책이 잘못된 것"이라고 썼다.

이덕리는 조선이 지난 200여 년간 전쟁이 없었다고는 하나, 청나라가 일어난 지 150년이 지났는데도 망할 기미가 없는 현실을 자각해야 한다고 보았다. 이럴 때 유비무환의 방비를 서두르지 않고, 그저 당동벌이(黨同伐異)의 당쟁에만 골몰하는 풍조를 우려했다. 자신이 이 같은 싸움의 피해자였기에 더욱더 그랬을 것이다.

그는 또 "나를 알아줄 것도 나를 죄줄 것도 바로 여기에 있을 것이다."라고 썼는데, 이 말은 공자가 《춘추(春秋)》를 짓고 나서 "나를 알아주는 것도 오직 《춘추》 때문일 것이며, 나를 죄주는 것도 오직 《춘추》 때문일 것이다!"라고 한 말에서 끌어온 것이다. 이 한 마디로 그는 자신의 저술인 《상두지》에 관한 무한한 책임감과 자신감을 드러내 보였다. 한 번의 실전 경험이나 병영 체험도 없던 그가 무슨 근거로 이 같은 자신감을 보이는지, 그 자신감이 실전과 결합할 때 어떠한 효과를 가져올지에 관해서는 필자가 논의할 수 있는 범위가 아닌 까닭에 전문 연구자에게 미루기로 한다.

이덕리가 《상두지》를 지을 당시, 그의 유배는 이미 17년을 넘어서고 있었다. 비록 철저히 익명의 그늘 뒤로 숨었지만, 서문의 내용으로 미루어 그는 자신의 이 야심 찬 저작이 당로자의 손을 거쳐 임금에게까지 이르기를 바랐던 것이 틀림없다. 아울러 이덕리가 18세기 후반이라는 이 시기에 《상두지》 저술에 힘을 쏟은 것은 당시 국왕 정조가 병학에 남다른 관심을 보인 점과 더불어 국내에서 《병학통(兵學通)》,《무예도보통지(武藝圖譜通志)》,《군려대성(軍旅大成)》,《성도전편(城圖全編)》 같은 병학서가 잇달아 간행되며 군사학에 대한 세간의 관심이 높아진 시대적 분위기와도 무관치 않아 보인다.

국방 전략이란 국가 간 대결 구도에 따른 주적(主敵)의 성격 변화, 인구 변화에 따른 병력의 수급과 농업 기술에 따른 군수 물자의 보급 능력, 제철과 제련, 화력 기술의 발전에 따른 무기 체계의 진화 등에 따라 시시각각 변화하기 마련이다. 조선 초기에는 북방의 여진족을 주적으로 삼았으므로 군제와 전술이 기병전 중심으로 짜였다. 하지만 임진왜란 초기 왜군의 조총 앞에 이전의 전략과 전술이 무력화되자 이를 대폭 수정해야만 했다. 왜군의 단병전술(短兵戰術)에 대응하기 위해《기효신서(紀效新書)》의 절강병법(浙江兵法)에 기초한《병학지남(兵學指南)》이 편찬되었고, 이에 기반한 보병 운용이 군제와 전술의 주종을 이루게 되었다.

하지만 명나라 군대가 사르후[薩爾滸]전투에서 후금의 철기(鐵騎)에게 대패하고, 조선 역시 정묘·병자호란을 겪으면서 다시 북방의 기마병이 조선의 주적으로 자리하게 된다. 이에 따라 이덕리의 시대에는 절강병법이 주종에서 밀려나고, 청나라 철기의 집중 돌격에 대비한 기병 전술의 중요성이 다시 강조되었다. 여기에 더해 18세기 이후 화약 무기 기술이 급격하게 발달하면서 전체 무기 체계에 큰 변화를 가져왔다. 특히 홍이포(紅夷砲) 같은 대형 화포의 전래는 밀집 대형의 보병 중심에서 기동력이 뛰어난 기병 중심으로 조직을 재편하게 했고, 화포를 쉽게 옮기기 위해 수레 제작도 활성화했다. 이 같은 상황에서 1748년 조선에 들어온 모원의(茅元儀)의《무비지》는 중국의 역대 전투에서 실전에 투입되었던 각종 전차의 도판과 제원에 관한 상세한 설명을 담고 있어, 중요한 군사 자료로 활용되기도 했다.[9]

이덕리의《상두지》는 이처럼 국방 전략을 수립하는 데 변수로 작용하는 내·외부 상황의 변화 추세를 읽어내고 각종 군사 관련 서적을 섭렵하여, 조선의 재정 상황과 서북 지역의 지형과 기후, 도로 상황 등 각종 군사적 조건에 최적화된 방어 체제와 이를 뒷받침할 특성화된 무기 체계를 갖출 것을 건의코자 했다.

이를 위해 이덕리가 가장 먼저 주목한 것은 둔전이다. 양란 이후 전결(田結)의 감축과 양안(量案)의 미비로 국가의 재정이 불안정한 상황에서 자신이 구상한 국방 시스템을 구현하기 위해서는 현지에서 안정적으로 군량을 조달할 뿐 아니라 방어 시설과 각종 무기의 제작 및 유지 비용을 감당할 둔전을 반드시 조성해야 한다고 본 것이다. 이를 위해 우선 한나라부터 명나라 말기까지 역대 중국 왕조에서 시행한 둔전제도의 연원과 운영 방식 및 각각의 장·단점을 분석하여 조선에 적합한 둔전제 마련에 참고하고자 했다. 이어서 지금 당장 조선에서 둔전을 운용하기 위한 구체적인 시행 방안을 강구했다.

우선 황해도와 평안도, 함경도에 자리한 45개 발막(撥幕)마다 둔전을 설치하며, 처음에는 둔전마다 50~100명의 둔군을 두다가 재정 형편에 맞추어 점차 200~300명까지 규모를 늘려갈 것을 주장했다. 둔전용 토지를 확보할 방안으로는 강제적인 절수(折受)가 아닌 국가가 토지를 사들이는 급가매득(給價買得) 방식을 취해 백성의 피해를 최소화하고자 했다. 평균 토지 매입 가격으로는 둔졸 1인당 경작 가능한 수전(水田) 스무 마지기를 500냥으로 책정해 시가(時價) 이상으로 후하게 쳐주었으며, 둔전 하나당 100명을 양성할 경우 토지 구입 비용만 최소 5만 냥,

---

9 관련 논의는 〈18세기 기병(騎兵) 강화와 지방 무사층(武士層)의 동향〉(노영구, 《한국사학보》 13, 2002), 〈정조대 병서 간행의 배경과 추이〉(노영구, 《장서각》 3, 2007), 《조선후기 기병전술과 마상무예》(최형국, 혜안, 2013)를 참조했다.

45개 둔전 기준으로는 총 225만 냥이 소요될 것으로 판단했다.

토지 매입 재원을 마련하기 위해 지역의 부민(富民)을 대상으로 둔장(屯長)의 제수 같은 일종의 매관(賣官) 제도를 시행코자 했으며, 이와 함께 국제적인 차 무역으로 국가 재정을 보충하는 방안을 간단히 설명하고, 더 자세한 내용은 별도의 〈다설(茶說)〉, 즉 《동다기》를 참고토록 했다. 둔졸은 평안도와 황해도, 경기도에 소속된 속오군(束伍軍)의 제색(諸色) 군사 중에 선발하고, 이들에게 매년 30냥의 급료와 거처를 제공하도록 했다. 즉, 소작(小作)을 통해 국가와 둔졸이 생산물을 나누는 방식이 아니라, 풍년이든 흉년이든 관계없이 매년 일정한 급료를 받는 일종의 임금 노동자 지위를 부여한 것이다. 이와 동시에 군대의 조련과 포상 방식을 제시함으로써 둔군의 전투력을 극대화할 방안도 모색했다.

이 과정에서 갈오(渴烏)를 이용한 산악지대의 수리 시설 제작법과 실제 운영 방안에 관해 여태껏 중국과 조선의 문헌에서 찾아볼 수 없던 자세한 설명을 덧붙이고, 둔졸에게 나누어줄 급료를 계산하는 셈판을 창안했으며, 추포(秋浦) 황신(黃愼)이 선조 연간에 올린 차자(箚子)와 별단(別單)을 근거 삼아 대동법(大同法)의 최초 제창자로 잠곡(潛谷) 김육(金堉)이 아니라 황신을 내세운 점은 흥미로운 부분이다.

이어서 축성을 중심으로 서북 지역의 방어 시설 설치와 운영 방법을 제시했다. 여기에는 병자호란 당시 서로(西路)의 곧고 평탄한 도로 상황으로 인해 후금의 기병이 빠르게 남하할 수 있었던 데 반해 조선의 방어 체계는 산성 위주여서 속수무책으로 당했던 뼈아픈 역사적 사실이 반영되었다. 이에 지세에 맞는 성터의 선정 기준과 설치 규모, 흙과 벽돌 같은 축성 자재의 조달 등 축성에 필요한 기본 정보와 더불어 서북 지역의 지리적 환경과 청나라 군대의 주력인 철기군을 겨냥하여 지망법(地網法)을 활용한 도로망 구축과 기병에 맞선 수성전에 효과적인 요고성(腰鼓城)의 설계와 축성, 돈대와 성첩의 설치, 대포의 안치 방법, 은성(隱城)과 정장(亭鄣)의 운용, 함정을 설치하는 방어 시스템 구축 방법 등을 구체적으로 제안했다.

이어 서북 지역의 지세와 기후, 상대의 전략 전술에 특화된 각종 무기류에 관한 소개를 잇대어, 수성전에서 펼칠 수 있는 공격과 수비책을 제시했다. 여기서는 전차(戰車)와 화기(火器), 그 밖의 냉병기(冷兵器) 등 크게 세 부류의 무기를 소개하고 있다.

첫째, 전차로는 귀차(龜車), 사륜차(四輪車), 삼륜차(三輪車), 괴자차(拐子車), 화차(火車), 궤도형 사륜차, 궤도형 오륜차, 개량형 귀차, 질려차(蒺藜車), 질려 결합형 화차, 빙차(氷車) 등 열한 가지가 상세한 제원과 함께 소개되어 있다. 형태상으로는 덮개를 씌운 판옥 형태, 질려나 화염 무기를 장착해 공격력을 강화한 형태, 겨울철 빙판에서 쓰이는 빙차 등 특수한 형태의 전차로 구분할 수 있다. 철기를 주력으로 하는 청나라 군대와 맞붙는 전투에서 기선을 제압하기 위한 다양한 대비책을 상황에 맞춰 제안한 것이다. 더욱이 이들 전차를 그때그때 상황에 따라 규모를 줄이거나 개량할 수 있는 탄력적 형태로 구상한 점이 눈에 띈다. 지형적 특성을 반영한 궤도형 전차의 존재나 압록강 빙판에서 벌어지는 전투에 대비한 빙차의 구상도 시선을 끈다.

둘째, 화기로는 요고포(腰鼓砲)와 선자포(扇子砲), 분통(噴筒)과 주작포(朱雀砲), 현조포(玄鳥砲) 등의 화포가 소개되고 있으며, 발화성 연료인 솔기름을 활용한 화공법도 보인다. 요고포는 솔기름불과 산초가루를 발사하는 화생방 무기에 가깝고, 선자포는 다연발 화포이며, 화염방사기에 해당하는 분통 같은 무기도 새롭게 선보인 것들이다. 이에 반해 주작포와 현조포는 수레에 얹어 쓰는 돌격형 화포인데, 모두 기마병을 제압하는 데 초점을 맞추고 있다.

셋째, 검이나 창 같은 냉병기로 거도(鋸刀)와 무쇠검[水鐵劍], 철퇴(鐵槌) 등이 제시되고 있다. 특별히 거도를 강조했는데, 접근전에서 적 기병이 탄 말의 다리를 자르거나 기병을 찌르는 데 위력적이기 때문이다.

이 같은 각종 전차와 화포, 냉병기는 모원의의 《무비지》를 비롯해 중국의 병학서에 등장하는 무기들을 참고하되, 서북 지역의 지형적 특징, 즉 산악의 경사로에서 벌어질 전투를 염두에 두고 적의 기병을 효율적으로 공략할 수 있는 특성화된 전술 무기로 설계되었다. 이러한 전술무기들의 실전성에 관한 판단 또한 전문 연구자들에게 맡기기로 한다.

자매편 《동다기》에서 제시한 재원 마련책

《상두지》에서 제안한 국방 구상은 엄청난 재원을 투입해야 실현할 수 있다. 당시 조선의 재정 형편으로는 자칫 탁상공론에 그치고 말 소지가 다분했다. 이덕리는 이 기획을 현실에 옮기기 위한 재원 마련책으로 국제적인 차 무역을 과감히 제안했다. 이와 같은 주장은 《동다기》라는 이덕리의 별도 저술에도 자세히 등장하는데, 문집에는 〈기다〉란 이름으로 실려 있다. 《상두지》에 보이는 다음의 한 단락은 《상두지》와 《동다기》가 자매편의 관계에 있음을 보여준다.

한나라와 당·송 이래로 나라의 큰 이익은 관(官)에서 관리하고 지키는 데서 나오지 않은 것이 없다. 생선과 소금, 차와 술에서 나오는 이익이 모두 나란히 관으로 돌아가니, 일반 백성의 곤핍함 또한 여기서 말미암는다. 이는 나라를 소유한 자가 마땅히 본받을 바가 아니다. 다만 차는 천하가 똑같이 즐기는 것이지만, 우리나라만 유독 잘 모르므로 비록 모두 가져다 취하더라도 이익을 독점한다는 혐의가 없다. 국가가 채취를 시작하기에 꼭 알맞다.

영남과 호남에는 곳곳에 차가 있다. 만약 한 말의 쌀을 1근의 차로 대납하게 하고, 10근의 차로 군포를 대납하도록 허락한다면 수십만 근을 힘들이지 않고 모을 수 있다. 배로 서북관의 개시(開市)에 운반해 월차(越茶)에 인쇄해서 붙여둔 가격과 같이 1냥의 차에서 2전의 은을 받으면 10만 근의 차로 2만 근의 은을 얻을 수 있고, 돈으로는 60만 전이 된다. 이 돈이면 한두 해가 못 되어 45개의 둔전을 설치할 수 있다. 따로 〈다설(茶說)〉이 있는데 아래에 첨부해 보인다.

앞서 살펴보았듯, 이덕리는 《상두지》에서 청나라 군대의 침략을 막기 위한 대비책으로 둔전의 조성을 가장 먼저 꼽았다. 이를 위해 차의 국제 무역으로 수입을 창출하여 그 돈을 둔전의 조성 재원으로 쓰자는 이덕리의 주장은 그의 수미일관한 구상을 잘 보여준다. 요컨대 자신이 《상두지》에서 제안한 국방 시스템을 현실화하는 데 소요되는 막대한 재원을 국제적인 차 무역을 통해 힘들이지 않고 마련할 수 있다고 본 것이다. 여기에 적힌 표현과 논리는 《동다기》의 본문 내용과 정확히 일치한다. 즉, 원문에 등장하는 〈다설〉이란《동다기》를 달리 이른 말이라는 것이다. 이를 통해《동다기》가《상두지》에서 제안한 국방 시스템을 구현하기 위한 재원 마련책으로 제시된 부록의 성격을 띤 글임을 확인할 수 있다.

당시 호남 각지의 산지에 자생하던 차나무는 차에 관해 무지했던 조선 사람들에게 땔감 취급이나 받던 천덕꾸러기였다. 이덕리는 19세 때인 1743년 상고당(尚古堂) 김광수(金光遂)의 집에서 처음 차를 맛보았고, 이후 1760년 남해안 고군산도에 표착한 표류선에서 흘러나온 엄청난 양의 황차(黃茶)가 조선 전역에 근 10년간 유통되는 것을 보았다. 그는 이 차의 포장과 가격표를 보고 깜짝 놀라, 차가 부가가치가 높은 상품임을 처음 알았다. 이후 진도 귀양지에서 야생의 차나무를 목격하면서 차 무역의 구상을 구체화하기 시작한 것으로 보인다.

《강심》의 기록을 통해 볼 때, 이덕리는 진도의 유배지에서 직접 차를 만들어보았고, 그 맛과 효능도 훌륭했던 것으로 추정된다. 이 경험을 살려 그는《동다기》를 지어 차 제조법과 차 전매 제도의 구체적인 운용 방안을 제시했다. 그에게 차는 엄청난 국부를 창출할 수 있는 유형 자산이자, 백성의 입맛과 건강을 담보해줄 블루오션이었다.《동다기》 뒷부분의 〈다조(茶條)〉에는 차 채취에 따른 인력 동원 계획과 작업 진행 과정, 이들에게 줄 금전적 보상 방법 등이 자세히 설명되어 있다. 국가에서 비변사의 낭청첩(郎廳帖)을 발부해 서울의 각급 약국에서 차를 잘 아는 사람을 차출하고, 각 고을로 파견해 찻잎 채취에서 제다(製茶)까지 가르쳐 생산을 관리·감독하게 한다. 이렇게 만든 차를 품질 검사를 거쳐 1근당 50문의 보상비를 지불하고, 고급 포장지로 포장해 서북의 개시(開市)로 보내 북방 이민족에게 판매한다.

이덕리는 이 과정을 꼼꼼한 원가 계산과 비용을 따져 한 해 1만 근의 차 생산에 5천 냥의 비용을 들여, 포장·운송 및 인건비와 창고 물류비용을 제하고도 1년에 순수익으로 8만 냥 이상을 얻을 수 있다고 보았다. 나아가 해마다 생산량을 늘려 100만 근의 차를 채취하면 국가에서 순수익으로만 1년에 800만 냥을 얻게 된다고 했다. 가난한 백성의 생계에도 도움이 되고 국가는 막대한 수익을 창출할 수 있게 되므로, 이것을 국방 비용으로 지출한다면 그야말로 국방 재정의 기반을 일거에 바꿀 수 있는 획기적인 기획이 아니겠느냐고 역설한 것이다. 이렇듯 이덕리는《상두지》의 국방 기획을《동다기》의 국제적인 차 무역과 연계시키며 구체적인 재원 마련책까지 제시함으로써, 일개 서생의 탁상공론을 넘어서는 탁월한 안목을 보여주었다.

이덕리의 이 같은 제안은 안타깝게도 조선 사회에서는 아무런 반향도 일으키지 못한 채 잊혀버리고 말았다. 그 가능성은 이로부터 130여 년이 지난 1925년 식민지 조선에 들어온 일본인들에 의해 재조명되었다. 일본의 본초학자 나가오 만조[中尾萬三, 1882~1936]는 강진 대구면에 청자 도요지를 둘러보러 왔다가 우연히 장흥 지역의 청태전(靑苔錢) 떡차를 맛보고는 매우 놀랐다. 1천 년 전에 사라진 것으로 믿어온 당나라 육우(陸羽) 시대의 떡차 제법이 원형 그대로 조선에 남아 있었기 때문이다. 이후 일본인들은 조선의 떡차에서 독특한 풍미와 함께 상업화의 가능성을 보았고, 1940년 태평양전쟁 당시 보성 차밭에서 4만 개의 떡차를 생산해 몽골의 전장에 납품하기도 했다. 이덕리의《상두지》와《동다기》는 본 적도 없던 이들이, 조선의 떡차를 보자 그 잠재적

부가가치를 바로 알아보고는 차 무역을 실행에 옮겼던 셈이다.

　이덕리의 《상두지》가 세상에 남게 된 데는 정약용의 역할이 절대적이었다. 정약용이 어떠한 경로로 《상두지》를 입수했는지는 분명치 않다. 다만 분명한 사실은 정약용이 《상두지》를 읽고 난 뒤 그 꼼꼼한 주장에 감복하여 자신의 저술에 이를 세 차례나 인용함으로써 세상에 이덕리의 이름과 이 책의 존재를 처음으로 알렸다는 것이다. 하지만 정약용이 이덕리의 이름과 함께 인용했던 이 책이 도리어 정약용의 저작으로 잘못 알려졌고, 이덕리가 세상을 뜬 지 220년이 지난 오늘날까지도 그의 존재는 망각의 저편에 묻혀 있었다. 이번 《상두지》 완역을 계기로 이 자료가 지닌 국방사적 가치와 의의에 관한 연구가 한층 활발해져 그간 우리의 기억에서 지워졌던 실학자 이덕리의 위상에도 변화가 있기를 기대한다.

　끝으로 2018년 봄 이덕리의 묘소에 세워진 필자가 지은 비문의 끝자락을 소개하며 글을 맺는다.

　한 시대의 영준(英俊)이 잡초 속에 흙으로 묻혀 있다가 때를 만나서야 그 이름과 저술이 다시금 환히 드러났고, 우리는 잊혀진 실학자 한 사람을 다시 기억할 수 있게 되었으니 세도오륭(世道汚隆)과 현회소장(顯晦消長)의 감개가 없을 수 없다. 명(銘)한다.

청강공(淸江公) 크신 기우(氣宇) 한 세상을 울리었고

지범공(志范公) 깊은 효성 일문(一門) 우뚝 세우셨네.

간기(間氣)를 타고나서 병세문명(並世文名) 높았더니

낙백실혼(落魄失魂) 원도부처(遠島付處) 도화(韜禍)도 매서워라.

토벽(土壁)의 실솔성(蟋蟀聲)에 이십성상(二十星霜) 다 녹이어

《상두지》와 《강심》〈기다〉 구국경륜(救國經綸) 대문자라.

《비어고》에 수록되고 《동다송》이 기렸어도

진토고골(塵土枯骨) 한 줌 흙이 무삼 앎이 있을손가.

천도필환(天道必還)이어니 남은 원망(怨望) 있으랴만

아! 님아 넋 남았다면 웃고 굽어보소서.

《상두지》 권1

미산(嵋山) 정사욱(鄭士郁)[1] 엮다.[2]

1　미산(嵋山) 정사욱(鄭士郁)은 19세기 조선의 무관 정주응을 이른다. 미산과 사욱은 그의 호(號)와 자(字)다. 본관은 동래(東萊)로, 이름난 무반 집안 출신이다. 음보(蔭補)로 관직 생활을 시작해, 철종~고종 연간에 경상좌도수군절도사, 강계부사, 한성부관윤 등을 지냈다. 다산 정약용이 1818년에 해배되어 두릉(杜陵)에 머물자 중형 상응(商應)과 함께 정약용의 제자가 되었다. 이론과 실무에서 인정받은 역량 있는 유장(儒將)이었다고 전한다.

2　《미산총서》 제3책부터 《상두지》가 실려 있는 제6책까지 각 책의 권두에는 이처럼 '미산정사욱집(嵋山鄭士郁輯)'이라고 적혀 있다. 정주응이 이를 정리해 엮었다는 것인데, 이를 곧이곧대로 믿기에는 무리가 있다. 정주응의 집록은 과거 정약용이 직접 정리하여 발문을 쓰고 강진 시절의 벗 이중협(李重協)의 이름을 빌려 엮은 《비어고》의 내용을 말 그대로 옮겨 적거나 일부 보완하는 수준에 그친 것으로 보인다. 《미산총서》에 수록된 발문들이 작성되던 때 정주응은 고작 10대 중반에 불과했으며, 《상두지》 본문 이곳저곳에 정약용의 강진 유배 시절 제자인 이정(李晴)의 안설까지 들어 있다는 점을 고려할 때, 이는 정주응이 아니라 정약용이 강진 시절 제자들의 조력을 받아 정리한 것이라고 봄이 타당하다.

서문(序文)

대저 사람이 천지와 나란히 삼재(三才)가 되는 것은 수제치평(修齊治平)을 잘하기 때문이다. 하지만 간혹 지혜가 집안일에 주밀하지 못하고 사려가 아침저녁에 미치지 못하면서도 육합(六合)³을 마음대로 가지고 놀고 만고(萬古)를 꿰뚫어 보아, 순서를 매기고 등수를 정해 하늘에까지 올라가는 경우도 있다. 나는 나라의 남쪽, 바다 섬에 살고 있다. 평생에 읽은 책이라곤 고작 수십 권에 지나지 않는다. 그럴진대 참으로 이른바 우물에 앉아 하늘을 보는 격이라 하겠다. 또한 일찍이 한두 번 서울에 가서 도읍의 성대함을 실컷 보았으므로 궁궐과 관청과 거리를 능히 또렷하게 기억한다. 하지만 흥인문(興仁門) 동쪽이나 모래재[沙峴]⁴ 서쪽으로는 한 번도 발길이 넘어가 본 적이 없다. 이 같은 견문을 가지고 천하의 대세를 말하고 고금의 운수를 말하려 드는 것은 또한 어려운 일이다.

다만 푸른 물결이 하늘을 쳐도 지맥(地脈)은 끊어지지 않고, 만상(萬

---

3 육합(六合)은 하늘과 땅, 동·서·남·북[天·地·東·西·南·北]을 가리킨다.
4 사현(沙峴)은 모래재라는 뜻으로, 오늘날 서울 서대문구 현저동에서 홍제동으로 넘어가는 고개를 이른다.

像)이 빼곡히 늘어서도 별자리를 점칠 수 있음을 생각할 때, 비록 바다 귀퉁이의 무지한 백성이라고는 해도 조정에서 미처 헤아리지 못하는 바에 관해 논하는 것이 또한 참람하지만은 않을 것이다. 하물며 지금은 사방의 문이 활짝 열려 궁궐이 몹시 가까운 탓에, 꼴 베고 나무하는 자의 주장이 조정의 논의[紅纓之下]⁵와 아무런 차이가 없다. 하지만 고래 같은 풍파가 우리나라에서 잠잠해진 지 이미 200년이나 되고, 붉은 투구를 쓴 청나라 황제가 하늘에 교제(郊祭)를 지낸 것 또한 이미 150차례나 된다. 이때 규정과 법도를 하나로 통합하여 흐리고 비 올 때를 대비하지 아니하고, 한갓 패거리 지어 자기와 다른 이를 배척하면서 아침 저녁으로 느긋하게 여유를 부리는 것은 여러 관리의 계책이 잘못된 것이다.

만력(萬曆) 연간에 모원의(茅元儀)⁶가 《무비지(武備志)》를 지어 이를 들고 연경으로 갔지만, 일을 담당한 관리는 아무도 응대하지 않았다. 이등방(李騰芳)⁷이 요수(遼帥) 이문(李汶)⁸ 소부(少傅)의 제도를 정리하면

5 주광(紅纓)은 면류관(冕旒冠)의 양쪽에 달아놓은 솜 방울을 이른다. 이를 임금의 귓가에 늘어뜨려 임금이 정사를 보며 참언(讒言)과 불급(不急)한 말들을 함부로 듣지 않는다는 의미를 담고 있다. 여기서는 임금이 자리한 조정에서 들리는 이야기를 의미하는 것으로 보인다.
6 모원의(茅元儀, 1594~1640)는 중국 명나라 말기의 관료로, 자가 지생(止生)이고 호는 석민(石民)이다. 할아버지 모곤(茅坤)의 영향을 받아 병담(兵談)을 좋아했다. 천계(天啓) 연간에 손승종(孫承宗)의 막료로 종군했으며, 후에 황제의 총애를 받으며 전횡을 일삼던 환관 위충현(魏忠賢) 등의 모함을 입고 분개하여 죽었다. 그가 저술한 《무비지》는 역대의 군사·무기 관련 자료를 집대성한 책으로, 항목별로 도판(圖版)이 함께 실려 있다. 총 240권이다.
7 이등방(李騰芳, 1565~1631)은 중국 명나라의 관료로, 자가 자실(子實)이고 호는 상주(湘洲)다. 예부상서 등을 지냈다.
8 이문(李汶, 1535~1609)은 중국 명나라의 관료로, 자가 종제(宗齊)이고 호는 차계(次溪)다. 병부상서 등을 지냈다.

서, 가상으로 위험한 상황에 일이 일어나기 전의 경계를 담았다가 마침내 이 때문에 죄를 얻었다. 〈칠석오엽(七夕梧葉)〉 시에서 "천하가 이토록 어지러운데, 일에 앞서 한 사람이 근심하누나.[正如天下亂, 先有一人憂.]"라고 하였는데, 이 두 사람은 이른바 천하의 근심에 앞서 근심한 자가 아니겠는가? 근심하여 말을 하였고, 말하였지만 듣지 않은 것은 말한 자의 잘못이 아니다.

이 《상두지》 한 권은 부서진 집, 비가 새는 거처에서 해진 옷에 이를 잡으면서 얻은 것이 대부분이다. 농사짓는 것도 버리고 직분 너머의 것을 생각했으니,⁹ 나를 알아줄 것도 나를 죄줄 것도 바로 여기에 있을 것이다, 여기에 있을 것이다.¹⁰ 잠시 가을바람이 서늘해지고 이른 곡식을 방아 찧을 만할 때를 기다려 이 책을 소매에 넣고 가서 먼저 광범문(光範門)¹¹ 밖으로 달려가 그다음에는 비변사의 제공에게 고하리라. 만약 혹 칭찬만 하고 채택하지 않는다면, 곧장 내년 봄 임금께서 원행(園幸)하시는 날에 임금의 수레 앞을 범하는 죄를 피하지 아니하고 배다리

---

9 이 말은 《시경(詩經)》의 문구를 인용한 것이다. 《시경》, 〈당풍(唐風)〉, '실솔(蟋蟀)'에 "귀뚜라미가 당에 있으니 이 해가 드디어 가는도다. 지금 우리가 즐기지 않는다면 세월은 가버리리. 하지만 그렇게 한다면 너무 태평하지 않겠는가. 직분 밖의 일도 생각하여, 즐기되 지나치지 않는 것이 좋은 선비가 힘쓰는 바일세.[蟋蟀在堂, 歲聿其逝. 今我不樂, 日月其邁. 無已大康, 職思其外. 好樂無荒, 良士蹶蹶.]"라고 한 대목을 인용한 것이다.

10 이 말은 공자가 《춘추(春秋)》를 짓고 한 말을 인용하여 이덕리 자신이 《상두지》에 갖는 책임감과 자신감을 드러낸 것이다. 《맹자(孟子)》, 〈등문공(滕文公)〉 하편에 "《춘추》 같은 책을 쓰는 것은 천자(天子)가 하는 일이다. 이 때문에 공자께서 말씀하시기를 '나를 알아주는 것도 오직 《춘추》 때문일 것이며, 나를 죄주는 것도 오직 《춘추》 때문일 것이다!' 하셨다.[春秋, 天子之事也. 是故孔子曰: '知我者, 其惟春秋乎! 罪我者, 其惟春秋乎!']"라고 했다.

11 광범문(光範門)은 경복궁의 내사복시(內司僕寺)로 들어가는 왼쪽 협문의 이름이다.

곁에서 절하고 이를 올려, 당나라 대종(代宗) 때 남자 순모(郇模)가 광주리와 자리를 가지고 가서 30글자를 바쳤던 고사를 본받겠다.[12] 사람들이 미쳤다고 하는 것이 이 같은 지극함에 이른다면, 공중에서 이 말을 듣고 웃는 자가 있는 것에 가까울 것이다.

계축년(1793) 정월 상순에 쓰다. 공(公)[13]이 야인(野人)에 이름을 가탁하고자 하였으므로 권도(權道)로 이 서문을 써서 자신을 감추었다.

---

12 이 말은 중국 당나라 대종(代宗) 때 순모(郇模)가 계책을 바친 고사를 인용한 것이다. 순모는 대나무 광주리와 갈대 자리를 쥐고 장안(長安)의 동쪽 시장에서 통곡했다. 그는 한 글자당 한 가지 일로 쓴 30자의 상소를 황제에게 바치고자 하여, 만약 쓰이지 않는다면 갈대 자리에 제 시신을 싸서 광주리 안에 담아 시장에 버려지기를 청했다. 황제가 마침내 그를 불러 만나보고, 새 옷을 내리고 객성(客省)에 있게 했다. 《자치통감(資治通鑑)》 권224, 〈당기(唐紀)〉, '대종(代宗)'에 보인다.

13 공(公)은 이 책의 원저자인 이덕리를 이른다.

둔전의 제도[屯田制]

둔전(屯田)[14]은 오래된 것이 아니다. 한(漢)나라 무제(武帝) 때 효제역전과(孝弟力田科)[15]를 운영하며 윤대(輪臺)[16] 땅에서 둔전을 시행할 것을 논의하였으나 결과를 얻지는 못하였다. 조조(曹操)의 때에 이르러서야 허도(許都)[17]에 둔전을 두어 곡식 100만 곡(斛)을 비축하였다. 이것으로 남쪽을 치고 북쪽을 정벌할 때 양식이 떨어질 염려가 없게 되었다. 조

---

14 둔전(屯田)은 군수를 조달하기 위해 군대가 머무는 지역에서 경영한 토지로, 본래는 군인이 농사를 지었다. 군량을 현지에서 조달하여 운반 경비를 줄이는 효과적인 물적 기반이었다. 또한 대개 황무지나 묵정밭을 개간하여 설치했으므로 국가나 관청에 의한 토지 개간의 성격을 띠었다. 이는 결과적으로 국·공유지를 늘렸으며, 민유지와는 다른 국·공유지 경작 형태를 만들어냈다.(연세대학교 국학연구원 편,《한국토지용어사전》, 혜안, 388~392쪽)

15 《상두지》필사본 원문에는 '효제역경과(孝弟力耕科)'로 되어 있으나 인용 과정에서 발생한 오기로 보아 '효제역전과(孝弟力田科)'로 번역했다. 효제역전과는 중국 한나라 혜제(惠帝) 때 처음으로 시행된 관리 선발 제도다. 백성에게 효도와 공경을 장려하고 농사에 힘쓰게 하려는 목적이었다. 한나라 문제(文帝) 때 본격적으로 효제(孝弟), 역전(力田), 삼로(三老)의 직책을 두어 군현의 교화를 담당하도록 했다.

16 윤대(輪臺)는 중국 한나라 때 무제(武帝)가 정복했던 서역의 지명이다. 수속도위(搜粟都尉) 상홍양(桑弘羊) 등이 이 지역에 둔전을 실시하여 흉노와의 전쟁에 대비할 것을 주장했으나, 무제가 승인하지 않았다.

17 《상두지》원문에는 허하(許下)로 쓰여 있는데, 이는 중국 하남(河南)에 위치한 허도(許都)를 가리킨다. 낙양(洛陽)을 낙하(洛下)라 이르는 것과 같은 이치다. 조조의 아들인 조비 때 이 지역을 허창(許昌)이라 개칭했다.

조가 천하를 얻었던 것은 실로 이 방법을 썼기 때문이다. 조비(曹丕)와 조예(曹叡)의 때에 이르러서도 이를 행하여 오히려 그만두지 않았다. 등애(鄧艾)가 사마의(司馬懿)에게 의견을 올려 "허도의 둔전을 회남(淮南)과 회북(淮北)으로 옮겨 5만 명을 동원하고 열에 둘씩 번갈아 쉬게 하면, 7년 이내에 10만 군사가 5년간 먹을 양식을 마련할 수 있습니다. 그렇게 한 뒤라야 오(吳)나라를 도모할 수 있을 것입니다."라고 하였다. 사마의가 그의 말을 따라 마침내 오나라를 멸망시켰다.[18]

이에 앞서 제갈량(諸葛亮)이 군량 보급이 이어지지 않아 자신의 뜻을 펴지 못하였으므로, 오장원(五丈原)에 출정할 적에 군사들을 나누어 둔전을 두었다. 둔전을 경작하는 이들이 위수(渭水) 가에서 농사짓는 백성 사이에 뒤섞여 지냈으나 백성은 이를 괴롭게 여기지 않았다.[19] 그 훌륭한 법식과 아름다운 제도를 비록 상세히 알 수는 없으나, 수만 명에 이르는 원정군을 적과의 접경까지 깊이 들어가게 해서는 군사와 농사에 힘을 나누게 한 뒤에야 적이 땅을 파고 납작 엎드려 감히 똑바로 보지 못하게 하였다. 그렇다면 조 씨와 사마 씨가 가서 국내에서 경작한 것과 견주어도 더욱 어려운 일이라 하겠다.

당(唐)나라 진무군(振武軍) 전운사(轉運使) 한중화(韓重華)[20]는 세금을

---

18 이 말은 진수(陳壽)의 《삼국지(三國志)》 권28, 〈등애전(鄧艾傳)〉에 나온다. "회북에 2만 명, 회남에 3만 명의 둔졸을 두어 10명 중 2명씩 교대로 쉬게 하면 4만 명이 일정하게 농사를 지으며 방어할 수 있다.[令淮北屯二萬人, 淮南三萬人, 十二分休, 常有四萬人, 且田且守.]"고 했다.

19 이 말은 진수의 《삼국지》 권35, 〈제갈량열전(諸葛亮列傳)〉을 인용한 것이다. 원문은 이렇다. "亮每患糧不繼, 使己志不申, 是以分兵屯田, 爲久駐之基. 耕者雜于渭濱居民之間, 而百姓安堵."

20 한중화(韓重華)는 중국 당나라 말기인 헌종(憲宗) 대의 관료다. 대주자사(代州刺史), 대북수운사(代北水運使)를 지내며 대북(代北) 지역에 둔전을 경영할 것을 주장했다.

횡령하여 옥사에 갇혀 있던 900여 명의 장리(贓吏)에게 쟁기와 소를 주어 그 주변의 노는 땅을 갈게 하였다. 이에 2년 만에 없어졌던 40만 곡을 전부 배상하게 할 수 있었다. 한중화가 또 다음과 같이 청하였다. "사람을 모아 15개의 둔을 만들고, 하나의 둔에는 130명을 두어 100경(頃)의 땅에 씨를 뿌리게 합니다. 또 이들에게 각각 높은 데로 나아가 보루(堡壘)를 쌓게 하면 강하와 산을 출입하는 600여 리 사이에 둔전과 보루가 서로 이어져 적이 노략질하러 와도 능히 버리지 않고 사람들이 그 속에서 밭을 갈 수 있으니, 배나 수레로 운반하는 비용을 조금이나마 덜 수 있을 것입니다." 조정에서 그 의논을 따르니 가을에 과연 평소의 갑절을 거두어 한 해 탁지(度支)[21]의 돈 1,300만 냥을 절약하였다. 한중화가 또 와서 이렇게 아뢰었다. "밭 4천 경을 더 개간한다면, 변방의 5개 성을 모두 먹일 수 있습니다. 밭 5천 경은 법으로 사람 7천 명을 써야 합니다. 신이 일이 없을 때 관리들을 시켜 활쏘기를 익히도록 독려하여 전쟁에 지키는 대비로 삼는다면, 진실로 오랑캐를 제압할 수 있습니다. 이렇게 되면 이른바 군대와 농사를 아우르는 일에 가깝고, 한 가지를 힘써 두 가지를 얻는 것이라 하겠습니다." 대신들이 자신들의 의논을 고집하자 한유(韓愈)가 서문(序文)[22]을 지어 그를 전송하며 애석해하였다.

일찍이 논하기를, 수전(水田)이 한전(旱田)보다 이익이 실로 몇 배나

---

21 탁지(度支)는 '탁용지비(度用支費)'의 준말로, 재무를 담당하는 관청을 이르는 말로 쓰인다.

22 한유가 한중화에게 지어 보낸 〈송수륙운사한시어귀소치서(送水陸運使韓侍禦歸所治序)〉를 이른다. "奏曰, 得益開田四千頃, 則盡可以給塞下五城矣. 田五千頃, 法當用人七千, 臣令吏於無事時, 督習弓矢, 爲戰守備, 因可以制虜, 庶幾所謂兵農兼事, 務一而兩得者也."

된다고 한다. 진(秦)나라가 일어날 때 정국거(鄭國渠)와 백거(白渠)[23]를 이용해 1무(畝)의 땅에서 1종(鍾), 즉 6곡(斛)을 거두었기 때문이다.[24] 지금 한나라와 위(魏)나라, 당나라 때의 둔전을 살펴보면 수전인지 한전인지는 분명치 않다. 하지만 당나라와 송(宋)나라 때 이를 건의한 자들은 "양초(梁楚) 지역의 교외에는 수전이 없어 사람들이 땅을 갈고 씨앗을 뿌리는 방법에 익숙지 않으므로, 오월(吳越) 땅의 사람 중에 수전에 익숙한 자를 모집하여 땅을 갈고 씨앗을 뿌리는 방법을 가르치도록 해야 한다."고 말하였다. 하지만 여러 대가 지나도록 능히 행하지 못하였으니 한나라와 위나라, 당나라의 둔전도 한전이었음이 분명하다. 말하는 자들이 한 사람이 갈아서 마땅히 100석을 거둘 수 있다고 여겼다면 농사의 이익이 또한 크다. 그렇다면 수전의 이익은 더더욱 클 것인데 무엇으로 이를 알 수 있는가?

당나라 때 유안(劉晏)[25]이 탁지를 맡았을 때 천하의 금전(金錢)과 양곡(糧穀)이 각각 600만이라 하였는데, 전후로 여기에 미친 적이 없었다. 송나라 때에 이르러서는 땅의 너비가 당나라 때보다 훨씬 미치지 못하였으나 도리어 10배나 많은 수확을 내었다. 남쪽으로 건너간 뒤에는 간신히 오월 지역의 한 귀퉁이만 보전하였는데도 또한 6만을 밑돌

---

23 정백지거(鄭白之渠)는 중국 전국 시대의 정(鄭)나라와 한나라 무제 때의 백공(白公)이 건설한 관개 수로(灌漑水路)인 정국거(鄭國渠)와 백거(白渠)를 이른다.

24 무종(畝鍾)은 1무의 땅마다 1종의 수확을 낸다는 말이다. 종(鍾)은 곡식을 세는 단위로, 시대에 따라 6곡(斛) 또는 8곡이 1종이다.

25 유안(劉晏, 715~780)은 중국 당나라 때의 관료로, 자는 사안(士安)이다. 안사(安史)의 난 이후로 황폐해진 소금과 철의 전매 사업을 통해 재정을 넉넉히 하고 평준법(平準法)을 시행했으며, 조운(漕運)을 통해 물자를 소통시키는 일에 힘썼다.

지 않았으니 실로 차이가 크다[逕庭][26] 하겠다. 이는 모두 분명히 수리(水利)를 더 많이 열었기 때문이다. 이로 말미암아 말한다면, 비록 오월 땅의 수리로도 송나라가 남쪽으로 건너간 이후에는 바야흐로 남는 힘이 없었던 것이니, 왕안석(王安石)이 일찍이 양산박(梁山泊)을 농경지로 만들려 한 것은 진실로 까닭이 있었던 것이다.[27] 원(元)나라 초에는 해적인 주청(朱淸)과 장선(張瑄)을 기용해 해운(海運)을 열고 동남 지역에서 나는 쌀 100만 곡을 운반하였다.[28] 그런데 원나라 말기에는 용의(龍衣)와 어주(御酒)를 장사성(張士誠)[29]에게 하사하며 쌀을 구해, 간신히 20만 석을 얻었다. 그렇다면 양초 지역의 교외에는 그때까지도 수전이 없어서 그랬던 것일까?

명(明)나라 홍무(洪武) 연간에 포은(圃隱) 정몽주(鄭夢周)가 산동(山東)의 등주(登州)와 내주(萊州)를 거쳐 금릉(金陵), 즉 남경(南京)으로 조회하러 갔다. 제(齊) 땅을 지나며 둔전을 두지 않은 것을 안타깝게 여겨 시를 지어 이를 기록하였으니,[30] 경륜을 갖춘 큰 인재가 밑바닥까지 꿰뚫

---

26 경정(逕庭)은 집 밖의 작은 길과 당 아래의 뜰을 이르는 말로, 현격히 차이가 남을 가리킨다.

27 《소씨문견후록(邵氏聞見後錄)》에 이와 관련한 이야기가 전한다. 한 소인이 왕안석에게 양산박 일대 800리의 물을 빼 농토로 개간하자고 건의하자, 옆에 있던 유반(劉攽)이 그러려면 그 옆에 또 다른 양산박을 만들어 그 물을 옮겨야 할 것이라고 조롱했다. 왕안석은 이를 듣고서 그 일이 터무니없음을 깨닫고 그만두었다고 한다.

28 주청(朱淸)과 장선(張瑄)은 중국 원나라 때의 해적이다. 원 세조(世祖) 연간에 백안(伯顏)에게 기용되어 소주(蘇州) 유가항(劉家港)에서부터 대도(大都)까지 해로를 이용한 조운을 담당했다. 이들은 해운의 공로로 지위가 참지정사(參知政事)까지 올랐다.

29 장사성(張士誠)은 중국 원나라 말기 태주(泰州) 백구장(白駒場)에 위치한 염선 출신의 백성으로, 염정(鹽丁)들을 모아 반란을 일으켰다. 태주와 고우(高郵)를 근거로 나라를 세워 국호를 대주(大周)라 했으며, 소주(蘇州) 일대까지 세력을 넓힌 이후에는 다시 오국(吳國)이라 했다. 후에 주원장의 명군(明軍)이 진압했다.

어 본 것임을 떠올릴 수 있다. 명나라 만력 연간에 충의공(忠毅公) 좌광두(左光斗)[31]가 어사가 되자 힘써 둔전을 청하였고, 또 한나라 때의 역전과(力田科)를 모방하여 둔의 사람이 많고 적음을 가지고 인사고과를 매겨 사람들이 스스로 경작지를 개간하게 할 것을 청하였다. 또 둔학(屯學)을 설치하여 박사제자(博士弟子)의 인원을 두고 둔전의 양식으로 녹봉을 제정하자고 청하니 둔전의 효과가 크게 일어났다. 충개공(忠介公) 추원표(鄒元標)가 길을 가다 이를 보고 감탄하며 말했다. "대저 천하를 다스림을 어찌 재주로 하지 않겠는가? 사람이 진실로 재주가 있다면 하늘의 기운과 땅의 힘마저도 모두 얻어 변화시킬 수가 있구나. 30년 전만 해도 서울 사람들이 볏짚으로 짠 돗자리를 부상(扶桑)[32]과 같이 몹시 귀하게 여겼다. 그런데 지금은 밭이랑에서 이렇게 자라는구나."[33]

지금 살피건대, 이제껏 양초에서 여러 대에 걸쳐 경영하였지만 얻지 못했던 것을 형주(荊州)와 멀리 떨어진 연경에서 좌광두 공이 하루아침

---

30 《포은집(圃隱集)》에 수록된 정몽주의 시 〈요하조운(遼河漕運)〉을 이른다. 시의 전문은 다음과 같다. "해마다 요하의 물길 위에는, 메벼를 동오에서 실어 온다네. 만릿길 봉수가 연이어지고, 1천 척 배 앞뒤로 이어진다네. 임금 근심 먼 데 공략함에 있는데, 군사는 배부르다 서로 즐기네. 어찌해야 둔전 농사 증가시켜서, 어느새 수요를 충족할는지.[年年遼水上, 粳稻自東吳. 萬里連烽燧, 千帆接軸轤. 主憂因遠略, 師飽只相娛. 安得增屯種, 於焉足所需.]"

31 좌광두(左光斗, 1575~1625)는 자가 유직(遺直), 호는 부구(浮丘)다. 중국 명나라 말기의 관료로, 희종(熹宗) 연간에 천진(天津) 지역의 둔전 복구를 주도했다. 환관 위충현 일당을 배격하다 동림당(東林黨)으로 몰려 옥사했다.

32 부상(扶桑)은 동쪽 바닷속에 있다는 신목(神木)을 이른다. 태양이 그 나뭇가지를 스치며 떠오른다고 하여 태양을 일컫는 말로도 쓰인다.

33 좌광두의 둔전 정책은 중국 명나라 때 예원로(倪元璐)가 쓴 〈증태자소보도찰원우부도어사부구좌공행장(贈太子少保都察院右副都御史浮丘左公行狀)〉에 자세하다. 예원로의 《예문정집(倪文貞集)》 권 11에 실려 있다.

에 시행하여 이처럼 쉽게 바꿔버렸다. 만약 참다운 재주와 실다운 학문이 아니었다면 어찌 이처럼 할 수 있었겠는가? 좌광두 공은 후일 독학(督學)이 되어 예전 궁전사(弓箭社)[34]의 남아 있는 뜻을 살려 선비들에게 활쏘기를 익히게 하였다. 이에 선비들이 모두 능히 강궁(强弓)을 당길 수 있었다. 훗날 백련교(白蓮敎)가 일어났을 때[35] 공을 세운 자가 반너머 유생(儒生)에게서 나왔다. 이것은 둔전과 더불어 실로 서로 안과 밖이 된다. 이러한 인재를 김매듯 죽여 남기지 않았으니 명나라의 잘못이다. 장차 누구를 허물하겠는가? 근자에 북경에 사신으로 갔다 돌아온 자들은 이렇게 말한다. "풍윤현(豐潤縣)과 옥전현(玉田縣)[36]의 사이에는 물풀이 무성해 모두 수전으로 만들 만한데도 버려진 땅이 너무 많아 애석합니다." 대개 생각해보니 풍윤현과 옥전현의 땅은 거리가 연경과 그다지 멀지 않고, 우리나라의 해서(海西)와 관서(關西)로 본다면 오히려 서남방에 해당한다. 이를 수전으로 만들 수 있거늘 어찌하여 묻지 않는단 말인가?

---

34 궁전사(弓箭社)는 중국 송나라 때 민간에서 금나라에 항거하기 위해 만들어진 결사 조직이다. 《송사(宋史)》에 따르면 금나라와 전연(澶淵)의 맹약이 맺어지자 백성이 스스로 가산을 내놓고 집집이 한 사람씩 가입하여 궁술 등의 무예를 익혔다고 한다.

35 중국 명·청 시대에 빈번하게 발생한 백련교도의 난을 이른다. 미륵신앙을 기반으로 하는 백련교는 남송(南宋) 시대에 조직된 대표적인 사회 기층의 비밀결사로, 원나라 말 홍건적(紅巾賊)의 난 등 다양한 농민반란을 주동했다. 이 까닭에 명·청 시대에는 국가적으로 금지되었으나, 그 뒤에도 끊이지 않고 봉건적 수탈에 저항하는 반란을 자주 일으켰다. 청나라 건륭·가경 연간인 18세기 말 호북(湖北) 지방을 비롯한 산간지대에서 벌어진 백련교의 난이 대표적이다.

36 풍윤현(豐潤縣)과 옥전현(玉田縣)은 지금의 중국 하북성(河北省, 허베이성) 당산시(唐山市, 탕산시)에 위치한 지역이다. 조선 사신이 연경(燕京)으로 향할 때 책문(柵門)을 들어간 뒤 거치는 30개의 참(站)에 속한다.

지금 우리나라는 팔도에 어디를 가나 수전 없는 곳이 없다. 그중에서도 호남(湖南)과 영남(嶺南)에 가장 많다. 관동(關東)과 관북(關北)에서는 가끔 보이는데, 지세가 그러하기 때문이다. 해서와 관서 지방은 수전과 한전이 반반 정도인데, 한전이 더 많다. 이것은 지세 때문은 아니고 또한 습속을 바꾸기 어려워서이다. 이 때문에 한전에서 나는 것이 또한 수전보다 덜하지 않다면 그 땅마다 심기에 마땅한 것을 알 수가 있다. 국가에서 만약 해서·관서 및 경기도 내 연로(沿路)의 발막(撥幕)에 성을 쌓고 둔전을 두기를 한중화와 좌광두가 남긴 제도에 따라 시행한다면, 관서 땅 서쪽의 마흔다섯 군데 발막이 곳곳마다 중요한 방비처가 되어 오랑캐의 기병이 멋대로 내달리는 근심을 면할 수 있다. 이는 진실로 변경을 굳게 지키는 훌륭한 방법이다. 필시 성과 보루를 온전하고 굳게 지키고자 하는 것은 전장(田場)이 가까이 있은 뒤라야 논할 수 있다. 성보(城堡)와 전장, 이 두 가지가 없다면 비록 둔졸이 있다 해도 이를 시행할 곳이 없다. 두 가지 중에 성보는 뭇사람의 힘을 모아 쌓을 수 있지만, 전장에 이르러서는 별도의 계획이 있어야 설치할 수 있다. 처음에는 3개의 발막마다 둔전을 설치하고, 그다음에는 또 2개의 발막마다 둔전을 설치하며, 그리고 나서는 발막마다 둔전을 둔다. 반드시 점진적으로 이를 해야 하니, 다만 하루아침에 고쳤다가는 저들 이웃 나라의 의심을 살 염려가 있을 뿐 아니라 경영을 서둘러서도 안 되는 것이, 마침내 재력이 다하게 되기 때문이다. 이제 조목에 따라 몇 가지 일을 열거하니 처음에는 쉬워도 나중에는 어렵다. 바라건대 훗날 일을 맡은 자가 취하여 살펴보기 바란다.

둔졸의 모집 [募屯卒]

둔졸(屯卒)은 마땅히 속오군(束伍軍)의 제색(諸色) 군사[37]를 써야 한다. 일찍이 숙종(肅宗)조 경자년(1720) 병조(兵曹) 소속의 전체 인원을 살펴보니, 경기도 속오군의 제색 군사는 2만 6,800명이고, 해서는 1만 4,800명이며, 관서는 1만 4,500명이었다. 이제 그 숫자 안에서 힘세고 건강하며 농사일에 익숙한 자를 가려 뽑아 쓴다면 또한 가히 취하여 인원을 채울 수 있다. 이 가운데 만약 딸린 가족 없이 자원한 자가 있다면 장변(長番), 곧 군막에서 유숙하며 교대 없이 오래도록 근무하는 것을 허락한다.

---

37 속오군(束伍軍)은 임진왜란을 계기로 선조 27년(1594)부터 편성하기 시작한 지방군을 가리킨다. 신역(身役)이나 벼슬이 없는 15세 이상의 양인으로 편성했으며, 평소에는 군포를 바치다가 전란이나 훈련 시에 소집했다. 제색(諸色) 군사란 각 병종(兵種)에 종사하는 병졸을 총칭하는 말이다.

둔졸의 급료 제도[制屯餼]

보통 농가에서 품팔이[雇奴][38]를 고용하는 법은 장정일 경우 미리 돈 2 냥을 지급하고, 여름옷 두 벌, 겨울옷 한 벌을 주며, 아침저녁의 밥으로 두 되, 농사철에는 석 되를 지급한다. 그래서 "머슴을 두려면 대개 30냥 이 든다."고들 한다. 지금 관가에서 병졸을 부리게 된다면 2냥과 세 끼 밥으로 한 되를 주는 것도 허비한다고 여길 것이다. 그러나 지금 둔졸 에게 필요한 솥과 시루, 옹기와 그릇 등은 본디 관청에서 마련하는 것 이 맞지만, 양념이나 소금 따위까지 누가 준비해놓고 기다리겠는가? 이로 볼진대 급료를 정할 때는 마땅히 넉넉히 해야지, 야박하게 해서 는 안 된다. 그런 뒤에야 농사일에 힘을 다 쏟도록 독책하여, 공전(公田) 과 사전(私田) 양쪽에 미치는 정성이 있다.[39] 이 밖에도 둔포(屯圃)와 둔 시(屯市)를 설치해야 한다. 사람마다 메주콩 서 말과 소금 다섯 말 및

---

38 고노(雇奴), 즉 품팔이는 남의 집에 붙어살며 그 집의 농사일이나 잡일을 해주고 품삯을 받는 남성을 지칭한다. 머슴이라고도 한다. 처지는 노비와 다를 바 없으나 신분상으로는 양인(良人)이다.

39 중국 고대 주(周)나라의 정전법(井田法)에서는 토지를 '정(井)' 자 형태로 9등분하여, 가운데 1개는 다 같이 경작하여 그 소득을 세금으로 내는 공전(公田)으로 삼고, 주위의 8개 땅은 개인이 경작하는 사전(私田)으로 삼아 백성에게 나누어주도록 했다. 이 문장과 관련하여 《시경》, 〈소아(小雅)〉, '대전 (大田)'에 "뭉게뭉게 구름 일어, 천천히 단비를 몰아와서, 우리 공전에 흠뻑 내리고, 마침내 사전에도 미치었네.[有渰萋萋, 興雨祁祁. 雨我公田, 遂及我私]"라는 시가 있다.

자리 1면을 주어, 짚으로 긴 행랑(行廊)을 세워 거처하게 한다. 아울러 10명의 병졸마다 1명의 화병(火兵), 즉 밥 짓는 병사를 두는 것을 허락한다. 만약 처자식과 함께 와서 살려는 자가 있다면 또한 마땅히 허락한다.

성터 마련하기 [置城基]

서로(西路)⁴⁰의 발막은 25리를 기준으로 거리를 띄워 설치하였다.⁴¹ 하지만 성을 쌓으려 할 때는 마땅히 그 지세와 우물이나 샘의 멀고 가까움을 따져보아야 성을 설치할 수 있다. 만약 5리의 사이에 지리(地利)를 얻고, 우물 샘을 포함한 곳이 있다면 여기서 지리란 도로가 평탄하고 곧은 곳을 말한다. 마땅히 형편에 따라 거리를 당기거나 물려야지, 무작정 예전 있던 터를 고집해서는 안 된다. 우리나라는 성을 쌓을 때 반드시 높은 언덕에 쌓아 성만 있고 못이 없다. 만약 평지에 성을 두면 우리는 내려다보고 적은 올려다보므로 적이 끝내 우리를 속일 수 없고, 우리는 못을 파서 요소를 겹겹으로 험하게 할 수 있다. 또 대포를 두면 삼군의 위세를 무너뜨릴 수 있고, 화살을 쏘면 한 발로 두셋을 꿰는 효과가 있다.

---

40 서로(西路)는 관서와 해서, 즉 한반도의 북서부 지방으로, 현재의 평남·평북·평양·자강도 및 황해도 일대를 이르는 말이다.

41 조선 선조 30년(1597)에 처음으로 발막 제도를 두었는데, 기발(騎撥)은 25리마다 1참을 두었고, 보발(步撥)은 30리마다 1참을 두었다. 서도(西道)의 발참은 기발 기준 경기 모화관(慕華館) 경영참(京營站)에서 황해도 금천(金川) 구관문참(舊官門站)을 거쳐 평안도 의주(義州)의 소곶참(所串站)에 이르기까지 모두 38참이 된다. 보발은 황해도 평산에서 해주까지 5참, 평안도 박천에서 강변의 여러 읍까지 43참이다. 《만기요람(萬機要覽)》, 〈군정편(軍政篇)〉 권1, '부발참(附撥站)' 조에 그 내용이 자세히 실려 있다.

성을 두는 것은 의당 평지에 해야 할 뿐 아니라 큰길을 가로지르는 것이 마땅하다. 그리고 성문을 양 모서리에 설치하고, 미리 대포 구멍을 뚫어 큰 대포를 놓아두면 적이 10리 안짝에 당하여 감히 곧은길을 따라 오지 못할 것이다. 하물며 성을 에워싸고 공격할 수가 있겠는가?

성첩 쌓기[築城堞]

우리나라의 성은 애초에 별생각 없이 쌓았다. 비록 몇 장의 높이로 우뚝하게 쌓았더라도 몹시 뾰족하고 좁아서 안쪽에 발을 디딜 땅이 없고 성가퀴[女墻]도 사람의 몸을 가리지 못한다. 서울의 경우는 그래도 높이가 혹 어깨에 차지만, 바깥 지방에는 너무 낮아 무릎 아래 있는 것도 아주 많다. 발 디딜 곳도 없고 몸을 가릴 수도 없다면 성을 지키는 사람이 어떻게 활을 쏘고 돌을 던지겠는가? 이제 성을 쌓을 때 돌을 사용하지 않고 흙으로만 쌓는다면, 높고 두껍고 단단하게 하도록 힘써야 하니, 《두씨통전(杜氏通典)》[42]에 의거하여 성은 높이가 5장이 되고, 아래쪽은 너비가 2장 5척이 되며, 위쪽은 너비가 1장 2척 5촌이 되게 하는 법을 따라야 한다.[43]

우선 성터를 고를 때는 그저 반듯하게 하려고만 해서는 안 된다. 요

---

42 《두씨통전(杜氏通典)》은 중국 당나라 때 두우(杜佑)가 편찬한 책으로, 200권에 달한다. 식화(食貨)·선거(選擧)·직관(職官)·예(禮)·악(樂)·병(兵)·형(刑)·변방(邊防)의 8문(門)으로 나누어 황우(黃虞) 시대에서 당나라 천보(天寶) 연간에 이르는 정전(政典)을 기록한 것이다.

43 이 말은 《두씨통전》의 〈병전(兵典)〉을 인용한 것이다. 원문은 이렇다. "凡築城, 下闊與高倍, 上闊與下倍. 城高五丈, 下闊二丈五尺, 上闊一丈二尺五寸. 高下闊狹, 以此爲準."

고(腰鼓)[44]와 사각(四角), 방전(紡磚)[45]의 형태를 모두 쓸 수 있다. 성터를 골랐거든 구덩이를 몇 자 깊이로 파고 돌로 가득 메운다. 그 뒤 2장 5척 너비의 얇은 널빤지를 성터 위에 가로질러 놓는데, 한쪽은 성 두께의 기준으로 삼고, 다른 한쪽은 흙틀의 골격으로 삼는다. 그 양쪽 끝을 묶어 널빤지 사이에 흙을 채워 쌓는다. 하지만 바닥에 쌓는 널빤지를 많이 가져와 즐비하게 잇대놓고 뭇사람이 힘을 모아 함께 만드는데, 일제히 소리를 맞춰 달구질한다. 단단하게 쌓은 뒤에 바닥의 널빤지를 뽑아다 올리고 앞에 쓴 것을 조금씩 옮겨 앞 널빤지의 흔적이 딱 그다음 널빤지 흔적의 가운데에 오게 한다. 그리고 앞 널빤지의 흔적은 진흙과 회 등 세 가지 물건[三物][46]으로 채워 쌓아 상층을 만드는데, 그렇게 할 수 없다면 자갈돌과 진흙을 섞어 쌓는다. 그 뒤에 다시 흙으로 널빤지 사이를 채워 쌓는다. 치첩(雉堞) 바깥쪽은 아래위가 똑같아야 하니 너비를 줄여서는 안 되고, 치첩 안쪽은 줄을 이루는 것이 좋다.《통전(通典)》의 방법에 위쪽 너비를 아래쪽의 절반으로 줄이라 한 것은 내 생각에 반드시 그럴 것은 아닌 듯하다.

성 쌓을 때 쓰는 흙은 또한 소금기가 있거나 거친 것을 가져다 채워서는 안 된다. 장안성(長安城)은 용수산(龍首山)[47]의 흙을 가져다 쌓아

---

44 요고(腰鼓)는 허리가 잘록한 장구 모양의 타악기로, 여기서는 성의 배 부분이 잘록하게 들어간 모양을 말한다.

45 방전(紡磚)은 방추(紡錘)로, 베틀의 물렛가락이다. 여기서는 성의 배가 불룩하게 튀어나온 형태를 말한다.

46 삼물(三物)은 석회, 모래, 황토를 가리킨다. 이 셋을 섞어 만든 흙을 삼화토(三和土)라고 한다.

만들었기 때문에 붉기가 단사(丹沙)와 같고 무쇠처럼 견고하다. 이는 진실로 하늘이 만들고 땅이 베푼 것이니, 구한다고 얻을 수 있는 것이 아니다. 성에서 적과 맞닥뜨리는 곳은 비록 흙을 쪄서[蒸土] 쌓지는 못하더라도, 서로는 흙이 두꺼우니 근방에서 구하여 마땅히 보통과 다른 단단한 흙으로 쌓아야 한다. 혹 자해석(自解石)[48]을 구하면 더욱 좋다. 만약 기왓장을 만드는 점토를 쓰면 성을 쌓은 뒤에 땔나무를 성의 높이와 가지런하게 쌓아놓고서 불을 지르면 또한 장맛비에 무젖어 깎여 나갈 근심을 면한다. 어떤 이는 "돌을 바수어 가루 낸 흙은 속명으로는 '석비래(石飛來)[49]'라 한다. 돌과 다를 바 없다."고 하니, 이 또한 시험해볼 만하다. 치첩은 석회로 바르지 않으면 빗물에 씻겨 나가는 근심을 면할 수 없다.

성의 크기는 남북이 200보, 동서는 300보이다. 둔졸들이 사는 집은 모두 성을 따라 긴 회랑으로 짓는다. 가운데 공터에는 10리 안쪽에 있는 객점을 옮겨 살게 한다. 근처에 있는 시장 또한 이곳으로 옮겨 와 설치한다.

---

47 용수산(龍首山)은 지금의 중국 요녕성(遼寧省, 랴오닝성) 철령(鐵嶺, 톄링)에 있는 룽서우산이다.

48 자해석(自解石)은 회토의 한 종류로, 쉽게 바스러지는 성질을 가지고 있다. 《성호사설(星湖僿說)》 권 15, 〈인사문(人事門)〉, '회토축성(灰土築城)' 조목에 "자해석과 같은 것도 능히 돌을 이루니, 모두 취할 만하다. 자해석이란 돌이 땅속에 있다가 땅이 무너져 드러나 해와 빗물에 쪼이고 적셔지면 절로 가루가 되는 것이다. 석회처럼 불로 찌고 물을 섞으면 부서지는 것이 이치가 같다.[如自解石, 亦能成石, 皆可取也. 自解石者, 石在地中因崩壞露出, 曝日雨濕, 則自粉也. 與石灰火蒸水投而散者同理.]"라고 했다.

49 석비래(石飛來)는 푸석푸석한 돌이 많이 섞인 흙이다. 돌이 풍화하여 생긴 것으로, 벽돌이나 기와 따위를 만들거나 도로를 포장하는 데 쓰인다.

성첩(城堞)은 높이가 반드시 1장이라야 하고, 성 위쪽의 바닥에 포루를 많이 두는 것이 가장 중요하다. 대개 치첩은 아래쪽을 향해 좌우로 활을 쏠 수 있게 만든 것이다. 포루라는 것은 성 바닥의 바로 아래에 가운데를 비워서 여러 사람이 들어갈 수 있게 만든 것이다. 좌우와 전면에는 눈구멍[眼穴]을 많이 만들고 대포를 놓는다. 또 그 위에 누대를 만들어 활 쏘는 군사가 먼 곳을 바라보며 활을 쏘는 장소로 삼는다. 또한 대포 구멍 위에는 가림돌[蔭石]을 두어 그것이 포루임을 적이 알게 해서는 안 된다. 만약 적이 와서 성에 도달하면 누대 밑에서는 포를 쏘고 누대 위에서는 화살을 쏜다. 이것이 이른바 삼군을 짓뭉개고 두셋을 한번에 쏘아 죽인다는 것이다. 서양 나라의 법에 누대로는 총을 보호하고, 총으로는 성을 지키며, 성으로는 백성을 보호한다는 것이 또한 이를 두고 하는 말이다.

비록 치(雉)가 엄청난 규모의 성이라 해도 수백 명만 지키면 여유 있게 할 수 있다. 한 성에 포루가 수십 개에 지나지 않아도 적이 감히 가까이 오지 못한다.[50] 다만 포루의 중간을 비워 설치했다면 성의 두께는 마땅히 5분의 4로 줄여야 한다. 반드시 돌이나 석회로 쌓기를 기다린 뒤에야 적의 대포가 부수는 것을 면할 수 있다. 일찍이 부안(扶安)에 가

---

50 이하의 기술은 유형원(柳馨遠)의 《반계수록(磻溪隨錄)》권22, 〈병제후록(兵制後錄)〉, '성지(城池)' 조에 실린 내용을 편집하여 인용한 것으로 추정된다. 원전을 축약하고 부분적으로 발췌하는 과정이 썩 매끄럽지 못하여 문장 간의 연결이 다소 부자연스러워졌다. 해당 부분의 원문은 다음과 같다. "城有砲樓, (小注: 一云敵樓.) 爲第一要法. 其制如雉, 而但雉城, 則只可下臨左右以射, 此則直下城底, 而中空之, 使容人衆. 左右前面, 多作穴眼. …… 下安天地玄字銃, 次上安勝字銳, 其上作樓, 以爲射矢瞭望之所, 賊若來附右城, 則從右穴放砲, 來附左城, 則從左穴放砲. 其在前面者, 從前穴放砲, 若是則雖萬堞之城, 可使數百人守之而有餘. 一城不過十數砲樓, 而敵兵百萬不敢近矣."

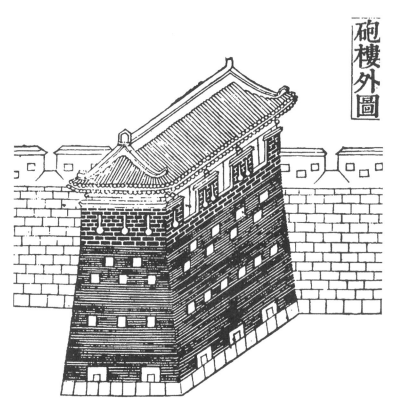

砲樓外圖

《화성성역의궤(華城城役儀軌)》 권수에 실린 포루외도(砲樓外圖). 서울대학교 규장각한국학연구원 소장.
《상두지》 본문에 설명된 포루의 외형을 유추해볼 수 있다.

보니 변산(邊山)이 100여 리에 걸쳐 서려 있는데, 전체가 바위 하나로 이루어져 있었다. 바위의 결이 마치 종이를 포개놓은 것 같아 두텁고 얇고 길고 넓게 마음대로 떠낼 수 있었다. 만약 이 같은 돌로 성가퀴에 누판(樓板)을 만든다면 영원히 썩거나 망가지지 않을 것이다.

포를 앉히는 법은 포루 아래 성의 바닥에 석돈(石墩)[51]을 쌓아 뒤쪽에 기댈 곳이 있게 하고, 앞에는 눈구멍을 두며, 가운데는 대통을 반으로 가른 것처럼 오목하게 한다. 크기와 길이는 모두 포의 모양에 따르고, 높이의 구분은 모두 경험에 따른다. 지키는 병졸들에게 포 쏘는 방법을 숙지시켜, 도로가 평평하거나 기울거나 굽은 것을 모두 포혈(砲穴), 곧 대포를 쏘려고 뚫어둔 구멍의 기준으로 삼아 적이 어느 곳에 이르면 어떤 대포를 쏠지 미리 강구하게 한다. 저마다 맡은 바를 바꾸지 못하게 해야 옳다. 예전의 방식은 아래쪽에 천자포(天字砲),[52] 지자포(地字砲),[53] 현자포(玄字砲)[54]를 배치하고 위쪽에 승자포(勝字砲)[55]를 두었다.[56] 그러나 오히려 최근에 만든 서양의 홍이포(紅夷砲)[57]가 아닌 것이 염려스럽다.

---

51 석돈(石墩)은 초석(礎石)이나 좌석으로 쓰이는 평평한 돌이나 받침돌을 이른다.

52 천자포(天字砲)는 조선 세종 28년(1446)에 개량한 화포로, 500미터 이상의 사정거리를 지녔다고 한다.

53 지자포(地字砲)는 조선 세종 28년에 개량한 화포로, 350미터의 사정거리를 지녔다고 한다.

54 현자포(玄字砲)는 300미터 이내의 목표물을 공격할 수 있는 화포.

55 승자포(勝字砲)는 근접전용 무기를 장착한 화포로, 화약이 달린 화살을 쏠 수 있다.

56 이 부분도 유형원의 《반계수록》 권22, 〈병제후록〉, '성지' 조를 편집하여 인용한 것이다.

명나라 말엽에 박각(薄珏)[58]이 장국유(張國維)[59]를 위하여 구리로 대포를 만들었다. 대포 위에는 천리경(千里鏡)을 얹어 통의 양 끝에다 렌즈[玻璃]를 끼워 넣으니 50~60리의 거리가 눈앞에 있는 듯 또렷하게 보였다. 대포를 쏘면 30리를 날아가 삼군이 짓뭉개지는데도 쏠 때 소리가 나지 않았다. 양유원(楊維垣)[60]의 집안에서 도적을 거꾸러뜨리려 사력(私力)으로 1만 명을 세워놓고 성 위에 있는 500개의 대포와 대적하였지만, 이것으로는 적을 물리칠 수 없었다. 이는 오랑캐의 장기(長技)가 또한 대포에 있었기 때문이다. 조총이 나오면서 맹장(猛將)이 없어졌고, 대포가 나오자 굳센 성이 없게 되었다. 비록 내 기술만 믿을 수는 없다 해도, 만약 시운(時運)이 맞아떨어지기만 한다면 하나의 둔성(屯城)으로도 적을 깨뜨리는 공을 세울 수 있으니, 오직 포루(砲樓)가 그러하다.

---

57 홍이포(紅夷砲)는 17세기 전반 포르투갈 상인에 의해 중국 명나라에 들어왔다. 《명사(明史)》에 따르면 불랑기포(佛郎機砲)를 수입한 이후 홍이포를 획득했으며, 길이는 2장(150~200센티미터), 무게는 3천 근(250~350킬로그램)이었다고 한다. 이후 자체적으로 그것을 모방하여 제작하면서 홍이포라 부르기 시작했다. 홍이포는 불랑기포에 비해 길이가 대략 4배이며, 무게도 3배 정도 되었다. 이러한 외형적인 특징 때문에 불랑기포보다 파괴력과 사정거리가 개선된 대포라 할 수 있다. 명나라 말기 원숭환(袁崇煥)이 만주족의 침입을 막기 위해 산해관(山海關) 북쪽 영원성(寧遠城)에 홍이포를 배치하여 누르하치의 후금(後金) 군대를 방어하기도 했다. 이후 청과 조선에서도 사용되었다.

58 박각(薄珏)은 중국 명나라 말의 관료다. 천리경(千里鏡)을 단 대포를 비롯한 많은 무기를 만들었다. 그가 만든 동포(銅砲)는 30리를 나가며, 그 철환이 지나는 곳에는 삼군이 전멸된다고 했다.

59 장국유(張國維, 1595~1646)는 중국 명나라 말의 관료다. 자가 구일(九一)이고 호는 옥사(玉笥)로, 절강(浙江) 동양(東陽) 사람이다. 1622년에 진사가 되었으며 병부상서를 지냈다. 순무사(巡撫使)가 되었을 때 박각에게 무기를 만들도록 한 일이 있다.

60 양유원(楊維垣, ?~1645)은 중국 명나라 말의 관료로, 자는 두추(門樞)다. 만력 연간에 환관 위충현 무리에 협력하여 동림당을 배척하며 전횡을 일삼아 어사 모우건(毛羽健)에게 탄핵당하기도 했다. 후에 청나라 군대가 남경(南京)을 함락했을 때 일가가 자결했다.

서로의 길은 곧고도 평탄해 굽어 도는 산골짜기가 적다. 성을 둘 때는 반드시 평탄하고 곧은 길을 가로질러 차지해 앞뒤로 시야가 툭 터지게끔 해야 한다. 대포의 길은 편리하고 타당해야 하니, 대포를 설치할 때는 너무 높거나 낮아서는 안 되고, 왼쪽이나 오른쪽으로 치우쳐도 안 된다. 평상시에는 길 양쪽으로 도랑을 깊게 파서 말이 잠길 수 있을 정도로 만들어 물을 끌어다 저장해둔다. 만약 경보가 있게 되면, 길가의 전장(田場)에 모두 지망(地網)을 설치해 지망은 지면에 도랑을 바둑판 모양으로 만드는데, 깊이와 너비 및 간격은 평지의 경우 모두 8척을 기준으로 삼는다. 오랑캐 기병이 양옆 길을 통해 성에 근접하지 못하도록 한 뒤 대포를 쏘아 이를 무찌른다면, 비록 천만의 군대라도 반드시 능히 버텨내지 못할 것이다.

둔전의 설치[置屯田]

우리나라에는 공전이 없다. 만약 둔전을 설치하려면 마땅히 땅을 사두어야 한다. 45개의 발막이 삼도(三道), 즉 평안도·황해도·경기도의 땅에 걸쳐 있는데, 땅값의 높고 낮음이 일정치 않아 한 가지 기준으로 논할 수가 없으므로 단지 중간값에 따라 가격을 정하여, 벼 한 말 심을 땅을 20냥으로 친다. 선배가 말하기를 "중국의 1경은 우리나라의 논 마흔 마지기가 된다."고 하였다. 지금 한중화의 옛 법에 따라 둔전 하나에 사람 130명을 쓰고, 농지 100경을 이용한다면 마땅히 논 4천 마지기를 두어야 한다. 이정(李晴)의 안설(案說)[61]: 이 이하의 문장은 분명치 않은 대목이 많아 지금 10여 구절을 삭제하였다. 처음에는 먼저 각각의 둔마다 1만 냥으로 경작지를 마련하고 둔졸 50명을 두는 것을 법식으로 삼는다. 해마다 조금씩 늘려 비록 하나의 둔에 200~300명이 되더라도 안 될 것이 없다.

---

61 《상두지》 원문의 '정안(晴案)'이란 정약용의 제자인 이정(李晴)이 붙인 안설(案說)이란 뜻이다. 이정이 《상두지》의 초고를 정리하면서 앞뒤 맥락이 분명치 않아 원문에 있던 10여 구절을 삭제했다는 의미다. 현행본 《상두지》가 《미산총서》에 수록될 때 정약용과 그 제자들의 솜씨로 정리하는 절차를 거쳤음을 알 수 있다. 이정은 그간 '이청'으로 읽어왔으나, 최근 밝혀진 이정 본인의 기록에 따라 '이정'으로 읽는 것이 옳다.

강제로 백성의 땅을 사들이면 백성의 원망이 크게 일어날 것이니, 먼저 둔전을 설치하는 것이 백성에게 이롭다는 뜻을 알려준다. 그러고 나서 고려 때의 균전법에 따라 백성으로 하여금 30~50결 외의 남는 땅이 있으면 관에 고하여 팔게 하고, 관에서는 공식적인 가격[公價]으로 사들인다. 이 밖에 저수지를 열고 제방을 쌓는 등의 일을 행하는 것은 모두 관의 힘으로 운영한다. 토산(土産)과 돈으로 세금을 거둬 경작지를 갖춘다.

　지방 고을의 봉록은 본래 박하므로, 약간의 관전(官田)이라도 뺏기가 어렵다. 하지만 서로의 수령들만은 놀며 즐기는 것이 이미 오래되었다. 형세가 있는 자라면 누구든 서쪽으로 몰려가려 한다. 백성을 아끼고 나라에 보답한다는 것이 무엇에 쓰는 물건인지조차 망연히 알지 못하고, 날마다 기생질과 풍악을 일삼는다. 그 폐단 또한 바로잡지 않을 수 없으니, 양서 땅의 관전을 일괄하여 둔전에 귀속해야만 또한 한 모퉁이를 감당케 할 수 있다.

　중봉(重峯) 조헌(趙憲)[62]은《동환봉사(東還封事)》[63]에서 이렇게 말했다. "듣자 하니 각 도의 병영에 해마다 놓아두는 쌀이 수천 석이나 된다고 합니다. 그 밖에 베와 비단을 쓸데없이 쌓아둔 것도 이루 헤아릴 수 없습니다. 하물며 병조에서 해마다 거둬들이는 베도 그저 쌓아둔 것이 대단히 많습니다. 만약 저 병조판서나 병마사를 맡은 사람에게 나라를 위해 죽을 뜻이 있고 벼슬에서 승진할 생각이 없다면, 이 쌀과 베를 내어다 굶주린 백성을 모아 한 해에도 여러 개의 성을 세울 것입니다. 전하께서도 내수사(內需司)에 비축해둔 것을 덜어 부족한 것을 채워주신 다면 저 변방의 장수 된 자들이 비록 지극히 어리석은 사람이라 해도 또한 전하의 지극한 정성에 감동할 것입니다."

이것은 바로 임진년(1592) 이전에 바닷가 촌락 가운데 해적의 배가 접근할 만한 곳에다 성을 쌓자는 의논이었다. 그런데 지금 이 둔전의 일은 이보다 더 중요하다. 만약 각 도의 감영과 병영 및 호조[64]와 병조에게 그 남아도는 것을 내어서 나라의 큰 역사를 돕게 한다면 또한 얼마간의 보탬이 될 것이다.

삼가 살피건대, 조헌이 임진년 이전에 임진년의 일을 미리 가늠했던 것은 마치 등불을 비춰 숫자를 세어 헤아린 것만 같았다. 그 글에서 바닷가에 있는 어촌 중 마을이 성대한 곳으로 해적의 배가 쳐들어올 만한 지역에 성을 쌓는 계책이 이처럼 자세하고도 주밀하였건만, 그

62　조헌(趙憲, 1544~1592)은 조선 선조 연간에 활동한 문신으로, 자가 여식(汝式)이고 호는 중봉(重峯), 시호는 문열(文烈)이다. 서인 계열의 문인으로 공조좌랑, 전라도사, 보은현감, 공주목제독 등을 지냈다. 동인과 서인의 갈등 속에서 만언소(萬言疏)를 지어 정여립(鄭汝立)의 탄핵에 앞장서기도 했다. 임진왜란을 앞두고 관직에서 물러났으나, 전란을 앞두고 일본에서 명나라로 가는 길을 빌려달라고 청하는 사신이 오자 상경하여 대궐 문 앞에서 3일 밤낮으로 일본 사신의 목을 벨 것을 청하기도 했다. 전란이 벌어지자 옥천에서 의병을 일으켜 청주성을 수복하는 등 의병장으로서 활약했으나, 금산에서 벌어진 전투에서 전사했다. 전쟁이 끝난 뒤 선무원종공신(宣武原從功臣) 1등에 책록되었으며, 영조 10년(1734) 영의정으로 추증되었다. 고종 20년(1883)에 문묘에 배향되었으며, 옥천의 표충사(表忠祠) 등에 제향되었다.

63　《동환봉사(東還封事)》는 1574년 조헌이 질정관(質正官)으로 명나라 신종(神宗)의 성절사행(聖節使行)을 다녀와 명나라에서 배울 만한 문물제도를 조목별로 나열하여 선조에게 올린 글을 모은 책이다.

64　《상두지》 원문에는 탁지(度支)로 되어 있으나 당시 조선의 행정조직명에 따라 호조(戶曹)로 번역했다.

당시의 조정은 이를 괴이한 주장으로 여겨 듣고도 못 들은 체하였으니 너무나도 애석하다 할 만하다.

또한 대신 중에 소재(穌齋) 노수신(盧守愼)[65]은 진도에 귀양 가 있었다. 을묘왜란(乙卯倭亂)[66]이 일어나자 순창(淳昌)으로 왜적을 피했다가 난이 진정된 뒤에 돌아왔다. 이 때문에 그의 시집에 또한 바닷가 마을에 성을 쌓자는 뜻이 있었다.[67] 10년이 채 못 되어 선조[穆陵]에게서 세상에 보기 드문 예우를 만나 나라의 정사를 맡은 것이 20년에 가까웠다. 재상을 그만둔 뒤 4년 만에 임진왜란이 일어났지만, 일찍이 한 가지 일도 아뢴 적이 없었다. 같은 시기에 조헌이 다급한 목소리로 부르짖어 그 말로 인해 죄 얻기를 자임하였어도 이 문제를 해결하지 못하였다. 오히려 꺾이어 좌절함이 몹시 심하였을 뿐 아니라, 말을 가지고 꺼림을 당함이 이 지경에 이르렀다. 동인(東人)과 서인(西

65　노수신(盧守愼, 1515~1590)은 조선 중종~선조 연간에 활동한 문신으로, 자가 과회(寡悔), 호는 소재(穌齋)다. 이언적(李彦迪)의 문인으로 중종 38년(1543) 과거에 급제하여 얼마 후 인종이 즉위하자 사간원 정언으로서 대윤(大尹)의 입장에서 이기(李芑)를 탄핵하여 파직시켰다. 곧이어 명종이 즉위하며 소윤(小尹) 세력이 정권을 잡자 을사사화에 연루되어 충북 괴산 등지에서 30여 년 동안 귀양살이를 했다. 유배 중 이황(李滉), 김인후(金麟厚) 등과 학문적으로 밀접하게 교유했으며, 예법에 조예가 깊어 여러 유교 경전을 주석했다. 1567년 선조의 즉위와 함께 해배되어 대사간, 대사헌, 이조판서 등을 거쳐 영의정의 자리까지 올랐으나, 1588년 정여립의 모반 사건이 벌어지자 과거에 정여립을 천거했다는 명목으로 파직되었다. 충주의 팔봉서원(八峰書院), 괴산의 화암서원(花巖書院) 등에 제향되었다. 문집으로《소재집(穌齋集)》이 전한다.

66　을묘왜란(乙卯倭亂)은 조선 명종 10년(1555)에 전라남도 해남군에 있는 달량포(達梁浦)에 왜선(倭船) 60여 척이 쳐들어온 사건이다. 이 사건을 계기로 비변사(備邊司)가 상설 기구가 되었다.

67　노수신의《소재집》권3에 왜적의 침입을 염려하는 내용의〈우제(偶題)〉, 작은 성에 무질서한 군대[片城烏合]를 가지고 어떻게 왜적을 방비하겠느냐는 질타가 담긴〈차남도진관판상눌재선생운(次南桃鎭館板上訥齋先生韻)〉및 바닷가 섬의 병비(兵備)에 힘쓰는 새 만호를 칭찬하는〈증만호(贈萬戶)〉등 진도 유배기에 국방을 소재로 쓴 시가 여럿 보인다.

人)으로 길이 갈린 것 또한 그 마음속에 사사로이 치우친 점이 없지 않았던 것이니 실로 개탄할 만하다.[68]

재물이 넉넉한 백성이 있으면 능히 하나의 둔을 세울 수 있다. 혹은 그 절반이나 3분의 1을 돕게 하여, 조정에서 변장(邊將)을 제수케 하거나 둔장(屯長)이 되게 한다. 또 그 아들이나 손자 몇 사람의 부역을 면제하거나 죄를 면해주는 일을 절목으로 만들어 반포하여 알려준다면, 부유한 백성이 마땅히 이를 듣고 하려는 자가 있을 것이다. 송도의 아무개와 아무개, 평양의 아무개와 아무개 및 여러 고을의 이름 있는 큰 상인의 경우, 영문(營門)에서 그 재력이 미치는 바를 헤아려 그들이 힘을 다하게 하고 그 노고를 보상해준다. 비록 관아의 돈으로 밭을 사는 등의 일 또한 반드시 그 지역의 능력 있는 부유한 백성에게 맡겨서 경영케 하고 둔장으로 삼는다.

원나라 때 우집(虞集)[69]은 바닷길로 식량을 운반하는 일을 논하여 이렇게 말했다. "남쪽으로 식량을 운반하는 것은 실로 백성의 힘을 고갈시킵니다. 지금 경사(京師)의 동쪽 수천 리 해안과 북쪽 끝의 요해(遼海)

---

68 《상두지》필사본 원문에는 이 두 문단이 한 칸 내려져 쓰여 있다. 이는 이덕리가 자신의 견해나 설명을 덧붙인 것이다. 뒤쪽에서도 마찬가지다.

69 우집(虞集, 1272~1348)은 중국 원나라 때의 문인으로, 자가 백생(伯生)이고 호는 도원(道園), 소암선생(邵庵先生)이며, 시호는 문정(文靖)이다. 뛰어난 학문으로 게혜사(揭傒斯)·유관(柳貫)·황진(黃溍)과 더불어 원유사가(元儒四家)로 일컬어지며, 시에 능하여 게혜사·범팽(范梈)·양재(楊載) 등과 더불어 원시사가(元詩四家)로 일컬어지기도 한다.

와 남쪽 물가의 청제(靑齊), 즉 청주(靑州)의 제군(齊郡)[70]은 갈대밭인데, 바다 조수가 날마다 이르러 진펄이 비옥한 땅이 되었습니다. 마땅히 절강(浙江) 사람들의 방법을 써서, 제방을 쌓고 물을 막아 전지(田地)로 만듭니다. 부유한 백성 중에 관직을 얻으려는 자를 받아 그 무리를 한데 모아 땅을 나눠주고 그 경계는 관에서 정해줍니다. 1만 명의 장정이 경작하면 만부장(萬夫長)이 되게 하고, 1천 명의 장정이 경작하면 천부장(千夫長)이 되게 하여, 3년 뒤에 그 세금을 거둡니다. 이렇게 한다면 동남 땅의 백성 수만 명이 경사를 지키고, 섬 오랑캐를 막으며, 해운의 비용을 줄일 수 있습니다." 하지만 의견을 달리하는 자가 많아 일이 마침내 중단되고 말았다.

한나라와 당·송 이래로 나라의 큰 이익은 관(官)에서 관리하고 지키는 데서 나오지 않은 것이 없다. 생선과 소금, 차와 술에서 나오는 이익이 모두 나란히 관으로 돌아가니, 일반 백성의 곤핍함 또한 여기서 말미암는다. 이는 나라를 소유한 자가 마땅히 본받을 바가 아니다. 다만 차는 천하가 똑같이 즐기는 것이지만, 우리나라만 유독 잘 모르므로 비록 모두 가져다 취하더라도 이익을 독점한다는 혐의가 없다. 국가가 채취를 시작하기에 꼭 알맞다.

영남과 호남에는 곳곳에 차가 있다. 만약 한 말의 쌀을 1근의 차로 대납하게 하고, 10근의 차로 군포를 대납하도록 허락한다면 수십만 근

---

70   청제(靑齊)는 중국 산동에 위치한 청주(靑州)의 제군(齊郡), 즉 춘추전국 시대의 제나라 일대를 이르는 말이다.

을 힘들이지 않고 모을 수 있다. 배로 서북관의 개시(開市)에 운반해 월차(越茶)[71]에 인쇄해서 붙여둔 가격과 같이 1냥의 차에서 2전의 은을 받으면 10만 근의 차로 2만 근의 은을 얻을 수 있고, 돈으로는 60만 전이 된다. 이 돈이면 한두 해가 못 되어 45개의 둔전을 설치할 수 있다. 따로 〈다설(茶說)〉이 있는데 아래에 첨부해 보인다.[72]

---

71 월차(越茶)는 1762년에 서해 고군산도에 표류한 중국 배에서 나온 차에 붙은 가격표를 가리킨다.
72 차 무역의 구체적인 방법과 절차에 관한 내용은 이덕리의 〈기다(記茶)〉에 자세하다.

상두지

갈오로 물을 끌어오는 법[渴烏引水法]

수리 시설이 이미 잘되어 있다 하나, 강변 높은 지대의 논밭은 비록 지척에 큰 물줄기가 있더라도 그 혜택을 받을 수 없으니 애석하다. 서양의 여러 수리 기기 가운데 용미거(龍尾車)와 옥형거(玉衡車)[73]는 모두 지극히 교묘하다. 하지만 갈오(渴烏)[74]에 대해 말한 것은 없는지라 이제 여기에 상세하게 적어둔다. 진실로 능히 이를 행한다면 단지 임진강·벽란강·대동강·청천강 등 4개의 큰 하천에만 쓰더라도 45개의 둔을 모두 금성탕지(金城湯池)[75]가 되게 할 수 있다. 한강·금강·낙동강·남강을 써서 둔을 두고, 6대천에 산을 경영하여 호남과 영남의 여러 진(鎭)과 바닷가 마을의 요해처(要害處)가 모두 성을 얻을 수 있다.

---

73 용미거(龍尾車)와 옥형거(玉衡車)는 모두 서양에서 전래한 수차(水車)다. 용미거는 강물을 높은 곳으로 옮기고, 옥형거는 깊은 샘물을 지면까지 끌어 올리는 역할을 한다.

74 갈오(渴烏)는 위치에너지를 이용하여 높은 곳에 있는 물을 아래로 끌어 내릴 때 사용하는 굽은 관[曲管]을 말한다. 관개용수용 수리 기기는 물론이며, 물시계와 같은 다양한 기계에 활용되었다. 《두씨통전》에는 갈오를 이용하여 산악지대에서 물을 옮겨 대는 방법이 간략히 실려 있다. 《두씨통전》 권 157, 〈병(兵)〉 10, '지수천격산취수월산도험(識水泉隔山取水越山度險)', "渴烏隔山取水, 以大竹筒雄雌相接, 勿令漏洩, 以麻漆封裹, 推過山外, 就水置筒, 入水五尺, 卽於筒尾, 取松樺乾草, 當筒放火, 火氣潛通水所, 卽應而上."

75 금성탕지(金城湯池)는 무쇠로 만든 성곽과 끓는 물로 채워진 해자(垓字)라는 뜻이다. 허점이 전혀 없는 견고한 성이나 요새를 이르는 말로 쓰인다.

갈오란 것은 높은 곳에 있는 물을 빨아들이는 기계이다. 한나라 영제(靈帝)가 구리 수십만 근을 써서 번차(翻車)와 갈오를 만들었다는 것이 바로 이것이다.[76] 전체를 구리로 만드는 것이 좋지만, 지금은 물을 토해내는 토수통과 물이 들어가는 납수통 2개와 중간에 물의 방향이 꺾이는 부분인 절수통 1개만 구리로 만든다. 나머지는 대나무 통으로 마디를 통하게 연결하여 쓸 수 있다. 토수통·납수통·절수통은 모두 길이가 2척이다. 납수통의 모양은 한자로 '以' 자의 'ㄴ' 부분과 같고, 토수통의 모양은 한글의 'ㄱ' 자와 같다. 절수통의 모양은 범어 '卍' 자의 'ㄴ' 모양인데, 'ㄴ'의 주둥이 부분을 살짝 낮추어 납수통의 파임 부분과 만나게 한다.

토수통 상단 마디와 절수통 양 끝에는 모두 층절(層節), 즉 차이가 생긴다. 이는 마치 담배통이 대나무 설대와 합쳐지는 부분과 같다. 만약 한 아름 굵기의 대나무를 쓸 경우, 대나무를 끼워야 하는 곳의 차이는 손가락 2개 굵기를 더한다. 나머지는 본래 대나무 한 아름의 기준에 따라 길이 일고여덟 마디 정도로 차이가 나게 한 뒤라야 맞물린 대나무가 단단하여 흔들려 빠지는 근심이 없다. 절수통의 제일 높은 곳에는 밤톨보다 조금 큰 구멍 하나를 뚫는다. 또 구멍을 메울 구리쇠 조각을 만들어 송진과 밀랍, 헌 옷가지 등을 모두 갖추어둔다. 죽통에 옻칠하기를 기다렸다 구리통을 끼워 넣는다. 이때 틈이 벌어지게 해서는

---

76 갈오에 관한 최초의 기록으로, 중국 후한 말 영제(靈帝)가 물을 퍼 올리는 기기인 번차와 물을 끌어 내리는 갈오를 다리의 서쪽에 설치하여 남교(南郊)와 북교(北郊)에 물을 뿌리는 데 사용했다고 한다. 원전의 내용은 다음과 같다. 《후한서(後漢書)》, 〈열전(列傳)〉, '환자열전(宦者列傳)'. "又作翻車渴烏, 施於橋西, 用灑南北郊路, 以省百姓灑道之費."

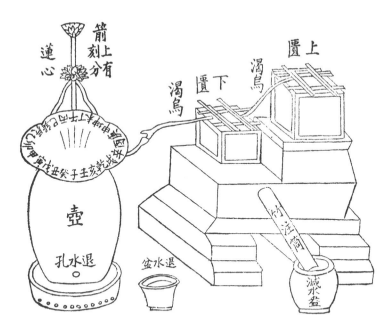

箭上
刻有
分

蓮
心

渴
烏

匱上

匱下

渴
烏

壺

孔水退
〇

凿水退

竹□筒

減
水
益

《고금도서집성(古今圖書集成)》,〈역상휘편(歷象彙編)〉, '역법전(歷法典)' 제99권에 실린 중국 송대 연숙
(燕肅)이 고안한 물시계[漏刻] 도설.
상단의 물통에서 하단의 물통으로 위치에너지를 이용하여 물을 대어주는 굽은 대나무 관에 '갈오(渴烏)'
라는 이름이 붙어 있다. 《상두지》 본문에 보이는 갈오도 이와 같은 원리를 활용한 것이다.

안 된다. 납수통부터 절수통까지는 물의 높낮이와 원근을 헤아려 죽통
을 사용한다. 혹 한두 번 잇고 서너 번씩 잇기도 하는데, 연결하는 곳은 또
한 구리를 쓰는 것이 좋다. 그러지 않으면 길게 비껴 쪼갠 2개의 대나무를 옻칠한 새끼
줄로 감싸 묶는다. 물이 올라가는 높이를 기준으로 삼는다. 물이 꺾어지는
곳에서 물을 토하는 곳까지는 하나의 대나무만 써야 하고, 또한 물을
빨아들이는 곳보다 앞서야 한다.

큰 강이나 큰 하천, 깊은 못, 급한 여울 할 것 없이, 평탄한 물기슭의

심하게 뚝 끊어진 땅이 아닌 곳에 수십 보의 단항(斷港), 즉 저류지(貯留池)를 파서 양쪽 기슭에 돌을 쌓고 널빤지를 세운 뒤에 물구멍을 바싹 뚫는다. 큰 나무로 시렁을 얹고 큰 바위로 눌러두어 물이 불어날 때 거친 물결이 넘쳐흐르는 것을 막고, 그 안에 물을 저장하여 갈오의 납수통이 그 가운데 잠겨 머리를 세우게 한다. 그 머리는 물에 반 자 남짓 잠기게 하는데, 평상시 수위를 기준으로 삼는다. 날이 가물면 물을 저장해두고, 물이 불면 물을 뺀다. 절수통을 가장 높은 곳에 얹고 토수통을 한 단계 낮게 하여 지나가는 물이 물을 쓸 곳에 흘러나오게끔 한다. 마땅히 큰 말뚝으로 세 통을 묶어 흔들리지 않게 한다. 소의 위장[胖]이나 돼지의 오줌보 같은 것으로 우리나라 풍속에 소의 위를 양(胖)이라 한다. 납수통 주둥이를 싸서 묶어 물이 들락거리지 못하게 한다. 미역이나 느릅나무 껍질 같은 것과 우리나라 풍속에 해조를 일러 곽, 즉 미역이라 한다. 헌 옷 가지로 토수통의 주둥이를 막는다. 곧장 'ㄱ' 자로 굽은 곳에 이르면 아래로 드리워 새끼줄로 고정한다. 또 마치 긴 자루 호로병박같이 생긴 구리쇠 그릇을 만들어, 그 자루에 구멍을 뚫고 절수통 위의 큰 구멍에 끼운다. 물을 길어 호로병에 대고 물을 채운 2개의 대통과 나란하게 해서 위쪽 구멍까지 차오르게 한 뒤에, 구리 조각으로 막고 송진과 밀랍으로 메워 빈틈없이 물이 흐르게 한다. 그런 뒤에 소리로 박자를 가늠하여 토수통의 마개를 뽑는 동시에 납수통의 감싼 것을 풀어주면 물이 쉴 새 없이 흘러나오는데, 그 흘러나오는 것이 폭포 같지는 않다.

갈오로 물을 끌어올 때, 갑작스레 높이 끌어 올리려 하면 물이 올라오지 않을 것이 분명하다. 네 길 안에 한 길 높이를 얻는 것을 기준으로 삼으면 열 길에 두 길 반을 얻을 수 있으니, 이 정도면 충분하다. 나머지는 모두 이것을 기준으로 삼는다. 만약 한 아름쯤 되는 물을 공중에서 떨어뜨린다면 그 흐름의 성대함이 마땅히 큰 보에 물이 가득 차 흘러가는 것에 견줄 만하다. 이런 것을 수십 개 얻는다면 큰 강물[涇流之大][77]을 나눌 수 있어, 비록 수십 리 넓은 들판이라도 적시지 못할 것이 없다. 이것은 모두 1~2개의 저류지 안에 설치할 수 있다.

어떤 이는 말한다. "작은 대통으로 그 양 끝을 갈라 합하기만 해도 능히 물을 빨아올릴 수 있는데, 지금 구리를 써서 3개의 마디를 둔 것은 어째서인가?"

그것은 이러하다. 하늘과 땅의 사이는 물[水] 아니면 공기[氣][78]이다. 공기가 들어오고 나가는 데 따라 물이 오고 간다. 밀물과 썰물에 징험해본다면 알 수 있을 것이다. 공기는 반드시 물의 빈 곳을 타고 오르고, 물은 또한 공기의 빈 곳을 뒤따라간다. 공기가 가는 곳에 물이 조금이라도 있다면 공기는 그곳을 차지하지 못한다. 물이 가는 곳에 공기가 조금이라도 있다면 물은 그곳을 삼키지 못한다. 대나무를 사선으로 갈라 만든 통은 다만 아주 잗단 것이다. 이 때문에 물이 가는 곳에 공기가 들어갈 수 없게 되어 물이 가는 데 장애가 없다. 만약 큰 대나무를 잇대어 합한다면 잇댄 곳이 곧장 올라가 구멍의 직경이 길쭉한 타원형이

---

77 경류지대(涇流之大)는 물이 불어나 크게 넘실대는 것을 이른다. 《장자(莊子)》 〈추수(秋水)〉에서 "가을 물때에 이르면 온갖 하천의 물이 크게 불어나 이쪽 물가에서 저쪽의 소와 말조차 분간하지 못한다.[秋水時至, 百川灌河, 涇流之大, 兩涘渚涯之間, 不辨牛馬.]"라고 했다.

78 《상두지》 원문의 기(氣)를 문맥을 고려하여 공기(空氣, air)로 해석했다.

되어, 물이 길쭉한 구멍의 아래턱을 따라 갑작스레 차올라 넘치게 된다. 이 때문에 곧장 솟은 곳에 이르면 물이 그곳을 가득 채우지 못한 상태로 몰려나가, 오히려 정체되어 머무는 공기가 남아 그 사이에 있게 된다. 이 때문에 물을 뽑아 올리는 것에 힘이 없어 물이 들어오는 주둥이로 되돌아가고 만다. 만약 곧장 올리고 싶지 않아 토수통을 평평하게 들어 올리면 물이 또 아래로 빠지지 못한다. 지금 만약 구리통을 사용하여 휘어 굽힌다면 통의 구멍이 구불구불 완만하게 굽으므로 자연스레 타원형을 이루어 얕아진다. 공기가 머물 만한 곳 없이 물이 통에 가득 차서 지나가게 된다. 타원형의 구멍은 들어 있는 물이 많건 적건 간에 또 둥근 통과 더불어 들쭉날쭉함이 없어진다. 이것이 구리가 아니면 안 되는 이유이다.

어떤 이는 말한다. "납수통에서 절수통까지는 간죽(間竹), 즉 맞물려 연결하는 대나무를 써야 한다. 그러나 절수통에서 토수통까지 또 간죽을 쓸 필요는 없다."

내 생각은 이렇다. 물이 납수통에서 절수통까지는 4장 거리에서 간신히 물 1장의 높이를 얻게 된다. 그리고 또 토수통 중에 절반이 있다면 문득 반 장을 잃고 만다. 게다가 납수통에서 절수통까지 멀면 멀수록 물은 점점 더 무거워지므로, 토수통의 주둥이가 짧으면 그 힘이 물을 끌어 올려 내려보낼 수가 없다. 그러므로 절수통 아래에다 바로 평행한 통을 만들어, 비록 납수통의 대나무와 길이가 서로 같은 것만은 못하더라도, 오히려 능히 물의 기세를 고르게 나눌 수 있어, 어느 한쪽이 가볍거나 무거워지는 근심이 없다.

76

갈오로 물이 잘 넘어갈 때도 혹 사람이 흔들게 되면 물은 금세 올라가지 못한다. 시설하기 전에 저류지의 뒤와 토수통의 앞과 양옆에 담장을 쌓아 둘레를 쳐서 사람들이 어지럽히지 못하게 해야 한다. 대나무를 이은 곳에는 모두 말뚝을 박아 대나무를 묶어 고정한다.

갈오의 물이 토수통을 이미 나왔더라도 물을 댈 논밭은 아직 멀리 떨어져 있다. 지세가 토수통보다 낮을 경우, 마땅히 물레방아를 설치하여 군사와 백성을 이롭게 해야 한다. 무릇 보를 열고 제방을 쌓을 때, 처음 1~2년 사이에는 곡식으로 세금을 매기고, 반드시 3년이 지나 다른 문제가 없음을 확인한 뒤 토지로 세금을 거둔다. 이제 이 갈오는 대나무를 사용하였으므로, 해마다 수리하여 고치는 일이 보와 제방에 견줄 바가 아니다. 반드시 전지를 나눈 뒤에 그 지역에 사는 책임자를 뽑아 그 전지의 몇 분의 일을 나눠주고, 그에게 해마다 남쪽 지방에서 대나무를 사서 배편으로 옮겨와 미리 준비하게 한 뒤에야 애쓴 공로가 수포가 되는 탄식과 대나무값이 덩달아 높아지는 폐단을 면할 수 있다.

내가 듣기로 갈오를 시행할 수 있는 곳은 충주(忠州)의 달천(撻川)[79]까지이다. 달천의 물은 단월역(丹月驛)[80] 앞에 이르면 언덕의 높이가

---

79 달천(撻川)은 충청북도의 산간 지대를 흐르는 하천이다. 속리산 서쪽 비탈면과 부근의 산성리(山城里)에서 발원하여 보은·청주·괴산·충주를 지나 남한강 상류로 합류한다. 하류 쪽의 달천평야를 제외하고는 거의 전 구간에서 평야나 분지를 지나지 않으며, 특히 상류와 중류는 산간의 골짜기를 굽이쳐 흐르는 전형적인 산지 하천의 형태다. 전체 길이는 120킬로미터 정도며, 지역에 따라 달래강이나 감천(甘川) 또는 괴강(槐江)이라고도 불린다.

1~2장에 지나지 않는다. 큰물과 만나면 물의 형세가 맞은편 언덕으로 평평히 흐르는지라 갑작스레 범람하여 넘칠 근심이 없다. 그래서 예부터 보를 쌓은 자가 없었다. 유(柳)씨 성을 가진 어떤 사람이 3만 냥의 비용을 들여 물길을 끊고 보를 쌓았는데, 보가 완성될 무렵 큰물에 무너져 하룻밤 사이에 보를 쌓던 군정(軍丁)과 기계가 한꺼번에 모두 떠내려가 잠겼다고 한다.

달천의 전지는 평소 1만 석을 심는 땅으로 불린다. 그 토질도 몹시 좋아 한 차례 비가 오면 한 달 동안 마르지 않는다. 이 때문에 벼를 심지, 조를 심지는 않는다. 하지만 땅값이 싸서 한 말[斗]을 심는 땅도 50전(錢) 내지 100전밖에 되지 않는다. 그래서 만약 물을 끌어오는 자가 있으면 수확을 반씩 나누길[半收] 원하기도 한다. 이제 만약 나랏돈 20만 냥을 가지고 이 땅을 사들인 뒤에 전주(田主)에게 농사짓게 하고 갈오를 설치하여 물을 대주어, 벼 한 말을 심는 땅에 세금으로 벼 열다섯 말을 납부케 하여 이를 쌀 여섯 말로 만든다.[81] 이것으로 그 전지의 세금을 면제해준다면 백성도 손해라고 여기지 않을 것이다. 가만히 1만 석 운운한 것을 따져보니 비록 꼭 그럴 것 같지는 않지만, 이 계산으로 헤아려본다면 1년에 거두는 쌀이 마땅히 12만 석이 되고,[82] 5년이면 마

80　단월역(丹月驛)은 조선 시대 충청 지역의 역도인 연원도(連原道)의 속역으로, 오늘날 충청북도 충주시 단월동에 있었다. 고려 전기에 처음 설치된 이래 여러 번의 재편을 거쳐 대한제국 시기 전국의 역참이 폐지될 때까지 존속했다.

81　벼 한 말을 심는 땅은 1두락(斗落), 우리말로는 한 마지기를 이른다. 즉 한 마지기당 벼 열다섯 말을 세금으로 거둔다는 것이다. 본문에서 전지의 소유자와 경작자가 수확을 반씩 나눈다[半收]고 했으므로 달천 지역의 전지 한 마지기의 생산량이 대략 서른 말 정도임을 짐작할 수 있다. 이어서 벼 열다섯 말을 쌀 여섯 말로 만든다고 한 것은 당시 찧기 전의 벼 두 말 반을 찧은 후의 쌀 한 말로 계산한 것이다.

땅히 60만 석이 되어 곡(斛)으로 헤아린다면 장차 90만 곡이 될 것이다.[83] 강가의 창고에 쌓아두고 이것으로 서울의 흉년 들 때를 예비한다면, 몇 년쯤의 기근이야 무슨 근심할 것이 있겠는가?

둔의 설치는 전지를 두는 것을 가장 큰 어려움으로 삼는다. 만약 전지만 둘 수 있다면 둔졸이 비록 수백 명이 넘고 둔성에 수백의 가호를 두더라도 더욱 완전하고 군세어 방어지가 되기에 충분하다. 둔성을 수비하는 군기(軍器)는 마땅히 둔의 성과가 얼마나 훌륭한지에 따라 조처하여 마련한다. 군사를 조련하는 것은 농한기라면 안 되는 날이 없다. 초하루와 보름에는 포상의 등급을 정하여 권장한다. 그리고 나서는 둔인의 많고 적음으로 고과를 매기고, 또 화살이나 탄환의 좋고 나쁨으로 상벌을 준다. 해마다 둔인 중에 최고 점수를 받은 자와 매달 초하루의 활쏘기 시험[試射]에서 상을 받은 자는 별도로 자급(資級)을 올려주어 과거에 나아갈 수 있게 하는 법이 있다. 다만 속오군의 제색 군사는 본래 민병(民兵)이라 1년 내내 번을 세워 집안일을 내팽개쳐 돌아보지 않게 할 수는 없다. 또 모병(募兵)의 편리함만 같지 못하다. 모병의 한 가지 일은 비록 장열(張說)[84]의 확기제(彍騎制)[85]와 비슷하다는 혐의가 있기는 해도, 사실은 한중화가 말한 군대와 농사의 일을 함께 하여 한 가

---

82 본문의 계산식에 따르면 달천에서 벼 한 말을 심는 전지인 한 마지기의 가격이 50~100전, 즉 5~10 냥이므로, 20만 냥이면 벼 2만~4만 말을 심을 땅을 살 수 있다. 벼 한 말을 심는 땅마다 벼 열다섯 말, 즉 쌀 여섯 말을 거둘 수 있다면, 20만 냥으로 산 땅에서 최소 12만 석에서 최대 24만 석의 쌀을 세금으로 거둘 수 있다는 계산이 나온다. 《상두지》 필사본 원문에는 '二十萬石'이라 쓰여 있으나 오기로 보아, 위 계산에 따라 '十二萬石'으로 번역했다.

83 60만 석을 90만 곡으로 환산한 것이다. 당시 1석은 열다섯 말, 1곡은 열 말로 계산되었다.

지에 힘쓰면서 두 가지를 얻는 것이라 하겠다. 하지만 처음 설치할 때
는 속오군의 제색 군사를 쓰지 않을 수 없다. 곡식을 비축하거나 군대
를 조련하여 은연중에 마치 하나의 진(陣)처럼 된다면, 다시금 단련사
(團練使)[86]에 해당하는 한 사람을 두고, 이름난 무장이 다스리게 하여
반드시 거쳐야 하는 자리로 삼는다.[87]

---

84 장열(張說, 667~731)은 중국 성당(盛唐) 시기의 관료다. 자가 도제(道濟), 열지(說之)이며 시호는 문
    정(文貞)이다. 현종(玄宗) 대 중서령, 성서좌승상 등을 지냈다. 문장이 뛰어나 소정(蘇頲)과 더불어
    대수필(大手筆)이라 불렸다.

85 확기제(彍騎制)는 중국 당나라 때의 도성 숙위병(宿衛兵) 제도를 이른다. 당 현종 대 수도를 지키던
    부병(府兵)이 대거 도망하며 부병제(府兵制)가 무너지자 수도의 방비를 위해 재상 장열이 건의했다.
    이 숙위병들에게는 출정과 진수(鎭守)의 부담을 면제해주고 매년 2개월씩 수도를 지키게 했다.

86 단련사(團練使)는 지방의 병사들을 훈련하는 임무를 담당하는 직책이다. 본래 중국 당나라 때 지방
    의 민병을 단련병(團練兵)이라 부르며 관리하던 것에서 기원했다. 역대 중국에서는 대개 지방관 및
    향촌의 유지가 단련사의 역할을 맡았다.

87 이 문단은 앞에서 갈오를 통해 둔전을 경영하는 방법을 설명한 뒤, 그 군사를 훈련하는 방법을 덧붙
    여 설명하여 편목을 마무리한 것이다.

귀차설(龜車說)

성이 튼튼하고 군량미가 비축되고 병졸이 훈련되었더라도, 길이 끊기고 적과 맞닥뜨려 요행으로 면할 희망이 없다면, 반드시 승리할 기이한 계책이 있어야만 버틸 수 있다. 천하에 죽음을 두려워하기로는 우리나라 사람만 한 이가 없다. 하지만 충무공 이순신이 매번 싸울 때마다 왜적을 섬멸했던 것은 거북선을 가지고 기이한 계책을 냈기 때문이다. 이제 이 같은 뜻을 미루어 귀차(龜車)의 제도를 만들었다. 실로 서로가 평탄하여 이를 가장 시행할 만하기 때문이다.

귀차는 아래쪽에 바퀴 6개를 둔다. 바퀴 하나는 앞에 놓고 하나는 뒤에 둔다. 쌍쌍으로 바퀴 4개를 중앙에 둔다. 쌍바퀴의 축은 10여 척이다. 위쪽은 거북선의 제도를 본떠 널빤지로 지붕을 만들되 거북이 모양으로 한다. 철엽(鐵葉)[88]을 너비 5촌 되게 만들고 소가죽을 너비 5촌 되게 만들어, 수레의 머리부터 꼬리까지 소가죽을 가지고 4촌의 간격을 두어 판옥에 바로 붙여서, 철엽으로 그 빈 곳을 눌러 채우고 소가죽과

---

88 철엽(鐵葉)은 일정한 크기로 자른 철판이다. 여기서는 판옥의 겉면에 붙여 수레를 보강하고 방비하는 재료로 쓰였다.

함께 못을 박는다. 철엽을 뚫어 두 줄로 세워 톱니처럼 만들어, 한 줄 안에 하나는 누이고 하나는 세워 서로 두세 치의 간격을 둔다. 톱니의 길이는 한 치 남짓 되게 하며, 몹시 뾰족하고 예리하게 만든다. 철엽을 뚫어 세운 곳은 눈이나 손이 미치는 곳을 헤아려 사이사이에 총구멍과 망보는 구멍을 열어둔다. 가장 낮은 널빤지의 위쪽과 가장 높은 널빤지 의 아래에 널빤지의 틈을 한 치 남짓 열어 거도(鉅刀)를 쓰는 곳으로 삼 는다. 철엽과 소가죽으로 가려서는 안 되고 다만 머리와 꼬리, 허리 세 곳에만 감싸 잇댄다. 판옥 뒤쪽에는 널빤지로 된 문을 만들어 여닫기 편하게 한다. 판옥의 가운데에서 긴 가로대를 써서 수레를 미는데, 미 는 사람은 앞뒤로 각각 5명이다. 이렇게 하려면 수레 너비가 열 자가량 되어야 한다. 혹 소 두 마리를 써서, 수레 안에서 몰고 갈 수도 있다.

귀차에는 상장(上裝)과 하장(下裝)이 있다. 장이란 것은 옛날에 이른 바 상(廂)이나 진(軫) 또는 수(收)이다.[89] 상장에는 다섯 사람을 싣고, 하 장에는 네 사람을 싣는다. 상장의 한 사람은 감시를 맡고, 나머지는 거 도와 총 쏘기를 담당한다. 거도는 모두 칼 모양으로 대여섯 자쯤 되는 데, 앞뒤에 톱니가 있다. 널빤지의 틈 안쪽에 눕혀두어 적이 보지 못하 게 한다. 만약 적이 진을 침략하여 맞붙어 싸워 칼날이 맞닿게 되면 널 빤지의 틈새에서 가로로 내어서 벤다. 하장에서는 말의 다리를 베고 상 장에서는 사람의 목을 친다. 만약 적병이 가까이 있는데 미처 진을 이

---

89 장(裝)·상(廂)·진(軫)·수(收)는 모두 수레의 앞뒤에 가로목을 세워 물건 또는 사람을 싣도록 만든 공 간을 가리킨다.

루지 못했다면 힘껏 급히 달려가 적 가운데로 충격해 들어가 8개의 거
도를 일제히 가로로 뻗는다. 이렇게 해서 노를 젓듯이 한다면[吳榜之擊
汰],[90] 그 앞에 이를 버텨낼 진이 없고, 사람과 말도 다치고 찔려 버티지
못할 것이다. 만약 적병이 성문에 바싹 붙게 되면 먼저 성문을 열어 진
을 벌려놓고 기다린다. 적이 큰길을 따라오다 성문을 보지 못하는 것은
성문이 요고 또는 방전 형태의 성 모퉁이에 가리어져 있기 때문이다.
그들이 성에 바싹 붙기를 기다려 귀차로 성 모퉁이를 돌아나가 예기치
못한 순간에 들이친다면 깨지 못할 적이 없다.

---

90 오방지격태(吳榜之擊汰)라는 문구에서 '오방(吳榜)'은 오나라와 같은 중국 남방(南方)에서 배나 배를
    젓는 데 쓰는 기다란 노[櫂]를 말한다. '격태(擊汰)'는 물결을 치며 노를 젓는다는 뜻이다.

맹화유(猛火油)와 솔기름[松潙][91]

옛날에 맹화유(猛火油)[92]라는 것이 있었다. 양행밀(楊行密)[93]이 점성국(占城國)[94] 왕에게서 얻어 거란의 아보기(阿保機)[95]에게 주었던 것이다. 만약 광명해유(光明海油)가 아니라면 오늘날의 솔기름[松潙]과 비슷하다. 물에 젖으면 오히려 불이 거세지기 때문이다. 성을 지키는 수단으로 이것이 없어서는 안 된다. 더구나 들판 가운데 있는 외로운 성은 땔

91　이 항목은 《상두지》 권2의 '솔기름' 항목과 겹치는 부분이 많다. 또한 '맹화유(猛火油)와 솔기름[松潙]' 부터 '황신(黃愼)의 대동법(大同法)'까지의 논설들은 '귀차설(龜車說)' 편목의 하단에 붙은 글로, 각 항의 편목은 《상두지》 필사본 권두에 실린 차례에는 보이지 않는다. 아마도 한 항목으로 따로 낼 수 없는 잡다한 글을 모아 권1의 끄트머리에 붙인 듯하다. 여기에서는 임의로 편목을 붙여 구분했다.

92　맹화유(猛火油)는 발화성이 강해 물을 끼얹어도 불이 꺼지지 않는다고 전하는 액체 연료다. 중국 송(宋)나라 강여지(康譽之)의 《작몽록(昨夢錄)》에서는 "고려의 동쪽에 맹화유가 나는데, 한여름의 태양열에 돌이 뜨겁게 달면 액(液)이 나오며, 그 액이 다른 물체에 닿으면 불이 붙으므로 유리그릇에만 담을 수 있다. 서북 방성고(防城庫)에 못[池]을 파서 맹화유를 저축했는데, 한 달이 되지 않아 그 못의 흙이 모두 적황색으로 변하였으므로 또다시 못을 파서 옮겼다."라고 했다.

93　양행밀(楊行密, 852~905)은 중국 5대(五代) 시대 오(吳)나라의 태조다. 당나라 말기에 군벌로 성장하여 회남절도사(淮南節度使)가 되었다. 생전에 오왕(吳王)으로 봉해졌으며, 그의 아들 대에 이르러 오나라 태조로 추존되었다.

94　점성국(占城國)은 1~2세기경 인도차이나반도에 건국되었던 참파국의 중국식 이름이다.

95　아보기(阿保機)는 중국 요(遼)나라의 태조인 야율아보기(耶律阿保機)다. 거란의 여러 부(部)를 통합하고 외몽골에서 동투르키스탄에 이르는 지역을 지배했으며, 발해를 멸망시키고 동단국(東丹國)을 세웠다.

감 마련이 가장 어렵다. 만약 이것이 있다면 기왓장이나 돌, 병기를 모두 솔기름에 담가 밥을 지을 수 있다.

만약 적병이 성에 붙어 분통(噴筒)을 뿌릴 때 불씨를 던져 이를 태우면, 입고 있던 갑옷을 채 벗지도 못한 군사가 타 죽을 것이 틀림없다. 화약을 넣기 전에 같이 달여, 대포의 장약(裝藥) 통 위에 주입하고 적진을 향해 쏜다. 화약에 불이 붙을 때 솔기름은 성질이 무거운지라 반드시 불똥처럼 흩어져 적진에 가득 찰 것이니, 한바탕 다 태워버리고서야 끝이 난다. 또 솔기름은 불붙이기가 매우 쉽다. 명송(明松)을 잘게 쪼개 병에 넣고서 솔잎으로 주둥이를 막고, 작은 항아리를 가져다 흙 속에 묻고 항아리 안에다 병을 거꾸로 세워 진흙으로 틈을 바른다. 겻불로 이를 태우면 한 병의 명송에서 반병의 솔기름을 얻을 수 있다. 명송을 잘게 쪼개기 전에 물에 담가 하룻밤을 재우면 솔기름을 훨씬 더 많이 얻는다. 해마다 거두어 취하여 항아리를 묻어 저장해두고 위급할 때 쓰는 용도로 한다. 적을 막을 수 있을 뿐 아니라, 또 땔감 대용으로 쓰기에도 충분하다.

소가죽[牛皮]

국가에서 크게 금하는 것은 우금(牛禁)과 주금(酒禁) 그리고 송금(松禁)이다.[96] 작은 고을에서 1년 안에 몰래 소를 도살하는 것을 헤아린다면 수백 마리를 밑돌지 않는다. 세시(歲時)에 금령을 풀어주면 도살하여 죽이는 것이 그 수를 헤아릴 수가 없다. 하지만 소가죽이나 뿔이 관으로 들어오는 것은 거의 없다. 가죽과 뿔을 납입하지 않는 자는 세시라 하더라도 대속금(代贖金)을 거두고, 비록 관가에서 관리하는 푸줏간이라 해도 관례에 따라 가죽과 뿔을 거두되, 일 년에 100장을 한도로 삼는다. 우황(牛黃)[97]을 바쳐 역을 면제받는 고을의 경우, 둔성에 그 몇 배를 보내오게 한다. 그래서 20~30장을 이어 붙여 성을 가리는 도구로만 쓰게 한다. 만약 급한 일을 당하면 성 위에 기둥을 세우고 가로로 들보를 얹어 들보의 등마루에 못으로 가죽을 고정하여, 밖으로는 성첩을 보

---

96 우금(牛禁)·주금(酒禁)·송금(松禁), 즉 삼금(三禁)은 민간의 소 도살, 소나무 벌채, 음주와 밀주 매매를 금하는 법령이다. 특히 소 도살의 금지는 조선처럼 농업을 근간으로 하는 국가에서 농업을 장려하고 농업 생산에 차질이 생기지 않도록 하려는 목적에서 시행되었다. 다만 소가 병에 걸리면 관의 허락을 받고 도살할 수 있었는데, 도살 후 가죽을 벗겨 관에 바치고 고기는 팔아 그 돈으로 송아지를 사서 키우게 했다.

97 우황(黃牛)은 소·영양·산양 등 반추동물의 쓸개에 염증으로 인해 생기는 응결물로, 말려서 약재로 사용한다. 해독 작용, 중풍과 열병, 경기에 치료 효과가 있다고 한다.

호하고 안으로는 군졸을 지킨다. 적 가운데 성에 기어오르는 자가 있으면, 가죽 장막 안에서 여럿이 밀쳐 흔들어 떨어뜨린다. 이렇게 한다면 노약자 또한 성을 기어오르는 적을 막는 데 힘을 보탤 수 있다. 혹 수양(睢陽)과 양양(襄陽)의 경우처럼 군색한 처지에 놓이면[98] 이를 삶아 먹어 양식을 대신할 수 있다.

---

98 이 말은 적에게 포위당해 물자 공급이 끊기고 식량이 고갈된 상황을 말한다. 수양(睢陽)의 처지는 중국 당나라 현종 때, 안녹산(安祿山)의 반란이 일어나자 장순이 허원(許遠)과 함께 군사를 일으켜 수양성(睢陽城)을 지켰는데, 여러 달 동안 포위당해 버티다가 함락된 일을 가리킨다. 또 양양(襄陽)의 일이란 중국 남송 도종(度宗) 때, 양양성(襄陽城)의 여문환(呂文煥)이 원나라 군대에게 포위되어 보급물자도 제대로 지원받지 못한 채 여러 해를 버틴 일을 말한다. 여문환은 결국 4년 반 만에 투항했다.

동선령(洞仙嶺)과 청석동(青石洞)

세상에서 전하기를, 청나라 황제가 병자년에 우리나라를 침략할 적에 동선령(洞仙嶺)[99]과 청석동(青石洞)[100]에 이르러 그 지형이 험난한 것을 보고는 용골대를 두 차례나 참수하려 하였다고 한다. 이것은 모두 야인들의 허황한 말이다. 일찍이《서당사재(西堂私載)》[101]를 보니 개성 유수(留守)[102]로 있을 때 올린 상소가 실려 있었다. 대개 말하기를, "청나라의 군대가 올 때 청석동 길을 통하지 않고, 개성부 옆의 산기슭 길을 통하였다. 이제 나무를 길러 훗날의 대비로 삼을 만하다."고 하였다. 하지만 조정에서 이것을 시행했는지 여부는 알지 못하겠다. 또 들으니, 동선령

---

99 동선령(洞仙嶺)은 황해북도 봉산군 구읍리에 있는 고개다. 황해도와 함경도를 잇는 중요한 관문이자 요새다. 영조조에는 이 고개 위에 산성을 개축하고 북쪽의 침입을 막는 요새로 썼다.

100 청석동(青石洞)은 황해북도 개성 북쪽에 있는 협곡이다. 양옆의 산이 험준하고 사이로 난 길은 좁아, 동선령과 함께 서북 지역의 군사적 요충지로 여겨졌다.

101 《서당사재(西堂私載)》는 조선 후기의 문인 이덕수(李德壽, 1673~1744)의 시문집이다. 이덕수는 조선 숙종~영조 연간의 문신으로, 이덕리와는 한집안이다. 자가 인로(仁老), 호는 벽계(蘗溪), 서당(西堂)이며, 시호는 문정(文貞)이다. 숙종 39년(1713) 문과에 급제했다. 소론 집안 출신이나, 뛰어난 문장력 덕분에 당대 최고의 문사들과 당파를 가리지 않고 교유했다. 관직 생활 초기에는 주로 홍문관에서 활동했으며, 이후 대사헌, 형조판서, 개성유수, 부총관 등을 지냈다.

102 유수(留守)는 조선조에 설치한 정2품 외관직이다. 개성·강화·광주·수원 등 요긴한 곳을 맡아 다스리도록 했다. 이덕수가 개성 유수로 재직할 당시 피력한 내용은《승정원일기》763책, 영조 9년 8월 2일 기사에 보인다.

남쪽으로 산이 다한 곳의 바닷가에 너비 5리 남짓 되는 평지가 있어 청나라 군대가 이 길을 취하여 갔다고 한다. 그러나 이제껏 성보를 쌓고 방비를 갖추는 일이 없었다. 또 용골대가 선봉장이 되어 의주로부터 사흘 안에 서울에 들이닥쳤으니 청나라 황제가 처음 압록강을 건넜을 때 어찌 그의 목을 베려 한 일이 있었겠는가? 이 두 곳은 모두 겹겹의 방어 시설을 두어 지난날의 경계를 보이는 것이 마땅하다.

정장(亭障)

전국(戰國) 시대에 한 차례 싸워 수십 개의 성을 빼앗았다는 것은 반드시 모두 주현의 성이 아니라 대개 정장(亭障)[103]의 종류일 것이다. 당나라 시(詩)에서 말한 "나라의 둘레가 5천 리나 군영으로 이어졌다."[104]는 것이 이것이다. 한(漢)나라 때 가산(賈山)이 한 장(障)의 수비를 맡을 것을 청하였고, 한퇴지(韓退之)가 최사립(崔斯立)에게 보낸 편지에서 "낮게는 오히려 한 장이라도 맡아 지킬 수 있다."[105]고 한 것 또한 이것이다. 근래에 들으니 저들의 나라에는 성을 쌓는 규제가 없어 부유한 백성 중 가성(家城) 쌓기를 청하는 자가 있으면 이를 허락하므로 길을 따라 작은 성이 즐비하다고 한다. 성보를 쌓는 일이 병자년(1636) 당시의 약조 가운데 비록 실려 있지만,[106] 이미 발막을 따라 성을 쌓았다면 우리 또한 저들을 속일 만한 단서가 있다. 비록 그러나 일시에 하기

---

103 정장(亭障)은 국경이나 요해처의 경비를 위해 담을 둘러 세운 초소(哨所)를 말한다. 정후(亭堠)라고도 한다.

104 이 말은 중국 당나라 때 문인 고적(高適, 707~765)의 〈고대량행(古大梁行)〉에 "軍容帶甲三十萬, 國步連營五千里."라고 한 구절을 인용한 것이다. 5천 리가 아니라 1천 리로 쓰여 있는 판본도 있다.

105 이 말은 중국 당나라 때 문인 한유(韓愈, 768~824)의 〈답최립지서(答崔立之書)〉에 "致之乎吾相, 鷹之乎吾君, 上希卿大夫之位, 下猶取一障而乘之."라고 한 구절을 인용한 것이다.

상두지

가 장황하여 어려울 것 같으면, 경기도와 황해도부터 평안도에 이르기까지 먼저 작은 성을 쌓아 점차 이를 키워나가도 괜찮을 것이다. 처음에는 몇 개의 발막을 건너뛰어 가며 쌓고, 이를 일컬어 바닷길을 따라 칙사를 맞이하는 정장이라 하더라도 또한 속일 만한 하나의 단서일 것이다.

---

106 병자년 당시의 약조란 1637년 1월에 조선과 청나라가 맺은 종전 약조 중 성지(城池)를 개축하거나 신축하지 않는다는 항목을 말한다. 《인조실록(仁祖實錄)》권34, 인조 15년 1월 28일 기사에 청나라가 조선에 요구한 약조가 기술되어 있는데, "신구(新舊)의 성벽은 수리하거나 신축하는 것을 허락하지 않는다.[新舊城垣, 不許繕築.]"라고 했다.

둔군(屯軍)의 1년 치 비용

한 사람이 먹는 것은 하루에 두 되이다. 농사철 반년 동안 한 되를 보태주면 1년에 도합 108두로 7석 3두가 된다.[107] 여름옷이 두 벌, 겨울옷이 한 벌이니 합치면 돈이 5~6냥이다. 그리고 7석 3두를 통상적인 해를 기준으로 헤아리면 마땅히 20여 냥이고, 여기에 옷값을 합치면 30냥이 된다. 100명일 경우 3천 냥이 필요하다. 급료를 제정하여 45개의 둔에서 4,500명을 양성할 경우 돈 13만 5천 냥이 든다.

---

107 열다섯 말을 1석으로 계산하는 방식[十五斗一石之法]을 적용한 것이다.

전지(田地)의 비용

한 사람이 경작하는 것은 수전으로는 스무 마지기이고, 한전의 경우는 열 마지기이다. 중품(中品)으로 가격을 논하여 꼭 써야 할 전지를 500냥에 사둔다. 둔전마다 5만 냥이 들게 되므로 둔전이 45개일 경우 마땅히 245만 냥이 필요하다.[108] 밭을 가는 소나 농기구에 드는 비용은 이 수치에 포함하지 않는다. 만약 하나의 둔전에서 우선 50명만 쓴다면 급료와 전지에 드는 비용이 절반으로 줄어든다.

---

108 둔전 1개당 전지의 비용으로 5만 냥이 소요된다면 45개 둔전에 필요한 비용은 245만 냥이 아니라 225만 냥이다. 계산 과정에서 발생한 단순한 오기인지, 아니면 앞서 언급한 45개 둔군에 소모되는 13만 5천 냥의 비용까지 대략 더하여 적은 것인지 분명치 않다.

벽돌[磚]

벽돌을 만들 때는 모두 네모반듯한 것이 좋다고 여긴다. 내 생각은 이렇다. 먼저 벽돌의 틀을 만드는데, 반드시 1파(把)의 길이를 가지고 기준으로 삼는다. 우리나라 풍속에 가로로 1장(丈)을 1파라고 한다. 큰 머리 쪽은 평평하고 반듯하게 해서 가로로 작은 구멍을 뚫는다. 그 아래쪽은 규옥(圭玉)의 모양[109]처럼 조금씩 줄어나가, 바싹 마른 뒤에 가마에 넣어 굽는다. 성을 쌓을 때는 큰 머리가 바깥을 향하여 가지런히 맞물리게 하고, 양쪽으로 줄어든 틈새에는 석회를 메워 붙인다. 작은 구멍 또한 석회로 메워 쌓고, 여기에 쇠막대를 꽂아둔다.

---

109 규옥(圭玉)은 벼슬아치들이 드는 홀(笏)을 이른다. 여기서는 홀의 모양처럼 위가 넓고 아래로 갈수록 좁아지는 모양을 뜻한다.

박서(朴犀)의 옛 벽돌

판서 이세재(李世載)[110]가 자모산성(慈母山城)[111]을 쌓으려 했으나 벽돌이 없어 걱정이었다. 산 위에 해묵은 구덩이 수십 개가 있어 시험 삼아 파보니 벽돌 가마였다. 그 안에는 벽돌이 가득 차 있었고, 벽돌마다 '박서(朴犀)' 두 글자가 있었다. 이를 가져다 성을 쌓았다. 박서는 고려 때의 이름난 장수이다. 아마도 산성을 쌓으려고 벽돌을 만들었으나 완성하지 못한 것이다. 옛사람의 정신과 기력은 수백 년 뒤에도 능히 그 뜻을 펼 수 있게 하니, 공경스럽고 또한 슬퍼할 만하다.[112]

---

110 이세재(李世載, 1648~1706)는 조선 숙종 연간에 활동한 문신으로, 자는 지숙(持叔)이고 본관은 용인(龍仁)이다. 숙종 20년(1694) 문과에 급제하여 전설사별검을 시작으로 의금부도사, 대사간, 경기도관찰사 등을 지냈다. 특히 지방관 재직 시절 많은 치적을 올렸는데, 동래부사로 있을 때는 간사한 왜인들의 버릇을 고쳐, 왜인들이 100년 이래의 두려운 부사라 찬탄했다고 전한다. 형조참판으로 재임 중에 급사하여 조야의 아쉬움을 샀다.

111 자모산성(慈母山城)은 평안남도 순천군에 있는 성곽으로, 본래 고려 태종대에 쌓았다고 한다. 광해군 13년(1621)에 체찰사 이시발(李時發)의 명으로 중건되었고, 숙종 31년(1705)에 이세재에 의해 다시 수축되었다.

112 이상의 내용은 이덕수의 《서당사재》권12, 〈경기관찰사이공행장(京畿觀察使李公行狀)〉에 보인다.

상진(尙震)의 계책

성안공(成安公) 상진(尙震)[113]은 늘 의주의 경계가 오랑캐와 중국에 맞닿아 있는데도 감시가 소홀하고 성근 것을 근심하였다. 예로부터 중국에 난리가 있으면 우리나라가 반드시 그 피해를 입곤 했다. 멀리는 위만이 그러하고 근래에는 홍건적의 경우를 들 수 있다. 이 때문에 예전에는 이것을 교훈 삼아 하나의 지경에 큰 진(鎭) 3~4개를 두어 이를 막았다. 인주(麟州)와 포주(抱州), 의주(義州)[114] 등이 바로 이것이다. 지금은 다만 의주만 남겨두어 방어가 허약하고, 또 가로막을 성참(城塹)[115]도 없다. 만약 철기병이 얼음이 언 틈을 타서 쳐들어온다면 장차 무엇으로 이를 막겠는가. 국가가 장성을 설치하고 군포를 거두는 것은 오로지 이 때문이다. 내가 전곶(箭串)[116]에 성을 쌓은 것은 강변을 위하면서

---

113 상진(尙震, 1493~1564)은 조선 중종~명종 연간에 활동한 문신으로, 이덕리의 6대조인 청강 이제신이 그의 손자사위다. 본관은 목천(木川)으로, 자가 기부(起夫), 호는 송현(松峴)이며, 시호는 성안(成安)이다. 중종 14년(1519) 문과에 급제하여 사헌부장령, 대사간, 공조판서 등을 거쳐 명종 연간에 삼정승을 모두 지냈다. 특히 명종 즉위 초 이기의 천거와 문정왕후(文定王后)의 후원으로 병조판서에 중용되어 마정(馬政)을 강조하는 등 군정 확립에 힘썼다. 이 밖에 관력 초기에는 지방 관리의 탐학 제거와 농촌 진흥책 등에 힘쓰기도 했으나, 만년에는 소윤 일파와 협력하여 사림의 비판을 받기도 했다.

114 인주(麟州)와 포주(抱州)는 모두 압록강에 접한 평안북도 의주(義州) 일대의 지명이다.

115 성참(城塹)은 외적을 막기 위해 성 밖에 두른 해자(垓字)를 말한다.

이를 교두보로 삼은 것이다. 뜻은 있었지만 이루지는 못하였으니 평소에 늘 유감스럽게 생각한다. 《청강소설(淸江小說)》에 나온다.[117]

삼가 살피건대 성안공이 나라를 근심하는 정성이 이와 같았는데도 끝내 건의하여 베풀어 펴지 못하였으니 아마도 윤원형(尹元衡)[118]이 나라를 제멋대로 하여 다른 사람이 나라를 위한 방책을 베풀어 펴는 것을 용납하지 않았기 때문일 것이다. 병자년의 난리[119]에 미쳐 철기병이 얼음이 언 때를 틈타 쳐들어오리라는 우려는 마치 부절을 맞춘 것처럼 그대로 되었다. 그러니 비록 임경업의 지혜를 가지고도 장차 능히 홀로 막을 수 없었던 것이다. 《서경(書經)》[120]에 말하기를,

---

116 전곶(箭串)은 오늘날 서울 성동구 한양대학교 옆의 살곶이다리 인근을 말한다. 조선 시대에는 이 곳에 국가에서 관리하는 말 목장이 있었다. 《정조실록(正祖實錄)》 권47, 정조 21년 7월 8일 기사에 "고 정승 상진이 돌로 성을 쌓아 울타리로 삼았는데, 그 견고함이 도성과 같았다."고 한 내용이 보인다.

117 조선 명종~선조 연간의 문인인 이제신의 시문집 《청강선생후청쇄어(淸江先生鯸鯖瑣語)》를 가리 킨다. 이 단락은 이 책에서 그대로 따온 것이다. 이제신은 이덕리의 6대조이자 상진의 손자사위로, 자가 몽응(夢應), 호는 청강(淸江)이다. 명종 19년(1564) 문과에 급제해 예조정랑, 진주목사 등을 지냈다. 목민관으로서 선정을 펼쳐 명성을 얻었으며, 문장으로도 이름을 날렸다. 함경북도병마절 도사 재임 시절 여진족의 침입을 막아내지 못한 책임으로 의주에 유배되었다가 그해에 죽었으나, 2년 만에 복권되어 병조판서에 추증되었다.

118 윤원형(尹元衡, 1503~1565)은 조선 중종~명종 연간에 활동한 문신으로, 자가 언평(彦平)이고 본 관은 파평(坡平)이다. 중종의 계비이자 명종의 어머니인 문정왕후의 동생이다. 명종이 즉위하고 문 정왕후가 수렴청정을 하자 외척(外戚)으로서 소윤의 우두머리에 올라 권력을 제멋대로 휘둘렀다. 중종 28년(1533) 문과에 급제하여 좌승지, 공조참판을 거쳤으며, 인종 즉위 후 탄핵을 당하기도 했으나 곧 이은 을사사화 이후 승승장구하여 영의정의 자리까지 올랐다. 그러나 문정왕후가 죽자 이내 실각했다.

119 병자호란(丙子胡亂)을 일컫는다. 1636년(인조 14) 12월부터 이듬해 1월, 즉 병자년에 일어나 정 축년에 끝났기 때문에 병정노란(丙丁虜亂)이라 불리기도 한다.

"노성(老成)한 사람을 업신여기지 말라."고 하였는데 어찌 맞는 말이
아니겠는가.

120 《상두지》 원문에는 '詩曰', 즉 《시경》에서 인용했다고 했으나, 이는 《서경(書經)》, 〈반경(盤庚)〉의
     "너희는 노성(老成)한 사람을 업신여기지 말며, 고아들을 하찮게 여기지 말며, 각각 그 거처를 길이
     하여 힘써 나 한 사람이 만든 꾀를 따르도록 하라.[汝無侮老成人, 無弱孤有幼, 各長于厥居, 勉出乃
     力, 聽予一人之作猷.]"라는 구절에서 따온 것이다. 인용 과정에서 발생한 오기로 보아 '書曰'로 해
     석했다.

이세재(李世載)의 둔전 경영

판서 이세재가 평양감사가 되었을 때 일찍이 둔전을 설치하여 한 해에 수만 석을 운반하여 자모산성에 옮겨두었다. 이 일이 《서당사재》에 실려 있다.[121] 이 또한 먼저 얻은 한 가지 단서라 하겠다. 하지만 그 뒤를 이은 자가 능히 이루어놓은 계획을 지킬 수 없었으니, 어찌 편히 놀고 즐긴 결과가 아니겠는가?

---

121   이 말 또한 이덕수의 《서당사재》 권12, 〈경기관찰사이공행장〉에서 인용한 것이다.

황신(黃愼)의 대동법(大同法)

문민공 황신(黃愼)[122]이 호는 추포(秋浦)이다. 무신년(1608)에 진주사로 갔다 돌아온 뒤에 올린 계문은 이렇다.[123]

"신 등이 북경에 있을 때 중국 조정의 이야기를 들어보니 누르하치 [奴酋]를 근심하고 있었습니다. 또 이들 오랑캐의 정상(情狀)을 살펴보니, 수년째 공물도 바치지 않다가 올해는 휘하의 800명을 북경으로 보내 상으로 내리는 은자가 많고 적음을 가지고 다투었다 하니, 중국 조정을 업신여겨 짓밟음이 심하다 하겠습니다. 신이 우리나라로 돌아오는 길에 이 길로 오는 사람을 만나 물어보았더니 그들은 모두 이렇게 말하였습니다. '이 도적들이 노리는 것은 요동(遼東)과 광녕(廣寧)성이

---

122 황신(黃愼, 1560~1617)은 조선 선조~광해군 연간에 활동한 문신으로, 자가 사숙(思叔)이고 호는 추포(秋浦)다. 성혼(成渾)과 이이(李珥)의 문인으로 재직 중 벌어진 건저(建儲) 문제에 연루되어 정철(鄭澈)의 일파로 몰려 파직당하기도 했다. 1588년 문과에 장원급제 후 병조좌랑, 사간원정언, 호조참판, 대사간 등을 지냈다. 임진왜란 당시 세자인 광해군을 보좌하여 체찰사의 종사관을 지냈으며, 전후 일본과의 화의가 결렬되자 명나라의 내원(來援)을 얻는 데 힘쓰기도 했다. 이후 계축옥사(癸丑獄事)에 휘말려 유배지에서 죽었다. 저서로 《추포집(秋浦集)》, 《일본왕환일기(日本往還日記)》 등이 있다.

123 《광해군일기(光海君日記)》 정초본 권5, 원년 6월 20일 기사에 황신이 봉전(封典)을 거듭 청하기 위해 진주부사가 되어 연경으로 간 일이 기록되어 있다. 이 글은 같은 해 12월에 돌아와 올린 소계다. 그 전문은 《추포집》 권1, 〈계(啓)〉, '진주사회환후여상사연명계(陳奏使回還後與上使聯名啓) 무신 12월(戊申十二月)'과 《광해군일기》 정초본 권11, 원년 12월 18일 기사에 실려 있다.

고 그다음은 귀국입니다. 이러한 한가한 때에 험준하고 중요한 곳을 수선하여 군대가 들어가 이를 보존케 하는 계획을 세움이 옳을 것입니다. 만약 왜인과 똑같게 보아 도망가서 피하려고만 든다면 철기병은 비바람과 같아 백성이 단 한 사람도 벗어날 길이 없습니다. 귀국은 스스로 잘 헤아려야 합니다.' 관서 땅에 가까운 변경 중에 반드시 지켜야 할 곳은 미리 서로 그 형세를 가려 보루의 터로 정하고, 형세를 살펴 잘 조처하는 것을 그만둘 수 없을 듯합니다. 지금 당장은 굶주린 백성이 떠돌아다니고 물자는 모두 바닥났으니 진실로 섣불리 이 일을 해서는 안됩니다. 다만 미리 강구하여 정해두어야만 뒷날 공격을 당한 뒤에 후회하는[噬臍之悔]¹²⁴ 일을 면할 수 있을 것입니다. 여러 가지 곡식을 대비해두는 일은 본도의 감사와 함께 둔전의 병사를 모집하게 한다면 기민을 구휼하고 아울러 곡식을 생산할 수 있을 것입니다."

삼가 살피건대 잠곡(潛谷) 김육(金堉)¹²⁵의 대동법은 국가를 위한 훌륭한 제도로 이제껏 행하였어도 아무 폐단이 없다. 하지만 추포가 쓴 신축년(1601)의 사간원에서 올린 차자(箚子)¹²⁶와 신해년(1611)에 호

---

124 서제지회(噬臍之悔)는 사향노루가 사람에게 잡히면 사향이 들어 있는 제 배꼽을 물어뜯는다는 이야기에서 유래한 말로, 일이 잘못된 뒤에는 후회해도 이미 소용이 없다는 뜻이다.

125 김육(金堉, 1580~1658)은 조선 선조~효종 연간에 활동한 문신으로, 자가 백후(伯厚)이고 호는 잠곡(潛谷)이다. 광해군 1년(1609) 성균관 유생으로 김굉필·정여창·조광조·이언적·이황 5인의 문묘 향사를 건의하는 〈청종사오현소(請從祀五賢疏)〉를 올렸다가 문과 응시 자격을 박탈당하고 경기도 가평 잠곡에 은거했다. 1623년 서인들이 주도한 인조반정으로 복권되어 의금부도사를 시작으로 사간원정언, 안변도호부사, 병조참판, 대제학, 예조판서를 거쳐 영의정의 자리에 올랐다. 재임 중 〈호남대동사목(湖南大同事目)〉을 구상하는 등 대동법의 확대 시행에 적극 노력했으며, 화폐의 보급과 전후의 복구 사업에도 힘썼다. 《잠곡유고(潛谷遺稿)》를 비롯한 여러 문집이 전한다.

조판서로 있을 때 여섯 조로 올린 별단(別單)[127]으로 볼 때, 대동법을 처음 연 사람은 실로 추포였고, 잠곡은 다만 이를 따라 행하였을 뿐이다. 지금 진주사로 돌아올 때 올린 계문을 보니 훗날 징험한 것이 병신년(1596)에 일본에 사신 갔다가 돌아온 뒤에 임금께 올린 글[128]과 더불어 모두 딱 들어맞는다.[129] 참으로 나라를 잘 살핀 분이라 하겠다. 보배로운 신하로 삼음이 마땅하다. 하지만 당시에 이미 그 말을 듣지 않았고, 또 무엇보다 나라에 일이 많을 때였으므로 초야에 묻혀 시들고 말았으니 진실로 슬퍼할 만하다.

126 《추포집》 권1, 〈소차(疏箚)〉, '간원진언차(諫院進言箚) 신축 10월(辛丑十月)'에 그 내용이 자세하다.

127 《추포집》 권1, 〈소차〉, '사호판소(辭戶判疏) 신해 11월(辛亥十一月)'에 그 내용이 자세하다.

128 《추포집》 권2, 〈계〉, '통신회환후서계(通信回還後書啓)'에 그 내용이 자세하다.

129 황신은 1596년 통신사로 명나라의 사신 양방형(楊邦亨)·심유경(沈惟敬)을 따라 일본에 다녀왔으며, 이후 1608년 호조참판으로 진주부사(陳奏副使)가 되어 이덕형(李德馨)과 함께 명나라에 다녀왔다.

《상두지》 권2

통론(通論)[1]

요고성의 제도[腰鼓城制]

서쪽 변경의 도로(道路)[2]에는 파발마가 오간다. 이런 까닭에 길을 몹시 평탄하게 닦아놓고서는, 방어 시설을 설치해 도적을 막을 계책은 생각지 않는다. 병자년 겨울, 23일에 파발마가 서울에 도착해 급보를 알렸는데, 오랑캐의 기병은 24일에 모래재를 넘었다. 이는 바로 도로가 평탄했기 때문이다. 그 뒤에 비록 중국과 약조가 있었다 하나, 연로에 위치하지 않은 고을에도 성을 전혀 쌓지 않았으니, 포악한 침략자를 막을 계책으로는 잘못이라 하겠다.

지금 서쪽 변경의 칙사가 머무는 관사(館舍)는 대부분 연도(沿道)에 자리 잡고 있어 칙사가 행차할 때 연로로 에돌아 들어올 수 없다고 말

---

1 《상두지》 필사본 원문의 권두 차례에는 '요고성의 제도[腰鼓城制]'와 '길을 닦고 도랑을 설치하는 방법 [開道設溝法]'이라는 편목만 실려 있는데, 본문의 '길을 닦고 도랑을 설치하는 방법' 항목 말미에는 '통론(通論)'이라는 제목도 붙어 있다. 여기에서는 둘 다 적었다.

2 도(道)와 로(路)는 원래 두 가지의 길을 한데 묶어 말한 것이다. 중국의 《주례(周禮)》 주기에 따르면 도(道)는 승거 두 대, 로(路)는 승거 세 대를 수용할 수 있는 길이라고 했다. 《주례주소(周禮注疏)》 권15. "道容二軌, 路容三軌.") 그러나 조선의 《경국대전(經國大典)》을 보면, 길의 중요도에 따라 대로, 중로, 소로의 구분이 있을 뿐, 도와 로가 같은 개념으로 통용되고 있다.

들 한다. 도로가 평탄하고 곧은 요해처에 길을 막고 관사를 세워 사신들이 잠자고 머무는 장소로 삼는다. 담장은 남북으로 500보, 동서로는 300보가 되게 하고 요고의 형태로 만드는데, 관사를 잘록한 허리 부분에 두고 길이와 너비는 200보가량 되게 한다. 또 안쪽 담장을 두는데, 안쪽 담장의 내부는 또한 길이와 너비를 100보로 만든다. 100보의 안쪽에는 다만 관사만 세운다. 바깥 담장 너머로는 칙수청(勅需廳)을 요고의 남쪽 머리에 세우고, 객점과 시장은 모두 그 곁에 배치한다. 또 둔전소는 요고의 북쪽 머리에 두고 둔포와 발막은 모두 그 옆에 둔다. 둔전소와 칙수청은 각각 남북으로 150보, 동서로 300보이다. 담장의 높이와 두께를 성과 같게 하고 성가퀴를 설치하지 않는다면, 누가 다시 담장에 올라 그 높이와 두께를 헤아리고 이를 규찰하겠는가. 담장 위로 오마대(五馬隊)[3]가 지날 수 있는 너비라 해도, 담장 바깥에서 이를 살핀다면 다만 담장의 바깥 모서리만 볼 수 있을 뿐이고, 담장 안쪽에서 바라보면 담장의 안쪽 모서리만 볼 뿐일 것이다.

만약 위급한 경보가 있을 때 임시로 비예(睥睨)[4]를 설치한다면, 어찌 백성의 힘을 열에 아홉쯤 덜지 않겠는가. 설령 비예를 미처 세우지 못했더라도 또한 적이 마구 쳐들어오는 것을 금하거나 막아서는 안 된다. 관사의 바깥 담장과 칙수청, 둔전소의 큰길로 향한 곳은 모두 담장의 발치에 대포 구멍을 열어두는데, 평상시에는 진흙으로 봉해두었다가,

---

3   오마대(五馬隊)는 5열 종대로 늘어선 마병(馬兵)을 말한다.

4   비예(睥睨)는 성가퀴를 말한다. 《천중기(天中記)》 권13, 〈성(城)〉에서 "성 위의 담을 비예라고 하니, 구멍으로 비상한 상황을 살펴보는 것이다.[城上垣謂之睥睨, 於孔中睥睨 非常也.]"라고 했다.

급보가 있으면 대포를 설치하고 기다려, 적병을 10리 바깥에서 궤멸시킬 수 있다. 따라서 관성(館城)의 서쪽 대로는 비단처럼 평평하고 곧게 되도록 힘쓰는 것이 마땅하다.

숭정 기사년(1629)[5]에 청군이 고양 땅을 침범했다. 당시에 각로(閣老) 손승종(孫承宗)[6]이 성안에 있었다. 오랑캐가 그 성을 보고 말했다. "이것은 요고성(腰鼓城)[7]이라 깨뜨릴 수가 없겠다." 시험 삼아 성을 빙 돌면서 크게 고함을 지르자, 성 위에 있던 사람 또한 이에 응하여 크게 고함을 질렀다. 오랑캐가 말했다. "이 성은 별 게 아니다. 방법을 써서 깨야 한다." 그러고는 마침내 성을 공격하여 함락했다. 손승종도 죽었다. 대개 요고성을 깨뜨리기 어려운 것은 성의 좌우에서 협공하여 도울 수 있기 때문이다.

---

5   숭정(崇禎) 기사년(己巳年)은 숭정 2년으로 1629년인데, 손승종이 고양에서 항전하다 죽은 것은 숭정 11년인 1638년이다. 집필 과정에서 착오가 있었던 것으로 보인다.

6   손승종(孫承宗, 1563~1638)은 중국 명나라 말기의 관료로, 자가 치승(稚繩)이며 호는 개양(愷陽)이다. 1629년 청나라 태종이 경도(京都)를 포위했을 때 명나라 의종이 불러들여 청군을 격퇴하게 했으나 대신들의 탄핵을 받아 사퇴하고 고향인 고양(高陽)으로 돌아가 7년을 머물렀다. 1638년에 청군이 대거 공격해오자 고양을 수비했는데 집안사람이 모두 전사했다. 사로잡히자 스스로 목을 매어 죽었다.

7   요고성의 실제 생김새나 축성법을 설명한 글은 아직 찾지 못했다. 아마도 항주 지역의 옛 축성 형태인 듯하다.

길을 닦고 도랑을 설치하는 방법[開道設溝法]

서로의 양옆 5리까지는 모두 토지세를 면제해준다. 연로의 양옆에는 도랑을 파는데, 깊이와 너비는 모두 두 길[仞]이 되게 한다. 도랑 너머의 밭은 네모 또는 사다리꼴 모양에 따라 밭두둑에 도랑을 모두 8척으로 넓고 깊게 판다. 오개(吳玠)[8]의 지망법(地網法)[9]과 같다고 한다.

서로 천 리 사이 양쪽 3리의 땅은 모두 토지세를 면제해준다. 네모 또는 사다리꼴 모양에 따라 네 가장자리에 모두 오개의 지망법과 같이 도랑을 파서, 오랑캐의 말이 뛰어넘어 지나지 못하게끔 한다. 길가의 도랑은 깊이와 너비를 배로 해서, 파낸 흙을 가지고 도랑 바깥에 쌓아 긴 둑을 만들고 군사를 매복시켜 길 위에 있는 사람이 매복한 군사를 보지 못하게 한다. 비록 산마루나 고갯길이라도 모두 이렇게 한다. 둑 바깥에는 간간이 긴 통나무 4~5개를 두어 임시로 다리를 놓아 도랑을 건너는 곳으로 삼는다.

산마루나 고개 또는 평지의 길 할 것 없이 무릇 요해처에는 10리와 5리 안쪽이 모두 활시위처럼 바르고 곧아야 한다. 동쪽 머리에 관성과

---

8 오개(吳玠, 1093~1139)는 중국 남송의 전술가다. 병법과 기사(騎射)에 뛰어나 금(金)나라와의 전쟁에서 큰 공을 세웠다. 사천선무사(四川宣撫使)를 지냈다.《송사》권366,〈오개열전(吳玠列傳)〉에 자세하다.

9 오개의 지망법(地網法)은 둔전의 둘레에 도랑을 파서 둔전을 수비하고 적군이 오는 길을 끊어 방어하는 방법이다. 중요한 곳에는 4묘나 9묘의 전지를 기준으로, 덜 중요한 곳에는 1부 이상의 넓은 전지를 기준으로 네 가장자리를 크게 둘러 도랑을 판다.

발막을 막아 세운다. 길이 바르고 곧은 것은 수레가 달리고 대포를 쏘기에 편하기 때문이다. 길 가운데는 이따금 가로로 끊어 도랑을 만들고, 그 위에는 조교(弔橋)[10]를 두어 설치와 철거가 쉽게 한다.

노(路)의 중간에는 4개의 궤도를 열어, 세 대의 수레가 지나다닐 수 있게 한다. 4개의 궤도는 서로 6척씩 떨어지게 하되 조금이라도 어긋나서는 안 되고, 궤도의 깊이는 1척으로 한다. 노의 너비가 5장이면 양쪽 궤도 바깥으로 공지(空地)가 각각 1장 5척 또는 1장 6척이 남으니, 여전히 파발마가 왕래할 수 있다. 한쪽은 사람이 다니고, 다른 한쪽은 파발이 다니는 길로 삼는다. 4개의 궤도 안쪽은 함부로 밟고 다니는 것을 허용하지 않는다.

---

10 조교(弔橋)는 매달아 놓은 다리를 이른다. 중국에서는 대개 평야에 성을 쌓았으므로, 성 밖의 둘레에 깊은 못을 파고 오직 성문이 있는 곳만 들었다 내렸다 할 수 있는 다리를 놓았다.

은성의 발막[隱城撥幕]

서로에는 10리나 20리에 걸쳐 곧게 뻗은 길이 종종 있다. 이제 10리의 중간을 굽히고 꺾어서 옛길을 끊어 은성(隱城)[11]을 쌓는다. 은성의 높이는 6~7척이요, 두께는 4~5척이다. 남북으로 길이가 20장이며, 동서로는 길이가 4~5장이다. 마치 용도(甬道)[12]의 겹담처럼 좌우를 가지런히 한 뒤에 양쪽 담장 사이에다 남쪽에서 북쪽까지 큰 기둥 10여 개를 세운다. 기둥은 길이가 10여 척인데, 그 위에 용마루와 들보를 얹는다. 수십 척 길이의 큰 서까래 수백 개를 가져다가 한쪽 머리는 용마루에 얹고 한쪽 머리는 담장 밖으로 낮게 드리운다. 모서리는 산자목(山子木)[13]을 묶어 진흙을 얹고 벽돌을 비늘처럼 차례로 덮어 기와를 덮는 모양으로 한다. 위에는 두꺼운 흙을 더해 귀리를 심는다. 귀리가 여물기를 기다려 쇠스랑으로 긁어 쓰러뜨린다. 해마다 이렇게 한다면 거적을 덮은 것과 다름이 없다.

처음 담장을 쌓을 때는 큰 돌을 띄엄띄엄 늘어세워 담장의 바깥 발

---

11 은성(隱城)은 성을 성처럼 보이지 않게끔 은폐하여 적이 방심하게 만든 구조물을 말한다.

12 용도(甬道)는 양옆에 담장이나 덮개가 있는 길이다.

13 산자목(山子木)은 서까래 위에 진흙을 받치기 위해 엮어 까는 잔가지나 수수깡이다. 본래 산자(橵子)라 하는데, 여기서는 산자(山子)로 썼다.

치로 삼는다. 담장 안쪽의 발치에서부터 한 사람이 들락거릴 구멍을 파고, 네댓 번 굽히고 꺾어 담장의 바깥 발치와 큰 돌 사이까지 마치 옷깃을 여미는 형상처럼 만든다. 큰 돌 앞에는 흙 돈대를 둔다. 흙 돈대의 가운데는 작은 구유처럼 해서 대포를 큰 돌에 받친다. 구유에다 대포를 놓아 그 높낮이와 좌우를 평소에 미리 시험하여 적이 특정 장소에 이르면 특정 대포를 쏘기로 약속한다. 벽돌을 써서 처마로 삼아 이를 가린다. 흙 구유 너머에는 긴 도랑을 파서 열고, 그 흙은 담장 밖에 붙여둔다. 평소에는 그저 긴 돈대 같지만, 어려움이 닥치면 대포 구멍을 열고 적병이 5리와 10리 사이에 가득 차기를 기다린 뒤에 대포 쏘는 사람이 옷깃을 여민 것같이 생긴 통로 안에서 이혈(耳穴)에 불을 붙인다.

대저 담장 밖에 대포를 설치하는 것은 대포가 쪼개져 갈라지는 근심을 염려해서이다. 은성이 좁으면 혹 스스로 타버리기 때문이다. 어떤 이는 이렇게 말한다. "벽돌 처마 아래 흙 구유 밖에는 마땅히 야트막한 담장으로 막아 도랑의 흙을 발라야 한다." 이렇게 한다면 아마 문제가 없을 것 같다. 은성의 머리와 꼬리에는 잇대어 홑담을 2~3리쯤 쌓고, 또한 봇도랑을 파둔다. 하지만 대로는 끊으면 안 된다. 마땅히 은성과 홑담 사이에 관문을 쌓아 곧장 대로로 향하지 못하게 하고, 은성으로 발막을 만들어 은성의 한 머리에 작은 문을 열어둔다.

평지에 함정을 설치하는[平地設險] 세 조목[14]

왜노는 평지에 함정을 잘 설치한다. 제독 이여송(李如松)[15]이 벽제 전투에서 진창에 빠진 일[16]이 이것이다. 이 일을 이야기하는 자들은 "가을비에 진창이 되었는데 전장의 먼지가 그 위를 덮었으므로 알아차릴 수가 없었다."고 한다. 그러나 벽제 고개, 즉 여석령(礪石嶺)은 비록 열흘간 비가 오더라도 갑작스레 진창이 되는 땅은 아니다. 이는 실로 교활하니, 일부러 그 하류를 막아 흙을 파서 진흙을 만들고 마른 흙으로 그 위를 덮어 속였던 것이다. 그 진흙과 마른 흙은 또 산을 파낸 자취를 없

---

14 《상두지》원문의 해당 문단 끝에는 '이상은 평지에 함정을 설치하는 세 조목이다.[右三條平地設險.]' 라고 적혀 있다. 여기서는 이를 문단의 편목으로 삼았다.

15 이여송(李如松, 1549~1598)은 중국 명나라의 장군으로, 자가 자무(子茂)이고 호는 앙성(仰城)이다. 임진왜란이 일어나자 방해어왜총병관(防海禦倭總兵官)으로 임명되어 4만여 명의 군사를 이끌고 조선을 도우러 왔다. 1593년 1월 평양성에서 고니시 유키나가(小西行長)가 이끄는 일본군을 격파하여 전세를 역전시키는 데 공을 세웠다. 그러나 벽제관(碧蹄館) 싸움에서 고바야카와 다카카게(小早川隆景)에게 패한 후로는 평양성에 머무르며 화의 교섭 위주의 소극적인 활동을 하다 그해 말 철군했다.

16 왜군이 여석령(礪石嶺)에 깃발을 세우자 이여송과 휘하 수십 명이 가서 전투를 벌였다. 이때 왜군은 약한 병사를 내세워 명군을 진창 속으로 유인했다. 명군의 말이 진창에 빠져 움직일 수 없게 되자, 왜군이 산 뒤쪽에서 칼을 휘두르며 달려 나가 마구 공격했다. 이 전투에서 이여송 휘하의 이유승(李有升) 등 정예 병력 80여 명이 모두 죽고, 이여송과 소수 병력이 겨우 살아 나왔다고 한다. 벽제관 전투 혹은 여석령 전투로 불리는 이 전투의 기록은 신경(申炅)의 《재조번방지(再造藩邦志)》권2와 신흠(申欽)의 《상촌집(象村集)》권56, 〈천조선후출병내원지(天朝先後出兵來援志)〉등에 자세하다.

애려 한 것이다. 만약 길가의 산을 파내 재주가 뛰어난 검객을 숨겨두지 않았다면, 고작 몇 명의 기병을 빠뜨려 허우적거리게 하는 데 지나지 않았을 터이니, 어찌 참담한 패배가 이 지경에 이르렀겠는가? 오늘날 우리나라 사람들이 사리에 어두워 그 교활한 계책이 여기에까지 미친 줄은 알지 못하니 실로 탄식할 만하다. 이제 서로의 양쪽 도랑을 깊게 파서 평상시에 물을 저장해두었다가 다급한 상황에 이를 시행한다면 오랑캐의 선두 진영을 함락할 수 있을 것이다. 다만 오랑캐가 국경을 침범하는 것은 흔히 몹시 추운 때가 많다. 그렇다면 마땅히 때를 헤아려 이를 해야 한다. 겨울철에는 물을 없애야 깊은 구덩이가 되니, 그러지 않으면 얼음이 얼어 평지가 되고 만다.

제독 이여송이 평양을 수복할 때, 대군이 성에 진입하였는데도 왜노는 모란봉(牡丹峯)[17]에 구덩이를 파고서 비 오듯 총포를 쏘아댔다. 제독이 탔던 말이 총알에 맞아 죽었으므로 어쩔 수 없이 거꾸로 물러나 성을 나가고 말았다. 이 또한 옛날에는 있지 않았던 바로, 왜노가 처음 쓴 것이다. 또한 사마의가 땅을 파서 군영을 만들었던 데서 나온 방법이다.

무릇 주군(州郡)의 성이 있는 곳은 미리 성안에 산을 만들어 산 아래부터 꼭대기까지 두꺼운 담장을 4~5층으로 쌓아두어 아래층의 꼭대기가 위층의 발치를 덮어 가릴 수 있게 해야 한다. 양 층의 사이를 평평하게 손질하여 높낮이가 없게 한다. 층마다 한 사람만 드나들 수 있는 크

---

17 모란봉(牡丹峯)은 평양 금수산(錦繡山)의 봉우리 이름으로 대동강 강가에 위치하며, 명승지로 유명하다.

기의 문을 10여 곳 열어둔다. 위층과 아래층의 문은 서로 엇갈려 맞물리지 않게 한다. 마치 옷깃이 서로 가려주는 것처럼 옆쪽을 따라 드나들게 하면 더욱 좋다. 담장의 허리춤에는 대포나 화살을 쏘는 구멍을 열어둔다. 만약 성을 지키지 못하는 때를 당하여 담장으로 들어가 서로 막는다면 어찌 길거리에서 싸우는 것에 견주겠는가?

산 아래에서 올려다보면 다만 성 안쪽의 산만 보인다. 층마다 양식과 물과 기계를 비축해둔다. 또 당번을 쉬는 자가 출입할 수 있게 해서 만약 한 층이 버텨내지 못하면 물러나 위층으로 들어간다. 위층에서 아래층의 적을 섬멸하기는 더욱 쉬우니, 비유하자면 갑옷을 입은 자가 알몸인 자와 서로 찌르는 것과 같다 하겠다. 대개 위아래의 형세가 현격하게 다르고 지극히 가까운 곳에서는 더더욱 명중시키기가 쉽기 때문이다. 수원과 진주 같은 곳은 모두 산성이 있으므로 산성에 나아가 조치할 수 있다.

오개의 지망법은 땅을 깊이 8척, 너비 8척, 간격을 8척으로 하여 마치 그물눈처럼 파서 오랑캐의 군마(軍馬)가 내달려 들어오는 것을 막는 방법이다. 지금 서로에서 비록 이 방법을 능히 행할 수는 없지만, 밭과 길의 사이 및 밭의 네 귀퉁이와 두 밭의 경계에 모두 8척의 깊이와 너비를 갖춘 도랑을 파서 오랑캐의 군마가 감히 큰길을 따르지 않을 수 없게 한다. 큰길에는 아래에 제시한 여러 방법을 시행해 대비한다면 거의 문제를 해결할 수 있을 것이다.

성듁[城塢]

명나라 말엽 떠돌이 도적들이 성대하게 일어났을 때, 어떤 고을의 수령이 방비를 설치하는 방법에 가장 능하였다. 먼저 성 밖의 민가가 즐비한 곳에 길을 끼고 높은 담장을 잇대어 쌓아 성에 이어지게 했다. 또 집집이 큰길을 향한 곳에 단지 한 사람이 들락거릴 수 있는 문을 만들어, 2명의 장사가 문의 양옆을 지키게 했다. 적이 큰길을 따라 성을 향하는데, 양옆으로 이어진 것이 온통 높은 담장이었다. 이 때문에 함부로 노략질하지 못했다. 작은 문을 보고 들어가려 하면 2명의 장사가 양옆에서 쳐서 죽였다. 혹 도적의 무리가 드문드문 흩어져 서로 이어지지 않은 것을 보면, 갑자기 뛰쳐나와 쳐서 죽이고는 금세 문으로 들어가 버렸다. 적이 성문에서 뜻을 얻지 못하자 물러나 달아나니, 성 밖의 백성이 일제히 나가 가로막고 공격했다. 이 때문에 도적이 여러 번 쳐들어갔다가 여러 번 패하여 감히 눈을 똑바로 뜬 채 쳐다보지도 못했다고 한다.

내가 이 일을 통해 벽돌을 사용하여 성을 쌓는 방법을 생각해보았다. 벽돌은 길이는 2척, 너비는 1척, 두께는 3촌으로 한다. 성과 장(墻), 보(堡) 할 것 없이 먼저 기와와 돌로 터를 쌓는다. 그다음에 벽돌을 가로로 그 위에 놓는데, 현금(玄琴)에 괘(卦)를 설치하는 것처럼 한다.[18] 두 벽돌의 사이는 1척을 넘기지 않는다. 널빤지로 그 윗부분을 가지런히 하고, 그 사이에는 진흙을 쌓아 진흙과 벽돌이 나란하게 한다. 그다음은 또 위층의 벽돌을 이미 쌓아둔 두 벽돌의 사이에다 옮겨놓되, 옛 자취를 따르지 않는다. 만약 담장의 두께가 1장이라면 벽돌 5개를 나란히 쌓아 그 윗부분이 서로 어긋나게 하는 것이 또한 이처럼 하여 좌우와 안팎의 자취를 따르지 않는다. 만약 벽돌 5개를 나란히 쌓으면 1장의 두께를 얻을 수 있고, 벽돌 30개를 층지어 쌓는다면 3장의 높이를 얻을 수 있다. 이렇게 한다면 한갓 돌이 쉬이 무너지거나 흙이 쉬이 평평해지는 것을 걱정하지 않아도 된다. 벽돌 중에 바깥을 향한 곳에는 세 가지 물건을 가지고 쌓으면 더욱 기이할 것이다. 비록 서양의 홍이포로도 쉽게 쳐서 부수지 못할 듯하다. 칙관(勅館)과 은성은 모두 이 같은 방법에 따른다면 완고한 성을 이룰 수 있다. 세 가지 물건이란 황토와 잔모래, 석회다.

---

18 괘(卦)는 현금(玄琴), 즉 거문고의 현을 받치고 음의 높낮이를 조절하는 16개의 나무판자를 말한다.

거도(鋸刀)

거도는 옛날에는 쓰는 사람이 없었다. 톱을 3척의 길이로 만들어 창포 잎처럼 등 쪽은 두껍고 칼날은 얇게 한다. 좌우에는 모두 톱날이 있어 아래쪽을 향하게 한다. 또 톱의 머리에는 마치 쌍창처럼 2개의 봉우리가 있다. 칼자루는 가시나무로 하고 상어 가죽으로 감싼다. 길이는 2장 남짓이다. 나아갈 때는 창으로 삼고 물러날 때는 톱으로 삼게 한다. 날 래고 튼튼한 자에게 익혀 쓰게 한다면 보병이든 기병이든 모두 무기로 삼을 만하다. 전진할 때는 사람과 말을 찌를 수 있고, 퇴각할 때는 갑옷

鉤鎌

舟中或割其䋲、或勾其船、或割其棚間繩索、必不
미少須竹長而輕刃彎而利乃得實用、

《무비지》 권107에 실린 구겸(鉤鎌) 도설.
《상두지》 본문에 보이는 구겸창이 이것이다.
거도는 이와 같은 단병기를 응용하여 고안한
것이다.

을 낚아채거나 말의 다리를 자를 수 있다. 특별히 길가에 매복한 군대가 밤중에 쓰기에 요긴하니, 요구창(鐃鉤槍)과 구겸창(鉤鎌槍) 등이 그 공을 독차지하지 못한다. 한 번 나아가고 한 번 물러서는 것은 모두 급하고 빠르게 함을 사용법으로 삼는다.

요고포(腰鼓砲)

요고포(腰鼓砲)는 허리의 크기가 1위(圍)[19]이고, 길이는 5촌이다. 가운데에 이혈을 뚫는다. 양쪽의 큰 머리 부분은 각각 둘레가 3척, 길이가 1척이다. 주위에는 대추씨만 한 큰 구멍 수십 개를 뚫는다. 허리 부분에 탄약을 재울 때 먼저 나무 받침으로 큰 머리 가운데부터 허리 구멍의 한쪽 머리를 괸 뒤라야 단단히 꽉 채워 재울 수 있다. 한쪽의 큰 머리 부분에는 솔기름이나 산초가루[花椒末][20]를 가득 넣어두고 다른 한쪽의 큰 머리 부분은 비워둔다. 생가죽으로 양쪽 머리를 덮어씌우고, 가죽끈으로 생가죽의 네 모서리를 뚫어, 허리 사이에 단단히 묶는다. 미리 흙으로 돈대를 만들어, 위쪽 면을 조금 기울여놓고 머리 부분을 채워서 돈대 위에 앉힌다. 빈 머리를 오랑캐의 진영으로 향하게 하여 허리 부분의 구멍에 불을 붙이면, 화약이 허리에서 발사되어 빈 머리 쪽을 향하여 들이쳐서 오랑캐의 진영 가운데로 떨어져 쉴 새 없이 굴러간다. 그리고 송예화(松藩火), 즉 솔기름불과 산초가루가 대추씨만 한 구멍에

---

19 위(圍)는 둘레를 재는 단위로, 1위는 5촌(寸)가량의 길이를 이른다. 대포 허리의 둘레가 대략 16센티미터라는 의미다.

20 화초말(花椒末)은 분디, 즉 산초나무 열매를 가루 낸 것이다.

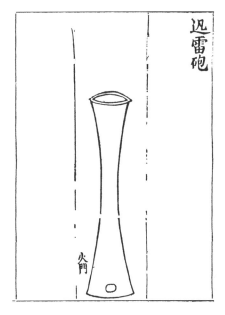

《무비지》 권122에 실린 신뢰포(迅雷砲)
도설.
장구 같은 형태가 《상두지》 본문에 보이는
요고포와 흡사하다.

서 뿜어져 나와 오랑캐의 진영을 어지럽게 할 수 있다. 그 쓰임새가 마
땅히 불랑기포(佛郞機砲)[21] 보다 크다.[22]

---

21 불랑기포(佛郞機砲)의 '불랑(佛郞)'이란 게르만인 일파가 세운 프랑크 왕국의 한자 표기이다. 16세기
부터 해양 개척에 나선 포르투갈과 에스파냐를 통틀어 불랑기(佛郞機)라 했다. 불랑기포란 그들이
제조한 화포를 말한다.

22 일반적으로 요고(腰鼓)는 허리에 차는 배가 불뚝한 작은 북을 가리키나, 여기서는 허리 부분이 잘록
한 장구 형태를 말하는 것으로 보인다. 가운데 허리 부분에 점화장치가 있고, 아래쪽에 솔기름과 산
초가루를 담아 위쪽에 뚫린 대추씨만 한 수십 개의 구멍으로 분사되는 형식이다. 다만 앞뒤를 생가
죽으로 막는다는 대목은 구멍의 위치와 관련해 의미가 분명치 않다. 만약 생가죽이 점화 이후 압력
을 강화하는 마개 역할이라면 첫 발사 뒤 다시 발사할 때 문제가 되고, 한 번의 점화로 내부에 든 솔기
름과 고춧가루가 모두 발사된다면 연속 발사의 메커니즘이 모호해진다. 요고포는 일종의 화생방 무
기에 해당하는 것으로, 작동 원리와 재원에 관한 좀 더 깊이 있는 논의가 필요하다.

선자포(扇子砲)

최천약(崔天若)[23]이 총차(銃車)를 만들었는데, 4개의 층에 20개의 총을 실어 20명이 어깨에 지는 수고로움을 덜어주었다. 비록 교묘하다 할 수는 있지만, 하나하나 불붙이는 것이 오히려 더디고 둔하다는 생각이 든다. 만약 삼혈포(三穴砲)[24]의 방법에 따라 무쇠로 주조하여 포를 만들되 부채 모양으로 하면 10개의 포가 하나의 이혈을 공유하게 된다. 하나의 구멍에 불을 붙여서 10개의 구멍에서 동시에 발사하니 줄이고 또 줄였다 할 만하다. 삼혈포의 경우는 호포(號砲)[25]이기 때문에 저마다 이혈을 두었지만, 이것은 단지 빠르고 민첩해야 하므로 10개의 포가 하나의 이혈을 공유하는 것이다.

---

23 최천약(崔天若, 생몰년 미상)은 조선 숙종~영조 연간에 활동한 과학 기술자다. 동래 출신의 평민으로 궁방에 소속된 이래 공로를 인정받아 무반직에 올랐다. 각종 천문 기기와 자명종, 자와 악기 등을 만들었으며, 여러 왕릉의 건설에도 참여했다. 특히 그는 무기 제작에 관심을 기울여 총차를 고안한 바 있다.

24 삼혈포(三穴砲)는 불씨를 손으로 점화, 발사하는 유통식 화기의 일종으로 3개의 총신으로 연결되었다 하여 일명 삼안포(三眼砲)라고도 한다. 인마 살상이 주요 목적이고, 신호용으로도 사용했다.

25 호포(號砲)는 전투할 때 명령을 전달하는 신호용 포를 말한다. 조선 후기에는 삼혈포가 주로 호포로 사용되었기 때문에 삼혈포를 호포로 부르기도 했다.

분통(噴筒)

가정(嘉靖) 연간에 호종헌(胡宗憲)[26]이 왜노 서해(徐海)와 왕직(汪直)[27]을 깨뜨릴 때 분통을 사용했다. 분통이라는 것은 세 마디짜리 큰 대나무를 써서 그중 두 마디는 통하게 하여 환 3개와 질려(蒺藜)[28] 3개를 넣어두는 것이다. 《서호이집(西湖二集)》에 그 도면이 실려 있다.[29] 하지만 대포도 오히려 터지고 쪼개질 때가 있으니, 하물며 대나무 통이야 어찌 그 근심을 면하겠는가? 어쩔 수 없다면 신기전(神機箭)[30]에 사용하는 종이

---

26 호종헌(胡宗憲, 1512~1565)은 중국 명나라 관료로, 자가 여정(汝貞)이고 호는 매림(梅林)이다. 우첨도어사(右僉都御史)가 되어 절강 지역의 군무(軍務)를 총괄하고 왜구를 토벌했다. 그의 저서 《주해도편(籌海圖編)》은 연해(沿海)의 왜구를 방비하는 계책을 실었다.

27 서해(徐海)와 왕직(汪直)은 중국 명나라 중엽의 유명한 왜구(倭寇)다. 원래는 명나라 사람이었으나 일본으로 이주하여 왜구의 수령이 되었다.

28 질려(蒺藜), 곧 마름쇠는 끝이 뾰족한 삼각형의 무쇠를 끈으로 이어 땅 위에 흩어놓아 적의 공격을 방해하는 장애물이다. 질려 열매를 사용하기도 하고, 철로 뾰족한 날을 여러 개 만들어 사용하기도 한다. 4개의 날로 되어 있는 것이 구조도 간단할뿐더러 안정적이어서 가장 일반적으로 이용되었다. 이렇게 만든 질려철의 한가운데에는 구멍이 뚫려 있어 줄에 꿰어 사용할 수 있었다. 척계광의 《기효신서(紀效新書)》에 의하면, 약 1.6미터 되는 줄에 30센티미터 정도의 간격으로 6개의 질려철을 매달아 간편하게 사용한다. 대나무 통에 넣고 나무 마개로 닫아 가지고 다니고, 뿌릴 때는 마개를 열고 대나무 통을 거꾸로 들어 뿌리면 손을 다칠 염려가 없다.

29 중국 명대 주청원(周淸原)의 《서호이집(西湖二集)》 권17, 〈전선기용설(戰船器用說)〉에 '만천연분통(滿天煙噴筒)'과 '비천분통(飛天噴筒)'의 도설이 있다.

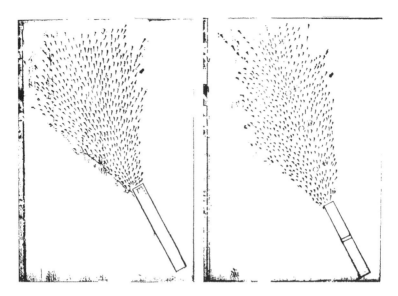

《서호이집(西湖二集)》에 실린 만천연분통(滿天煙噴筒, 좌)과 비천분통(飛天噴筒, 우) 도설.
《상두지》 본문에서 이덕리가 언급한 도면이 이것이다.

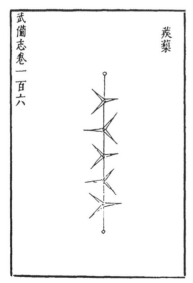

《무비지》 권106에 실린 질려(蒺藜) 도설.
《상두지》 본문에서 언급한 질려의 형태와 같다.

를 써서 대나무 통 바깥에 단단히 바른다면 믿을 만하다. 또한 장차 오랑캐의 진영으로 발사할 경우, 송진을 화약과 섞어 환을 만들어 4~5개의 환을 넣고 뿜어내게 한다. 만약 왜노와 싸우게 되면 오로지 돛이나 뜸을 향해 뿜어낸다면 완전히 이길 수 있다. 송진불은 한번 붙기만 하면 끄기가 어려워 화약보다 더욱 유리하다.

---

30 신기전(神機箭)은 조선 세종조인 1448년에 제작된 병기다. 본래 고려 말기에 최무선(崔茂宣)이 화약국에서 제조한 화기(火器)인 주화(走火)를 개량한 것이다. 종이를 말아 화약통으로 썼다.

솔기름[松瀟]

솔기름은 명송(明松)을 가열하여 얻는다. 명송의 가지와 뿌리를 가져다 잘게 쪼개고 바수어서 큰 병 안에 채우고 솔잎으로 주둥이를 막는다. 또 작은 항아리를 가져다 땅 속에 묻고 명송을 채운 병을 항아리 주둥이에 거꾸로 꽂아 진흙으로 틈을 바른다. 또 진흙으로 크게 에워싸 병의 몸통 반 자 밖에 두르고, 그 위쪽은 비워둔다. 겨에 병의 몸체를 묻고 불을 붙인다. 하룻밤 지나 불이 꺼진 뒤에는 솔기름이 모두 항아리 속으로 들어간다. 명송 한 말에서 보통 한 되 반의 기름을 얻는다. 여기에 불을 붙이면 단번에 불이 일어나 도저히 끌 수 없다. 물을 끼었으면 불길이 더욱 치열해져 높이가 몇 척이나 되니, 철물이나 기왓장, 자갈돌도 모두 태울 만하다.

역사책에 이렇게 나온다. "회남절도사 양행밀이 맹화유를 가지고 거란의 야율아보기에게 보냈다. 이것은 점성국이 공물로 바친 것이었다. 그 기름은 폭우에도 불이 더욱 타오르니 야율아보기가 이를 얻고는 크게 기뻐하여 평주성(平州城)을 공격하려 하였다. 술율(述律)³¹ 황후가 웃으며 '어찌 기름 하나를 얻었다고 곧장 남의 성을 공격하려 하십니까?' 라고 하자 이에 그쳤다." 또 진시황은 사람을 시켜 바다에 들어가 부협산(扶狹山)에서 약초를 캐 오게 하였다. 산 아래에는 천 리에 걸쳐 밝게

빛나는 바다가 있었다. 배 안에 있던 사람이 잘못하여 촛불이 타다 남은 밑동을 바다에 던졌는데, 천 리에 일시에 불길이 일어나 배에 탔던 사람이 타 죽어 돌아오지 못했다. 그 뒤로 사람들이 다시는 감히 바다로 들어가지 못하고 그저 바닷가에서 이를 길어다 팔았다. 점성국에서 바쳤다는 것이 어찌 또한 이 바다에서 온 것이 아니겠는가.

지금의 솔기름 또한 일종의 맹화유다. 예로부터 이를 썼다는 말을 들어본 적이 없다. 만약 성곽이 있거나 전선(戰船)이 있는 곳에서 수령(守令)과 진장(鎭將)이 해마다 여러 항아리를 가열하여 취해서 흙 속에 묻어둔다면, 비록 오래 묵혀두어도 쓰지 못할 이치가 없다. 그 효과는 마땅히 유황이나 염초보다 윗길이다.

솔기름을 병 안에 담아 주둥이를 막고, 철삿줄로 장대 꼭대기에 거꾸로 매단다. 철사로 바구니를 만들어 그 안에 작은 쇠소반을 놓아둔다. 병목에 매달아 바구니 안에 솔기름불을 붙인다. 또 성 위에 기둥을 세워 장대의 허리를 매달고, 긴 노끈으로 장대의 밑동을 묶는다. 적이 성 아래에 가득 차서 장차 기어오르려고 할 때를 기다려 병마개를 뽑아 장대 머리의 노끈을 잡고 좌우에서 이를 당기면 기름이 바구니에 떨어져 불이 쟁반 밖으로 넘쳐흘러 갑옷에 붙는다. 그러면 갑작스레 불을 끄기가 어려워 옷을 벗을 때쯤 해서는 불에 타서 다치는 자가 많다.

---

31 술율(述律)은 중국 요나라 태조 아율아보기의 황후인 순흠황후(淳欽皇后)를 이른다. 술율파고(述律婆姑)의 딸로 이름은 술율평(述律平)이다. 917년에 요 태조가 유주를 공격하기 위해 화공(火攻)을 쓰려 했으나 술율평은 유주의 상황을 껍질 없는 나무에 비유하며 성을 포위한 채 주위의 재물을 약탈하면 성의 식량이 떨어질 것이라고 조언했다.

또 흙으로 구유를 만들어 솔기름을 채우고 불을 붙여, 쇠국자로 떠서
이를 뿌리는 것이 가장 좋다. 옛사람이 성을 지키는 방법에 쇳물을 뿌
리고 화우(火牛)[32]를 던지며 끓는 물을 끼얹는 것 등이 있었다. 하지만
쇳물은 들어가는 공력이 너무 크고, 화우는 단지 한 곳만 태우고 만다.
끓는 물을 뿌리는 것은 힘이 너무 약하니 모두 이것만 못하다. 성 둘레
에 땔감으로 쓸 만한 것이 없으면 또한 이것을 써서 밥을 지을 수 있다.

---

32 화우(火牛)는 풀로 엮어 만든 물건에 불을 붙여 화전(火戰)에 사용한 병기를 이른다. 중국 전국 시대
제(齊)나라 전단(田單)이 처음 사용한 술책으로, 소의 등에 용무늬를 그려 넣고, 양쪽 뿔에 병기를 매
달고, 꼬리에 기름 먹인 섶을 매단 다음 불을 붙여, 소가 적진으로 돌진하게 만들어 크게 물리쳤다.
본래는 실제 소를 사용했으나 후대에는 지푸라기 모형 등으로 대체했다. 《사기(史記)》권82, 〈전단열
전(田單列傳)〉에 자세한 내용이 실려 있다.

무쇠검[水鐵釰]

조사(趙奢)[33]가 전단(田單)[34]에게 말했다. "오나라의 간장검(干將劍)[35]으로 고기를 베면 소와 말을 자르고, 쇠를 베면 쟁반과 대야를 자른다. 기둥 위에 대고 치면 기둥이 끊어져 두 도막이 나고, 바위 위에 대고 치면 바스러져 백 조각이 된다."[36] 이것은 고대의 명검이 모두 납과 주석으로 주조한 것이기 때문이다. 철검(鐵劍)을 처음 만든 것은 실로 초나라 때부터다. 하지만 또한 어떤 쇠를 썼는지는 알지 못한다. 우리나라는 빈철(鑌鐵)[37]로 만든 검이 대대로 주류를 이루었고, 납과 주석을 쓴다는

---

33 조사(趙奢)는 중국 전국 시대 조(趙)나라의 명장이다. 매우 신중한 성격으로 많은 전투에서 매번 혁혁한 전공을 세웠는데도 늘 병법(兵法)과 군사 문제를 조심스럽게 다루었다.

34 전단(田單)은 중국 전국 시대 제(齊)나라의 명장이다. 연(燕)나라 장수 악의(樂毅)가 이끄는 5국 연합군의 총공격으로 제나라의 70여 개 성읍(城邑)이 한꺼번에 함락되는 국란을 겪을 당시, 즉묵(卽墨) 태수로서 망국 직전의 제나라를 지키기 위해 고군분투했다.

35 간장검(干將劍)은 중국 춘추 시대에 장인 간장(干將)이 만든 전설적인 보검이다. 그 아내의 이름을 딴 막야검(莫邪劍)과 한 쌍을 이룬다.

36 중국 전국 시대에 제나라의 장군 전단과 조나라의 장군 조사가 병법에 대해 논쟁을 벌인 적이 있다. 이때 전단이 조사에게 너무 많은 군사를 쓰는 것이 아니냐며 따지자 조사가 그에게 용중(用衆)을 해야 하는 이유를 설명한 바 있다. 이 단락은 이에 관한 기록을 인용한 것이다. 《전국책(戰國策)》,〈조책(趙策)〉,'혜문왕(惠文王) 30년' 조에 그 내용이 보인다.

37 빈철(鑌鐵)은 정련(精鍊)한 강철을 이른다.

말은 들어본 적이 없다. 오직 승가에서 머리 깎는 칼만큼은 놋쇠를 쓸 뿐이다.

유독 일본도는 무쇠를 써서 구리와 섞어 주조한다. 그래서 자세히 보면 은은히 자줏빛이 감돌고, 얼핏 보면 그 빛깔이 눈서리와 같다. 지금은 그 근거를 찾아 말할 겨를이 없지만, 만약 무쇠가 아니라면 어찌 능히 구리와 섞는 것을 이처럼 고르게 할 수 있겠는가? 또 바다 섬에 들어왔다가 배가 가라앉는 바람에 거기서 칼과 거울을 주조하던 왜노에게 들으니, 대개 티끌을 피한다고 한다. 만약 빈철이었다면 백 번을 단련할수록 더욱더 정밀해질 것이니, 어찌 티끌을 피할 필요가 있겠는가? 대개 무쇠와 구리라면 녹여 액체로 만들 때 티끌이 하나라도 들어가면 영영 맑은 것을 거르고 찌꺼기를 제거할 방법이 없다. 이로 말미암아 본다면 일본도가 무쇠와 구리로 만든 것임을 알 수 있다.

지금에 익산(益山)과 은진(恩津) 사이에는 이따금 무쇠손칼[水鐵刀子]이란 것이 있다. 이 칼의 예리함은 큰 대나무 통을 치면 손 가는 대로 잘린다. 하지만 익산과 은진 땅의 장인은 오히려 구리를 섞는 것을 알지 못한다. 구리를 섞은 뒤라야 강함과 부드러움이 함께 갖추어져 명검이 될 수 있다. 하물며 무쇠는 가볍기가 빈철의 절반이고, 그 값은 빈철의 3분의 1에 지나지 않으며, 그 예리함은 단지 몇 배에 그치지 않는다. 그럴진대 어찌 옛 방법만 고수하겠는가?

또 짧은 병장기가 긴 병장기만 못함은 그 우열이 분명하다.《수호지(水滸志)》에는 칼날을 가져다 창 자루 위에 끼우는 일을 기록한 것이 매우 자세하다. 이를 통해 중국 사람들이 쓰는 장검이 당시에는 칼날은 칼날대로, 자루는 자루대로 두었다가 사용할 때에 칼날을 자루에 끼우고 가로로 비녀목을 꽂아 긴 칼로 만든 것임을 알 수 있다. 미염공(美髯公) 관운장이 사용했던 청룡도(靑龍刀) 또한 이와 같았을 것이다. 그런데 오늘날 관왕묘(關王廟)에 얹어둔 것은 어찌 짧고 소박하며 보잘것없기가 그림 속에서 보던 것과 이다지도 다르단 말인가? 둔한 것을 예리하게 만들고 짧은 것을 길게 만드는 것은 비변사와 군문을 한바탕 진작하는 일일 뿐이다.

종이갑옷[紙甲]

《유원총보(類苑叢寶)》 병갑부(兵甲部)에는 심(沈) 아무개가 종이를 접어 갑옷을 만들자 군센 화살도 능히 뚫지 못했다고 적혀 있다. 이것이 바로 우리나라에서 마땅히 들어야 할 바이다. 내저 우리나라의 종이는 견고하고 질기기가 천하에 둘도 없다. 우리나라 군사는 등이고 가슴이고 편갑이 없다. 하지만 우리나라에는 과거 시험 본 선비의 답안지가 군문에 산처럼 쌓여 있어도 군사들의 기름옷[油衣]³⁸을 만드는 데 쓰일 뿐이다. 조지서(造紙署)로 바로 보내 서너 장을 겹쳐 두드려 붙이기를 마치 신기전의 종이처럼 견고하고 질기게 하여 등과 가슴을 덮는 갑옷으로 만들어 화살이나 탄환으로 시험해본다. 과연 효과가 있으면 병영과 수영(水營)과 주군에서 모두 이 방법에 따라 만들어둔다. 그렇다면 어찌 비용은 적으면서 쓰임새는 큰 것이 아니겠는가?

임진왜란 때 장흥(長興) 사람 위(魏) 아무개가 향교에 들어가 책자를 가져다 꿰매어 옷을 만들고, 입은 채로 물에 들어가 이것을 적신 뒤에 장검을 휘두르며 왜노를 격파하니 왜노의 조총이 아무 소용이 없었다. 그리하여 크게 죽여서 물리쳤다. 이를 사용하여 능히 그 고장을 지킬

---

38 유의(油衣)는 비옷으로, 비를 막을 수 있도록 종이나 포목을 기름에 절여 짓는다.

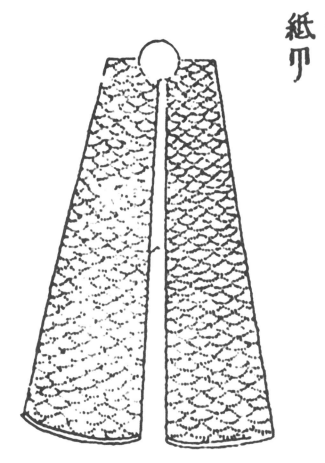

紙甲

《무비지》 권105에 실린 지갑(紙甲) 도설.
《상두지》 본문에 보이는 종이갑옷의 형태를 유추할 수 있다.

수 있었다. 이 또한 근거로 삼을 만한 한 가지 단서이다. 조총이 물에 젖은 종이를 뚫지 못하는 것은 굳이 실험해보지 않아도 알 수 있다. 굳센 화살이 종이를 뚫지 못한다는 것이 글에는 보이지만, 또한 실험해본 뒤라야 알 수 있다. 조총이라는 물건은 굳세고 단단한 것에는 유리하지만, 부드럽고 연한 것에는 불리하다. 이제 물에 적시지 않은 종이갑옷이라면 강하고 부드러운 것의 중간에 있는 셈이니, 더더욱 자세히 실험해본 뒤라야 알 수 있을 것이다. 과연 화살과 탄환을 막는다면 그 가볍고 얇기가 알맞을 때 어찌 쇠나 가죽에 견줄 수 있겠는가? 설령 물에 적신 뒤에 탄환이나 칼날을 막게 하더라도 쇠나 가죽이 무거운 것보다 나을 것이다.

주작포(朱雀砲)

북쪽 오랑캐가 믿는 것은 말의 다리다. 유기(劉錡)[39]는 순창(順昌)의 전투에서 병사들에게 도끼를 들고 위쪽은 보지도 않고 아래만 보면서 말의 다리를 찍게 하여 올출(兀朮)[40]의 괴자마(拐子馬)[41]를 격파했다.[42] 하지만 죽음을 두려워하지 않는 백전의 정예 병사가 아니라면 능히 이처럼 할 수는 없다.

이제 한 가지 계책이 있다. 둔전소와 은성 할 것 없이 만약 산이나 언덕이 구불구불하고 높은 곳을 만날 경우, 곧바로 높은 곳에 시설을 두고 올라오는 길을 평평하게 닦되 지극히 바르고 곧게 한다. 양옆에는

---

39 유기(劉錡)는 중국 송나라의 관료로, 자가 신숙(信叔)이고 시호는 무목(武穆)이다. 순창에 침입한 금나라 병사를 격파했다. 도호로 무위를 떨쳐 아이들이 울다가도 유 도호가 온다고 하면 울음을 그쳤다고 한다.

40 올출(兀朮)은 중국 금나라 태조의 넷째 아들로, 성은 완안(完顔)이고 이름은 종필(宗弼)인데, 올출이 본명이라고 한다. 알철(斡啜) 혹은 알출(斡出)이라고도 했으며, 사태자(四太子)로 불리기도 했다. 송고조 때 기병을 이끌고 송나라를 여러 번 침략했다.

41 괴자마(拐子馬)는 올출이 이끈 금나라 기병의 진법이자 기병대의 명칭이다. 자세한 설명이 뒤에 나온다.

42 유기와 악비(岳飛) 등의 명장이 이끈 송나라 군대가 금나라의 막강한 철갑(鐵甲) 기병 부대에게 대승을 거둔 일을 말한다. 송나라 관군이 올출의 괴자마에 대패를 거듭했는데, 악비가 병사들에게 마찰도(麻扎刀)라는 일종의 작살을 들고 위는 보지 말고 군마(軍馬)의 다리만 공격하게 하여 올출의 괴자마를 격파하고 크게 승리했다. 그 내용은 《송사》 권365, 〈악비열전(岳飛列傳)〉에 자세하다.

긴 도랑을 파고 긴 둑을 쌓는다. 길이 3척 되는 대포를 만들어 그 등 위에 두 줄로 몇 치의 간격을 두고 잇달아 소포(小砲)를 각각 4개씩 만든다. 소포는 머리를 살짝 바깥으로 향하게 해서 위로 보며 눕혀둔 마목의 다리[馬木脚][43]처럼 한다. 쇠바퀴와 쇠축으로 된 사륜차를 만들고, 나무로 머리 높이가 1장 되는 큰 새를 만들어 그 등과 꼬리를 작은 구유처럼 판다. 배 아래쪽에는 두 곳을 수레의 축과 맞물리게 하여 앉힌다. 포신(砲身)을 새 등의 빈 곳에 앉히고, 대포의 밑동은 새의 가슴에 밀어 넣으며, 포구는 새의 꼬리에서 나온다. 석회로 접시처럼 테두리를 만들어 이혈을 보호한다. 도화선을 끼우고 솔기름을 넣는다. 또 석회로 새의 몸통과 좌우의 틈을 메워 양쪽 가장자리는 얇게 하고 등뼈는 목판으로 높인다. 지네 모양으로 톱을 만들어 대포의 등을 가린다. 그 발이 두 줄로 늘어선 소포 사이로 나오게 한 뒤에 쇠사슬로 소포와 주작포 몸통의 두 축 사이에 단단히 묶어 쉽게 움직이지 못하게 한다. 톱날은 왜톱[倭鋸][44]처럼 만드는데, 너비가 다섯 치쯤 되고 길이는 두 자가량 되는 것이 6개이다. 길이가 10척, 너비가 5촌의 널빤지를 써서 자루로 만든다. 두 줄의 소포 사이에 그 자루의 머리를 교차시켜 대포의 등쪽에 모아 칼날이 모두 뒤에 있으면서 바깥쪽을 향하여 주작포의 몸

---

43 마목(馬木)은 가마나 상여 등을 괴는 받침틀을 말한다.

44 왜톱[倭鋸] 같은 일본의 공구는 조선 왜관(倭館)의 수리 공사에 일본인 공장들이 함께 투입되어 일하는 과정에서 조선에 퍼졌던 것으로 추정된다. 1796년 수원 화성의 축성 공사에 서울에서 왜톱을 4전 5푼에 구입해 썼다는 기록이 있다.《화성성역의궤》권5,〈재용(財用)〉상. "倭鋸一箇.(小注: 價錢四錢五分. 以上京貿.)"(정예정·서치상,〈1727년 草梁倭館 修理의 日本 匠人과 道具에 관한 연구: 對馬島宗家文書「館守屋·市大廳·裁判家·修理記錄」을 중심으로〉,《건축역사연구》16권 5호, 2007, 22쪽)

《화룡경(火龍經)》에 실린 화룡권지비거(火龍捲地飛車) 도설.
《상두지》 본문에 보이는 주작포차처럼 수레 위에 동물상을 설치하고 그 내부에 화포를 숨기고 있다. 수레에 칼날을 달아 공격력을 높인 점도 유사하다.

통에 그 자루를 묶게 하면, 바로 새의 날개가 만들어진다. 모두 붉은 칠을 한다.

산 위를 파서 깊은 구덩이를 만들고 그 앞을 평평하게 다듬는다. 주작포차를 옮겨두고 새의 머리가 바깥쪽을 향하게 한다. 처음 화약을 대포와 소포에 장전할 때, 송진을 화약에 섞어 환으로 만들어, 하나의 소포에 각각 3~4개를 재워둔다. 그러고 나서 대포의 이혈에 있는 도화선에 불을 붙이면, 주작포차가 산 아래로 굴러간다. 소포가 차례차례 탄환을 발사하니 솔기름은 성질이 무겁기 때문에 오랑캐의 진영으로 어지러이 떨어지는데, 이것이 바로 화전(火箭)이다. 또 톱니가 마치 칼의 깃대처럼 펼쳐져 말의 다리를 자를 수 있다. 깊은 구덩이를 파고 대포를 놓는 것은 화약이 뿜어 나와 우리 쪽 병사를 다치게 할까 염려해서이다. 먼저 장막 같은 것으로 그 앞을 둘러막고, 적이 열 걸음 이내로 다가올 때까지 기다린 뒤에야 쏠 수 있다. 그러지 않으면 소포의 화약이 허공에 먼저 발사될까 염려스럽기 때문이다. 땅 구덩이 옆에는 몇 사람이 매복해 한편으로 장막을 걷고, 한편으로 포를 쏜다.

사륜차(四輪車)

사륜차를 만들 때는 굳이 쇠바퀴를 쓰지 않고 다만 쇠로 된 테두리만 쓴다. 외바퀴는 앞뒤, 쌍바퀴는 중앙에 둔다. 쌍바퀴의 앞쪽 멍에에 소 두 마리로 쌍바퀴의 축을 끌게 한다. 널빤지로 양 끝은 뾰족하고 중간 은 넓적한 판옥을 만든다. 모두 가로 널빤지로 만든다. 가로 널빤지 바깥은 가죽끈으로 얼키설키 단단하게 묶어[旁午]⁴⁵ 쇠못으로 고정한다. 못을 뒤쪽의 가운데 층에만 박으면 가죽이 덮이지 않아 몇 치의 틈이 열린다. 또 쌍바퀴 뒤와 뒤쪽 외바퀴의 앞에 낮은 다락을 꾸며, 판옥의 뒤쪽 끝 틈에 톱날을 숨겨두고, 낮은 다락 위에서 그 자루를 제어한다. 그리고 나서 판옥을 세 축의 머리에 얹고 적이 산 아래 골짜기 어귀에 가득 찰 때까지 기다렸다가 가파른 언덕으로 수레를 몰면 그대로 떨쳐 내려간다. 작은 쇠막대를 불에 달궈 물에 적신 베로 감싸 소의 꼬리 아래에 가로로 묶어둔다. 사람이 다락 위에서 톱자루를 마치 오나라의 배 가 노 젓듯이 열어젖히면 오랑캐 말의 다리를 자를 수 있다.

대개 판옥은 갑작스레 오는 듯하고 거도 또한 생각지 못한 기계인지 라 앞쪽에서 올려다보면 그저 한 길의 넓적한 물건일 뿐이지만, 막상

---

45 방오(旁午)는 얼키설키 복잡하게 단단히 얽어맨다는 의미다.

상두지

작동되면 세 길 거리의 먼 곳까지 미칠 수 있다. 또 소가 꼬리가 뜨거워 나는 듯이 떨쳐 달리니, 다락 위의 사람으로 또 그 꽁무니를 살피는 자가 소를 채찍질하면 옆으로 내달리는 근심을 없앨 수 있다. 두 소의 사이에 난간목을 써서 서로 부딪치지 않게 한다. 만약 판옥 위에 꼭두각시를 꾸며 다락 위에서 실로 조종하여 놀린다면 더욱 오랑캐의 눈을 현혹해 어지럽게 할 것이니, 거도가 그 기이한 공을 더욱 부릴 수 있게 된다. 다락 위에는 3~4명을 둘 수 있다.

어떤 이는 사륜차가 굳이 산 위에서부터 아래로 치달릴 필요가 없고, 비록 평지에서라도 사람이 수레 안에 있으면서 채찍질을 한다면 주작포가 한 번 빨리 달리다 멈추는 것보다 낫다고 여긴다. 다만 소가 수레 가운데에 있어 앞이 보이지 않으므로 사람 또한 채찍질만 할 뿐, 이를 몰아 앞으로 나아가게 할 수는 없다. 좌우로 물러나면 혹 스스로 도랑으로 떨어지거나 언덕과 맞닥뜨리게 된다. 양옆 널빤지에 쇠고리를 달아 왼쪽 소의 코뚜레 끈을 오른쪽 널빤지의 쇠고리에 꿰고, 오른쪽 소의 코뚜레 끈을 왼쪽 널빤지의 쇠고리에 꿰어 다락 위에서 조종한다. 또한 판옥의 가장자리에 중간중간 구멍을 뚫어 적을 살피고 길을 엿보는 통로로 삼는다. 판옥 뒤쪽 뾰족한 곳의 합쳐진 부분은 마음대로 여닫을 수 있게 하여 급할 때 탈출하는 구멍으로 삼는다.

괴자마는 올줄이 써서 늘 이겼던 것이다.[46] 가죽끈으로 말의 목을 묶고 말 열 마리를 써서 나란히 나아가기 때문에 산을 꺾고 성을 압도하는 기세가 있다. 금나라 오랑캐가 이것을 가지고 바닷가에서 일어나 몇 년이 채 못 되어 요나라와 송나라를 멸망시켰다. 하지만 순창의 전투에서만은 패배하여 통곡하며 돌아갔다. 이에 앞서 이강(李綱)[47]이 수레싸움에 뜻을 쏟았지만 한 차례도 시험해보지는 못하였다. 유기 때에 이르러 처음으로 조잡한 방법을 썼으나 지극한 것은 아니었다. 이제 이 두 가지 방법은 말의 다리를 자를 수 있으므로 훌륭한 기계라고 말하기에 충분하다. 비록 한 사람이 밀어서 움직이는 수레라도 또한 오랑캐를 제어할 수 있으니, 위승(魏勝)[48]의 여의거(如意車)[49]가 바로 이것이다.

46 《송사》, 〈악비열전〉에 "올출이 경군(勁軍)을 가졌는데, 모두 철갑을 입고 가죽끈으로 꿰매 세 사람이 한 패가 되어 이름을 괴자마라 했다. 악비는 보병(步兵)에게 훈령하되 칼을 가지고 진중에 들어가 쳐다보지 말고 말의 다리를 베라고 하여, 한 말이 넘어지면 세 말이 가지 못하므로 관군이 들이쳐 크게 깨뜨렸다."고 했다.

47 이강(李綱, 1083~1140)은 북송(北宋)의 관료로, 자는 백기(伯起)다. 휘종(徽宗) 연간에 금나라가 쳐들어오자 병부시랑(兵部侍郞)으로 화의(和議)를 배척하고 맞서 싸울 것을 강력하게 주장하다 좌천되었다. 고종(高宗)이 즉위하자 재상이 되어 금나라와의 전쟁을 지휘했다.

48 위승(魏勝, 1120~1164)은 중국 남송의 장수로, 자는 언위(彦威)다. 숙천(宿遷) 사람이다. 농민 출신으로 일찍이 궁전수를 맡기도 했다. 담력과 지략이 뭇사람을 넘어섰고 전투에 능했다.

49 여의거(如意車)는 여의전거(如意戰車)라고도 한다. 한 량당 50여 명의 사병을 태우고 2명이 추동해 자유자재로 진퇴할 수 있었다. 전차 앞에는 짐승 얼굴 모양의 목패가 장착돼 있는데, 목패 위에는 수십 근의 대창이 있었다. 대창 밖에는 담요 장막을 씌우고, 전차 양옆에는 괘구(掛鉤)가 있어 떼고 붙일 수 있었다. 행군할 때는 각 차를 나눠 치중기갑을 실을 수 있었고, 주둔할 때는 각 차를 연결해 영루를 만들어 화살촉이나 적의 접근도 막을 수 있었다. 전차를 이을 때는 화차를 중간에 놓고, 진문 양옆에 노차(弩車)를 놓고, 궁노를 그 위에 걸어두어 수백 보나 멀리 쏠 수 있었다.

삼륜차(三輪車)

삼륜차를 만들 때는 좁으면서 길어야 한다. 외바퀴가 앞에, 쌍바퀴는 뒤에 둔다. 판옥을 만들 때는 앞 모서리를 경쇠처럼 'ㄱ' 자로 꺾어 화살과 돌을 막는다. 뒤쪽은 비워서 한 사람이 밀 때 쓴다. 도롱이처럼 생긴 갑옷을 입어 등을 가리고 미는 것만 생각한다. 미는 자루는 한 줄기에서 둘로 갈라진 나무를 쓴다. 둘로 갈라진 부분은 외바퀴 축 아래에 밀어 넣고, 합쳐진 부분은 쌍바퀴 축 위에 얹는데, 모두 노끈을 써서 묶는다. 세 바퀴의 중간에 작은 다락을 만들어 두 사람이 그 안에 있으면서 거도를 써서 널빤지 틈 바깥에 날개처럼 벌려, 안에서 손잡이를 제어한다. 또한 단병기(短兵器)를 몸에 지니고 곁에서 나란히 지키며 수레를 미는 자가 있다.

　이 수레의 경우, 거도는 사륜차에서 쓰는 것보다는 짧아야 한다. 거도를 간수하는 곳은 외바퀴 좌우에 있고, 거도를 제어하는 곳은 쌍바퀴 사이에 있다. 우리나라에도 또한 철렴(鐵簾)과 호합(虎柙), 편상(編箱) 등의 수레가 있다.[50] 호합이 잘 만든 것이라고 일컬어지지만, 호합에는 거도가 없다.

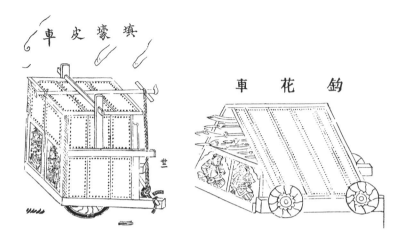

《무경총요(武經總要)》권10에 실린 전호피차(塡壕皮車, 좌)와 《무비지》권108에 실린 구화차(鉤花車, 우) 도설.
《상두지》의 삼륜차나 사륜차와 마찬가지로 수레 위에 판옥을 설치하고 가죽으로 겉을 감싸 아군을 보호하는 동시에 적을 공격할 수 있도록 설계되었다.

50 철렴(鐵簾)은 쇠로 발을 엮듯이 얽어 위를 감싼 형태의 수레를 말하는 듯하고, 호함(虎柙)은 호랑이 우리 모양으로 수레 위에 방어 장치를 둔 수레로 보인다. 편상(編箱)은 상자 모양으로 얽어 짠 방어물이 있는 수레를 뜻하는 듯하다. 철렴에 관해서는《약포집(藥圃集)》권2,〈여명유호환(與明儒胡煥)〉에 그 이름이 보이고, 편상에 관해서는 윤휴(尹鑴)의《백호전서(白湖全書)》권6,〈논병거소(論兵車疏)〉에서 나라를 지키고 환란을 방어하는 기구로 이 편상보다 더 좋은 것은 없다고 한 내용이 있다. 그 제원은 허훈(許薰)의《방산집(舫山集)》권12,〈거설(車說)〉에 자세하게 설명되어 있다. 대개 이 세 가지는 모두 수레를 모는 사람을 적의 공격으로부터 방어할 수 있는 시설이다.

익호우(翼虎牛)

튼튼한 소를 구하여 등과 어깨 위에 두꺼운 언치를 덮고 산(山) 자 모양의 안장을 얹는다. 굳이 안장의 형태를 다 갖출 것은 없고, 그저 소의 몸뚱이에 단단히 붙어 거도를 걸게 하는 것일 뿐이다. 길이 네댓 자되는 순철(純鐵) 거도를 만들어 자루를 목 위에서 교차하여 뿔의 밑동에 묶는다. 또한 자루의 머리에는 칼날이 있고, 자루의 허리는 산 자 모양의 안장 위에 걸쳐 소 몸에 묶는다. 범의 머리통처럼 생긴 꼭두각시를 만들어 소의 머리에 덮어씌우고, 거도의 자루 끝이 범의 귀 부분으로 삐져나오게 만든다. 범 가죽을 가져다 소의 몸뚱이를 덮을 때는 굳이 진짜 범 가죽을 쓸 필요는 없다. 말가죽 같은 물건에 범의 무늬를 그려 넣어 백호기(白虎旗)[51] 위에 그려진 나는 범의 형상처럼 꾸미고 거도를 날개로 삼는다.

짤막한 쇠막대를 가져다 산 자 모양 안장 밑에 묶어두고, 때가 되면 불로 달군 뒤 젖은 베로 감싸 매어 소꼬리 밑에 가로로 걸친다. 오랑캐

---

51 백호기(白虎旗)는 대오방기의 하나로, 진영의 오른쪽 문에 세워 우군(右軍), 우영(右營), 우위(右衛)를 지휘하는 데 사용한다. 흰 사각 바탕에 적색 날개를 달고 나는 백호와 청·적·황·백 4색채의 운기가 그려져 있다.

《무경총요전집(武經總要前集)》 권11에 실린 화우(火牛) 도설.
《상두지》의 익호우는 소에게 매단 무기를 보강하고 소의 눈을 가려, 중국의 화우보다 공격력을 더욱 높였다.

의 진지를 향해 한밤중에 풀어놓으면, 소가 꽁무니는 뜨거운데 앞에 아무것도 보이지 않으므로 옆을 들이받고 앞쪽을 들이쳐서 다치지 않는 자가 없다. 이는 참으로 이른바 범이면서 날개와 뿔이 달린 것이라 하겠다. 전단의 화우법(火牛法), 즉 소꼬리에 불을 붙이는 방법을 본뜬 후대 사람이 있었다. 적병이 북을 치고 소리를 지르며 나아가자 소가 반대로 달려 본진을 다치게 했다. 이것은 소가 앞이 보였기 때문이다. 지금 만약 소의 머리를 덮어씌워 앞을 보지 못하게 하고 사람이 뒤에서 몬다면 마땅히 이러한 근심이 없을 것이다.

현조포(玄鳥砲)

현조포는 나무를 제비 모양으로 만들므로 몸체가 낮다. 하지만 등 쪽을
뚫어 대포를 숨겼으니 주작포와 대략 비슷하다. 대포의 형태는 주작포
의 절반보다 짧으면서 둘레는 그보다 크다. 거도를 날개 삼아 양어깨에
꽂고서 못질하여 묶어둔다. 또 거도를 꼬리 삼아 모두 먹물을 발라둔
다. 날개 밑에 작은 쇠바퀴를 매달고, 대포로 제비 등의 포를 격발하여
수레를 오랑캐의 진영으로 보낸다.

괴자차(拐子車)

앞에서의 여러 가지 포와 수레는 모두 오랑캐 말의 다리를 자르는 것이다. 하지만 오랑캐가 만약 진짜로 괴자마를 타고 온다면 여러 가지 기계는 모두 무용지물이 되고 말 테니 마땅히 무엇으로 이것을 막겠는가? 막을 수 있는 것이 있다. 만약 괴자마를 제압하려 한다면 마땅히 괴자차(拐子車)로 맞서면 된다.

먼저 큰길 위에 오늘날 초병들이 말 타고 다니는 길처럼 바퀴 자국을 낸다. 무릎 깊이로 너비는 한 자 남짓이다. 서로 5척씩 떨어져 무릇 다섯 줄을 열되, 그 줄은 지극히 곧고 가지런해야 한다. 이를 큰길의 조교와 이어지게 한다. 그런 뒤에 큰 수레바퀴 5개[五雙][52]를 5척의 축에 꿰어 '일(一)' 자로 벌려둔다. 축의 머리에는 쇠고리를 붙여 두 축의 머리에 묶어 5개의 바퀴가 서로 연결되게 만든다. 또 네댓 걸음 간격을 두어 5개의 바퀴를 벌여놓고 앞서와 똑같이 설치한다. 긴 널빤지를 가로세로로 놓아 앞뒤 축에 얹어놓고, 양옆의 앞뒤 바퀴를 써서 바퀴 밖으로 머리가 각각 1척씩 나오게 한다. 그 허리와 양 끝의 세 곳에 구멍을

---

52 뒤에서 '10륜(十輪)'이라 한 것으로 보아 앞뒤로 5개씩의 바퀴인 것이 분명하므로 원문의 '5쌍(五雙)'을 5개로 풀이했다.

뚫어 네모진 나무를 가로로 꿰어 고정한다. 그러고 나서 위에다 긴 널빤지를 가로로 까니, 이것을 차상(車廂)이라고 말한다. 그 턱[收][53]을 얕게 하여 양쪽 옆 바퀴 위에 판옥을 얹고, 그 중간층 이하는 비워둔다. 다만 앞면에만 4개의 가로 널빤지로 처마를 만들어 고리를 그 양쪽 끝에 매달아 차상 안에서 마음대로 걸거나 떨굴 수 있게 한다.

또 10개의 나무를 차상 안의 동쪽에 꽂아, 판옥의 서쪽 처마 위에 비스듬히 걸쳐놓아 모두 양쪽 옆 바퀴의 널빤지 가장자리에 기대게 한다. 긴 장대를 여덟 줄로 설치하고 뒤쪽 다섯 축의 사이에 설치해둔 고리에 단단히 묶는다. 20척의 긴 장대 끝을 가로로 묶어, 소 네 마리가 8개 장대의 사이에 있으면서 머리는 판옥을 향한 채 스무 자의 가로로 걸친 장대를 끌게 한다. 두 사람이 뒤에 있으면서 채찍질하여 몰면 10개의 바퀴가 일제히 나아간다. 사람은 판옥에 있으면서 거도를 사용하여 말의 다리를 자른다면, 비록 괴자마가 있다 해도 또한 마땅히 지탱하지 못하고 거꾸러져 물러날 것이다. 이 수레는 차체는 앞쪽에 있고 소는 뒤쪽에 있는지라 사람과 소가 화살이나 돌을 맞을 염려가 없다. 만약 수레를 물리려 한다면 멍에를 거꾸로 매고 몰면 된다.

---

53 수(收)에는 진(軫), 즉 수레 뒤턱이라는 의미가 있다.

조교(弔橋)

둔전소나 은성의 서쪽으로 5리 되는 곳에 큰길을 파서 끊는데, 깊이는 몇 장쯤 되고, 너비는 8~9척으로 한다. 판교(板橋)를 여기에 얹으니, 다리는 너비가 2칸으로 오가는 사신들만 통하게 한다. 다리의 동쪽 양쪽에는 큰 기둥을 각각 하나씩 세운다. 기둥의 꼭대기에 작은 도르래를 설치하여 마치 배의 돛대 위에 돛을 거는 윤목(輪木)처럼 한다. 다리의 서쪽 머리에는 양쪽에 주먹 하나가 들어갈 만한 구멍을 뚫는다. 또 은성에서 큰 줄을 만들어두는데, 줄의 굵기는 돛을 올리는 줄에 비해 2배로 한다. 경보가 닥치면 판교에 묶어 기둥머리로 넘기며, 수십 명이 어기영차 하고 외치면서 이를 당겨, 다리에 의지해 기둥에 묶는다. 두 사람에게 판교에 기대어 띳집을 만들게 해서, 이것으로 소식을 전달하고 알리는 장소로 삼는다. 굴을 파서 도피할 곳으로 삼는데, 행인은 마땅히 직접 돌아가는 길을 따로 찾아야지, 이곳을 차지해서는 안 된다.

화차(火車)

옛날에 이르기를 "10리마다 역참을 두고 5리마다 망대를 둔다."고 했다.[54] 무릇 5리의 사이에 좁은 길에는 은성을, 큰길에는 협구(夾溝)를 하나씩 설치해둔다. 그 제도는 은성에 길을 끊는 방식과 같다. 총이나 화살을 쏘는 구멍을 옆에 열어두고 마른 섶과 삼륜차, 멍석 등의 물건을 쌓아둔다. 다리를 사립문처럼 엮어 도랑을 건너가 보관해둘 수 있게끔 한다. 만약 오랑캐가 지경을 침범하면 그들이 이곳을 지나 동쪽으로 가기를 기다려 그 즉시 성문을 열어 도랑을 건넌다. 세 대의 삼륜차를 묶어 한 줄[排]로 세우고, 멍석을 소금물에 적셔 이를 덮는다. 그 위에 섶나무를 얹고 송진을 뿌린다. 철차(鐵叉)를 丫 자 모양이다. 만드는데, 길이는 1장쯤 된다. 나무 손잡이로 이으면 길이가 몇 장이 된다. 2개의 철차를 써서 한 대의 수레를 미니, 한 줄에 6개의 철차를 쓰게 된다. 여러 줄을 쓰면 철차의 수도 똑같이 늘어난다.

둔전소와 은성에도 또한 이처럼 설치해두고, 적이 그 사이로 들어올 때까지 기다린다. 만약 동풍이 불면 둔전소와 은성에서 북을 울리면서

---

54 소식(蘇軾, 1036~1101)의 〈여지탄(荔枝嘆)〉에 "10리마다 역참 두니 먼지와 재 흩날리고, 5리마다 망대 두니 병화가 다급하다.[十里一置飛塵灰, 五里一堠兵火催.]"라고 한 구절이 있다.

《무비지》권108에 실린 이륜차 형태의 화차(火車) 도설.
《상두지》의 화차는 삼륜차 여러 대를 연결하여 손잡이인 철차(鐵叉)로 조작하도록 한 점이 다르다.

수레를 서쪽으로 민다. 서풍이 불면 좁은 길의 은성에서 북을 울리면서 동쪽을 향해 수레를 민다. 동서에 상관없이 적과 수백 보 떨어져 있을 때 수레 위에 얹은 섶에 불을 붙이면 적은 양쪽에서 불에 핍박당하는 바가 되어 말을 버리고 도랑에 뛰어들지 않을 수 없다. 이 때문에 좁은 길의 도랑은 깊지 않아선 안 된다. 그리고 총을 든 병사를 써서 그 뒤를 따라가 공격하여 죽인다. 북을 둥둥 울리는 것은 앞쪽에 있는 사람에게 들리게 하려는 것이다.

도랑을 파낸 진흙을 어떤 이는 마땅히 큰길의 양옆에 쌓아 아군의 여러 수레의 제방으로 삼아야 한다고 말한다. 또 어떤 이는 마땅히 도랑의 밖에다 쌓아 날랜 오랑캐가 뛰어넘을 경우를 대비해야 한다고 주장한다. 다만 지세를 살펴 시설을 알맞게 하는 데 달려 있을 뿐이다.

기이한 제도 세 조목[三條奇制]

동포(銅砲)[55]

명나라 사람 박각이 동포(銅砲)를 만들었는데, 포약이 발사되면 30리를 날아갔고, 그 철환이 지나는 곳에 삼군이 짓뭉개졌으며, 발사할 때는 또한 소리가 나지 않았다. 대포 하나마다 천리경을 설치하여 적의 멀고 가까움을 정탐했는데, 천리경 통의 양 끝에 렌즈를 끼워 40~50리 밖을 마치 지척인 것처럼 보았다. 박각이 대사마 장국유를 위해 만든 것이었다.

연노(連弩)

명나라 단절공(端節公) 왕징(王徵)[56]은 자가 양보(良甫)로, 연노(連弩), 활

---

55 해당 원문의 상단에 붉은 글씨로 중출(重出)이라고 써놓았다. 앞서 나온 《상두지》 권1, '축성첩(築城堞)' 조에 같은 내용이 실려 있기 때문이다. 동포(銅砲)는 포신을 구리나 청동으로 만든 화포를 이른다.

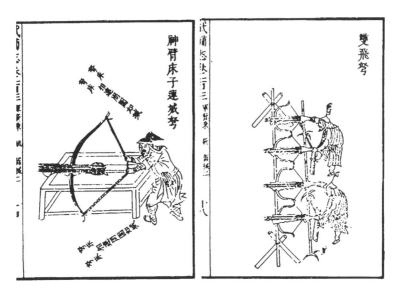

《무비지》권103에 실린 신비상자연성노(神臂床子連城弩, 좌)와 쌍비노(雙飛弩, 우) 도설.
모두 연발 쇠뇌인 연노의 일종이다.

교(活橋), 자행차(自行車), 자비포(自飛砲)를 처음으로 만들었다.[57] 왕징
이 삼원(三原)[58]이라는 곳에 살았는데, 이 무기들을 사용하여 한 성을
지켜냈다고 한다.

---

56 왕징(王徵, 1571~1644)은 중국 명나라 후기의 관료다. 자가 양보(良甫), 호는 규심(葵心)이며 시호
    는 단절(端節)이다. 천주교도로서 서양의 과학기술을 전파하는 데 노력하여, 서광계(徐光啟)와 함께
    '남서북왕(南徐北王)'으로 일컬어진다.

57 왕징이 무기를 만든 일은 중국 청대 조길사(趙吉士, 1628~1706)의 《속표충기(續表忠記)》, 〈첨사왕
    공전(僉事王公傳)〉에 보인다. 연노(連弩)는 연발로 쏘는 쇠뇌로, 고대부터 사용되어 다양한 형태로
    발전해왔다. 예컨대 명대 모원의의 《무비지》권103, 〈노(弩)〉 항목에는 연노의 일종인 '신비상자연성
    노(神臂床子連城弩)'가 있다. 왕징의 연노는 자동으로 발사되는 장치를 더한 듯하다. 다른 무기인 활
    교(活橋), 자행차(自行車), 자비포(自飛砲) 또한 자동 장치를 고안한 것으로 보인다.

58 삼원(三原)은 지금의 중국 섬서성(陝西省, 산시성) 중부에 있다.

설교(設橋)

명나라 때 주가민(朱家民)[59]은 자가 동인(同人)이다. 일찍이 안보감군부사(安保監軍副使)가 되었다. 반강(盤江)은 예전 귀주[黔]와 운남[滇][60]의 요충지였다. 층층의 벼랑과 멧부리가 천 길 절벽처럼 서 있고, 물은 깊고 가없어 너비가 30여 장이나 되었다. 이에 앞서, 한나라 복파장군(伏波將軍) 마원(馬援)[61]이 방도를 내서 편히 건널 수 있게 하였다. 언덕에 돌로 쌓은 돈대 2개를 세웠는데, 얼마 못 가 물의 형세가 덮쳐와 감히 손쓸 수 없었다. 공이 분하게 여기며 이렇게 말했다. "만약 다리를 완성하지 못한다면 맹세컨대 내 몸이 따라 죽으리라." 그리고 나서 쇠를 녹여 눌러 뽑은 것을 이어 줄을 만들었다. 그 줄의 머리끝에 각각 수십 장을 남겨 쇠막대로 손잡이를 달아 산의 굴 안에 숨겨두고, 인하여 여러 겹을 겹쳐두었다. 나무둥치를 깔고 쇠줄로 엮어 수레와 말이 왕래하게 하니 마치 천마가 허공을 가는 듯하였다. 고루(鼓樓)를 세워 다리를 지키게 하고, 월성을 세워 고루를 지키게 하였다.

임궁(琳宮)과 범찰(梵刹)[62]이 바둑돌이나 별처럼 늘어서서, 강 길을 따

---

59 주가민(朱家民, 1569~1642)은 중국 명나라의 관료로 운남(雲南) 곡정(曲靖) 사람이다. 안방언(安邦彦)의 난을 평정할 때 열일곱 군데 성을 쌓았고, 반강(盤江)에 철쇄교(鐵鎖橋)를 건축하는 등 공적을 남겼다.

60 검(黔)은 중국 귀주(貴州, 구이저우), 전(滇)은 중국 운남(雲南, 윈난)의 별칭이다.

61 마원(馬援, 기원전 14~기원후 49)은 중국 후한(後漢)의 장수다. 태중대부(太中大夫), 농서태수(隴西太守)를 지내며 이민족을 토벌하는 군공을 세웠다. 후에 복파장군에 임명되어 교지(交趾), 즉 지금의 북베트남 지방의 반란을 평정하여 신식후(新息侯)에 책봉되었다.

62 임궁(琳宮)과 범찰(梵刹)은 도교와 불교의 사원을 이른다.

라 그 일대를 바라보면 마치 성으로 변한 것만 같았다. 이전에는 승냥이와 멧돼지가 날뛰던 곳이었는데, 장가(牂牁)로도 건너게 되었고, 장가는 한 사람을 태울 수 있는 배다. 물고기 배에 장사 지내던 것이 거의 도랑처럼 여기게 되었다. 이에 이르러 비로소 편안함을 얻어 물결이 가라앉음을 보아, 백성을 편안하게 하였다[水西]. 수서라는 것은 백성을 편안하게 한다는 뜻이다. 감히 남쪽을 향해 와서 말을 먹일 수 없게 된 것은 모두 공의 힘이었다. 논하는 자들이 제갈공명이 난강(瀾江)을 건설하고 장인단(張仁亶)[63]이 수항성(受降城)을 수축한 것에 견주어도 이것이 더 낫다고들 하였다.

위의 세 조목은 옛사람의 교묘한 생각과 기이한 계책을 기록한 것이니, 요컨대 사람이 옛 자취에 얽매이지 않아야 한다는 것이다.

---

63 장인단(張仁亶, ?~714)은 중국 당나라의 관료로, 화주(華州) 하규현(下邽縣) 사람이다. 문무(文武)에 모두 재간이 있어 전중시어사(殿中侍御史) 등을 지냈다. 측천무후의 조카 무승사(武承嗣)를 태자로 옹위하려는 데 반대한 바 있다. 삭방군총관(朔方軍總管)이 되어 돌궐을 격파하고 황하 북안에 삼수항성(三受降城)을 쌓았다. 이 삼수항성은 처음 쌓을 때 수비를 위한 옹성(甕城)을 갖추지 않았던 것으로 유명했다.

일통제론(一統諸論)[64]

항상 서로의 평탄함이 북쪽 오랑캐에게 활용되어 우리나라에 병자년의 치욕을 안겨준 것을 안타깝게 여겼다. 그런데도 서로를 유람하는 사대부들은 도리어 평탄한 길을 뽐내 마지않으면서 산하에 맺힌 수치를 씻을 생각은 하지 않는다. 이제 이 한 편은 모두 서로를 위하여 편 것이다. 이 때문에 길을 끊고 방어 시설을 설치하는 것을 위주로 하였으니, 살펴보는 자가 이러한 뜻을 빠뜨리지 않는다면 다행이겠다.

적을 막는 여러 가지 도구에 이르러서는, 객사 창에서 비 오는 밤에 잠도 들지 못하고 뒤척이며 무료하던 때에 얻은 것이 대부분이다. 하지만 서생의 오활한 논의이고 보니, 하잘것없는 주장을 제대로 갖추지도 못했다. 그러나 일찍이 들으니 임경업 장군이 의주에 있을 적에 날마다 오랑캐의 기병이 내달리는 것을 보면서도 힘써 한 차례도 칠 수 없었다. 밤중에 문득 칼을 집고 군대의 대오 가운데를 두루 다니다가 이렇게 말하였다. "너희는 어찌하여 또한 지혜로운 계책을 내지 않

---

64 '일통제론(一統諸論)'은 일종의 보충 설명에 해당하는 부분인데, 저자가 앞서 설명한 것들에서 부족하거나 보완해야 할 내용을 계통 없이 나열해놓았다. 다만 앞선 설명과 다른 부분도 있는데, 예를 들어 일곱 번째 항목의 귀차나 화차는 앞선 본문에서 설명한 것과 그 형태를 다르게 설명하고 있다.

는 것이냐?" 한 늙은 병졸이 이렇게 말했다. "지금 오랑캐의 불빛이 강 너머에서 깜박이니, 내일은 마땅히 얼음을 건너 동쪽으로 올 것입니다. 만약 밤새도록 압록강의 얼음을 깨서 물을 길어 강가 자갈밭에 부어놓고, 우리의 갑옷 두른 말을 타고 맞아서 치면 온전히 이길 수 있을 것입니다." 임경업이 그 계책을 써서 과연 청나라 임금의 사위를 사로잡았다. 지금 나의 이 책을 의주의 늙은 병졸로 삼는다면 혹 남음이 있을 것이다.

서로의 산마루와 고개는 굳이 샛별처럼 높거나 동선령같이 험할 필요가 없다. 10리 혹은 5리마다 가로막이를 곳곳에 놓아둔다. 제일 높은 곳에 이르면 그 양쪽을 깎아내고 앞뒤를 보충하여 수십 보 너비의 평지를 만든다. 서쪽은 폭이 좁고 동쪽은 폭을 넓게 한다. 그 좁고 넓은 중간의 양쪽에 돌을 쌓아 다락을 만든다. 다락 아래로는 높이가 2장인데, 누판에 쇠로 만든 지도리[鐵樞]를 설치하여 여기에 문을 달아 가려둔다. 빗장 2개로 괴거나 열어서 지나는 사람이 이리로 왕래한다. 넓은 곳의 양쪽에 수십 칸의 집을 만들어 발막 및 수레 보관 장소로 삼는다. 그 문 앞쪽의 좁은 곳에는 각각 깊이가 한 자 남짓 되는 3개의 궤도를 열어 곧장 산마루 아래 평지까지 이르게 한다.

또 사륜차를 만든다. 외바퀴는 앞뒤에 각각 놓고 쌍바퀴는 양옆에 나란히 둔다. 앞뒤 바퀴가 궤도 하나를 공유하고 좌우 바퀴는 각각 궤도가 하나씩이다. 아래쪽에 키 작은 다락을 만들고 위는 판옥으로 덮는다. 집 처마와 기둥의 방패에 질려철을 빼곡하게 박고, 앞쪽의 모서리를 꺾어 구부려 단단한 것과 맞부딪칠 수 있게 한다. 그 좌우는 날개처럼 벌려 밀쳐낼 수 있도록 한다. 다락 안에 몇 명의 병졸을 두어 자루가 긴 구겸(鉤鎌)을 써서 말의 다리를 자른다. 병졸 몇 명이 사륜차를 밀고 수십 명에서 백 명에 이르는 인원이 병장기를 가지고 따라가다가 오랑캐의 기병이 현문 바깥에 가득 차기를 기다려 한 차례 기운을 떨쳐 아래로 치닫는다.

또 한 가지 방법이 있다. 양옆 바퀴 사이에 또 바퀴 하나를 달아 나란히 3개의 궤도를 둔다. 3개의 바퀴가 지나는 축은 길이가 12척이고, 앞뒤 바퀴는 거리가 16척이다. 저마다 축이 있는데, 3척으로 짧게 해서 2개의 장대를 중간 바퀴 바깥쪽에 앉히고 앞뒤 바퀴의 축머리에 시렁을 끼우면 별도로 오륜차의 제도가 된다. 그 궤도는 앞서와 마찬가지로 단지 세 줄을 쓴다.

장군 이성량(李成梁)[65]이 요동을 지킬 적에 누르하치를 붙잡아 하인을 삼고, 북경에서 행상을 하게 했다. 명나라 법에는 한 치의 쇠도 북해관(北海關)[66]을 나갈 수 없었다. 이 때문에 누르하치는 바늘을 사서 수레에 실어 관문을 나왔다. 돌아와 예전의 마을에 주어 이를 녹여 병장기를 만들었다. 여러 해 동안 이렇게 했지만, 이성량은 깨닫지 못하였

---

65 이성량(李成梁, 1526~1615)은 중국 명나라 후기의 장수다. 요동총병(遼東總兵)으로 몽골과 여진의 방위를 총괄했다. 임진왜란 때 조선에 출병한 이여송이 그의 맏아들이다.

66 북해관(北海關)은 중국 광동 지방의 무역 관문으로, 온갖 물자가 이곳을 통해 나갔다.

다. 그리하여 누르하치의 불길이 다시 살아나게 되었다. 일찍이 들으니 북경에는 바늘 가게가 몇 리에 걸쳐 이어졌다 한다. 누르하치는 수레가 끊임없이 이어지도록 행상을 한 것이 분명하다.

우리나라는 해마다 사신이 왕래하므로 중국 바늘이 한양의 가게마다 온통 가득하다. 최근 몇 년간 바늘값이 까닭 없이 대단히 비싸졌다. 북경의 가게에서 판매한 것은 또한 남쪽에서 공급을 받는데, 남방에 혹 길이 막혀 전처럼 가져올 수 없게 되어 그런 것이 아니겠는가? 바늘이 없으면 바느질을 할 수 없을 것이 분명하다. 온 나라가 온전히 다른 나라만 쳐다보고 있으니, 만약 하루아침에 북경 길이 막힌다면 비록 베와 비단이 있다 한들 우리가 옷을 지을 수 있겠는가?

우리나라에도 또한 바늘을 만드는 자가 있지만, 둔하고 물러서 쓸 수가 없다. 그래서 이를 떡바늘[餅針]이라고 한다. 내 생각에 북경의 바늘은 틀림없이 석탄을 써서 주조해 만든 것이다. 참판 이광덕(李匡德)[67]이 일찍이 북경에 갔다가 석탄을 가져왔다. 평양에 이르러 근처에서 비슷한 것을 찾아보게 하여 과연 얻을 수 있었다. 하지만 우리나라 풍속이 또한 이를 쓰지 않는다. 근자에 들으니 관북의 6진에서 석탄을 쓰는데 목탄보다 훨씬 낫다고 한다. 호남에도 이것이 있다. 생각이 깊은 자라면 마땅히 서둘러 석탄을 구해 바늘을 만들어야 한다. 만약 전처럼 둔하거나 무르지 않을 경우, 대나무 통에 넣어 폭포가 떨어지는 곳에 받쳐두어 기다렸다 쓴다면 굵은 것을 일일이 갈아야 하는 군색함을 면할

---

67 이광덕(李匡德, 1690~1748)은 조선 후기 경종~영조 연간에 활동한 관료로, 자가 성뢰(聖賴)고 호는 관양(冠陽)이다. 1739년 동지겸사은부사(冬至兼謝恩副使)로 북경에 다녀왔다.

수 있을 것이다.

　도성 안쪽의 숯값은 나무를 때는 것보다 한결 싸다. 골짜기가 가깝기 때문에 엽전 한 닢으로 숯을 사서 2첩의 약을 달일 수 있다. 모두 상수리나무나 갈참나무[栩], 떡갈나무[柞] 또한 같은 종류다. 박달나무로 만든 숯이다. 송탄(松炭)을 쓴다는 말은 들어보지 못했다. 산골짝에 있을 때 화로에 간혹 송탄을 묻으면, 곧바로 타 없어져 한밤중까지 가지 못하였다. 이 때문에 나는 송탄은 절대 쓸 만한 것이 못 된다고 여겼다. 이곳에 온 뒤로 쓰는 숯을 보니 모두 송탄이었다. 이것으로 대장간에서 쇳물도 녹이고 약을 달이기도 하며, 화로에 불을 세게 붙일 수도 있었다. 그 오래 견디는 공도 참숯과 별 차이가 없었다.

　대개 여기서 쓰는 숯은 모두 생소나무 가지를 묻은 것이어서, 숯이 되고 나면 쇳소리가 난다. 숯의 성질 또한 단단하므로 오래 견딜 수 있다. 다시 생각해보니, 양주의 산골짝에서 부뚜막에 불 때는 것은 모두 마른 솔가지였다. 그래서 오래 견딜 수 없었던 것이다. 들어보니 이곳 진도에서 숯을 묻는 것은 소나무의 곁가지를 취한다고 한다. 하지만 무주 등지의 대장간에서는 아름드리 청솔을 가져다가 굴을 만들어 묻었다 꺼내므로 또한 모두 잘 만들어진다고 한다. 송탄으로는 숙철을 주조하고, 참숯으로는 무쇠를 녹인다.

　대개 송탄은 성질이 느슨하므로 송탄의 값은 참숯보다 5분의 1쯤 싸다. 하지만 으레 숯 한 묶음은 20문 또는 25문을 받으니 일반적으로 이러하다. 숯은 청송으로 만든 것을 더 치지만, 곁가지를 취한다면 하루에 힘을 다 쏟지 않고도 열 짐씩 얻을 수 있다. 배로 경성까지 옮겨 오면 하루 이틀이면 충분하다. 비록 참숯과 같은 값을 받을 수는 없지만, 공력이 훨씬 덜 든다. 당시에 숯 파는 늙은이가 되지 않고, 잘못해서 책 읽을 계획을 세운 것이 유감스럽다.

귀차[68]는 아래쪽에 바퀴 4개를 만들고, 수레 위에는 판옥을 짓는다. 용마루는 높이가 1장 남짓 되며, 사방에 처마를 만든다. 처마는 귀차 바깥쪽으로 네댓 자가량 튀어나오고, 땅과의 거리도 네댓 자쯤이다. 두 꺼운 널빤지로 사방을 막고, 널빤지 위와 사방 가장자리에 질려철을 박 아둔다. 수레바퀴 위에 앉는 틀을 장착하고 네 사람을 두어 칼과 톱, 구 검 등의 무기를 잡게 한다. 10여 명을 써서 오랑캐의 진영으로 몰고 들 어가는데, 열 사람이 좇으면서 양쪽으로 늘어서니 비록 올출의 괴자마 라도 끝내 우리를 어찌하겠는가.

질려차(蒺藜車)라는 것은 2개의 빙차(氷車)[69]를 가져다 합하여 나란히 붙인 것이다. 2개의 수레 위에 각각 4개의 큰 기둥을 세운다. 앞쪽의 기 둥 2개에는 저마다 가로로 둥근 구멍 2개를 판다. 크기가 한 아름 반가 량 되는 둥근 나무 2개를 양쪽 두 기둥의 둥근 구멍에 가로로 끼운다. 그리고 나서 구멍 바깥에서 비녀장을 지른다. 비녀장 바깥으로 튀어나 온 나무의 머리는 1장 남짓 되게 한다. 가로로 걸친 나무는 앞쪽은 높

---

68 앞서 등장한 '귀차설' 조목에 보이는 귀차와 여기서 설명한 귀차는 규모와 작동 원리에 상당한 차이가 있다.

69 빙차(氷車)는 얼음 위에서 사용하는 수레로, 일종의 썰매다. 뒤쪽의 '빙차설과 빙차도설[氷車立圖說]' 항목에 자세한 설명이 나온다.

고 뒤쪽은 낮게 한다. 높은 쪽은 기병을, 낮은 쪽은 말을 막을 수 있다. 부딪치면 둥근 나무가 회전하며 멈추지 않으니, 이는 마치 철기(鐵機)의 용두(龍頭)와 같다. 질려철을 몇천 개 만들어 나무의 몸통 위에 네댓 줄로 배치하여 박아 넣으니 이것을 질려량(蒺藜樑)이라고 한다.

뒤쪽의 두 기둥은 가로로 네모진 구멍을 뚫고, 2개의 네모진 나무를 가로로 끼운 뒤 쇠갈고리를 촘촘히 박는다. 방패목을 만들 때는 2개의 뿔에 각각 고리를 박아 쇠갈고리를 매는 데 쓴다. 그 모양이 마치 산누에고치 같다. 산누에고치는 2개의 뿔이 있다. 방패목은 무게가 꽤 나가기 때문에 또한 양쪽 가장자리 4개의 기둥 사이에 대나무 끈으로 붙들어 매서 서로 떨어지거나 갈라지지 않게 한다. 오랑캐의 기병이 고개를 끼고 올라오기를 기다렸다가 수십 명이 수레를 밀고, 수백 명이 무기를 가지고 뒤따르면서 일제히 떨쳐 고개를 내려가면 저들 날랜 기병들이 미처 몸을 돌리기도 전에 고꾸라지고 엎어지는 자가 방패목 아래로 몸을 드러내지 않음이 없을 것이다. 혹은 사로잡고 혹은 베어버리기를 마음대로 할 수 있다.

화차[70]라는 것은 사륜차로 만든다. 수레 중간의 양쪽 가장자리에 큰 기둥을 세우고, 기둥 사이에 위아래로 각각 들보 하나를 가로지른다. 위쪽 들보의 허리에 허벅지 굵기의 노끈을 맨다. 노끈의 좌우 1~2촌 밖에도 긴 노끈을 묶어 아래쪽 들보에 문짝 모양으로 드리워 묶는다.

---

70 앞서 설명한 '화차' 조목에 보이는 화차와 여기서 설명한 화차는 규모와 작동 원리에 상당한 차이가 있다.

이렇게 하는 까닭은 굵은 노끈이 이리저리 움직이지 못하게 하기 위해서다. 또 6~7장 높이의 단단하고 곧은 나무를 가져다 깎아 둥글게 만드는데, 굵기는 두 줌가량으로 한다. 나무 꼭대기 5~6척쯤을 얇은 철엽으로 감싼다. 철엽에 구멍을 내서 질려철을 여기저기 박아둔다. 질려철은 길이가 몇 촌가량 되는데, 다리 하나는 쇳조각의 구멍 속에 박아 넣고 나머지 다리 3개는 바깥쪽을 향하게 한다.

또 헌 옷가지[襦衵][71]를 솔기름에 불로 가열해서 얻은 송진이다.[72] 적셔서 질려 사이에 바짝 묶어 4~5촌쯤 겹쳐지게 한다. 그러고 나서 이 둥근 나무의 허리 부분을 위쪽 들보의 허벅지 굵기 노끈에 매달아 아래쪽 들보 위에 얹어놓는다. 또 두 가닥의 긴 노끈을 둥근 나무 끝에 매달고 헌 옷가지에 불을 붙인다. 10여 명이 화차를 밀어 곧장 적진으로 향하고, 네 사람은 두 가닥 노끈을 잡아 좌우에서 당긴다. 이렇게 하면 불이 빠르게 휘둘리는 곳은 비록 구리 머리에 쇠 이마를 한 사람이라 해도 도랑 속으로 줄지어 들어가지 않을 자가 없을 것이다. 하지만 아래쪽 들보 뒤쪽에 방패목을 매달아, 화차를 굴리고 노끈을 잡아당기는 사람을 보호해야 한다.

---

71 유녀(襦衵)는 배의 누수를 옷가지로 막는다는, 즉 환난을 미리 대비하는 계책을 뜻하는 유녀(襦衵)와 같은 말로 보인다. 《주역(周易)》, 〈기제괘(旣濟卦)〉, '육사(六四)'에 "배에 물이 스며들 때 옷과 헌 옷을 준비해두고 종일토록 경계한다.[襦有衣衵, 終日戒.]"는 말이 있다. 여기서는 솔기름을 묻힐 헌 옷가지 따위를 이르는 듯하다.

72 앞서 《상두지》 권2의 '솔기름' 조목에서 "솔기름은 명송을 가열하여 얻는다.[松濡槽取明松膏也.]"라고 했다.

빙차설과 빙차도설 [冰車竝圖說]⁷³

빙차설(冰車說)

손님이 주인에게 물었다. "지금 오랑캐의 요사스러운 기운이 하늘에 가득하여 서로의 병사가 심하(深河)에서 짓밟히고, 우리나라를 쳐들어온 군대의 예봉이 평산 땅에 이르렀습니다. 고려 때는 의주(義州)의 경내에 인주(麟州)와 포주(抱州) 등 두 고을이 솥발처럼 서 있던지라 경계가 엄격하고 군대의 진용이 웅장했습니다. 하지만 지금은 의주 한 고을만 홀로 남아 고단하고 약하기 짝이 없습니다. 조정에서는 제가 감당할 만한 재주가 아닌 줄을 알지 못하고 이곳을 막아 지키는 임무를 맡기셨습니다. 어려운 일은 급히 하고 쉬운 일을 양보하는 것은⁷⁴ 의리상 감히 마다할 수 없으나, 어려운 일에 당하여 역량을 발휘함[盤錯利器]⁷⁵은 제가 감당할 바가 아닙니다. 원수께서는 장차 무엇으로 저를 가르쳐주시

---

73 《상두지》 필사본의 권두 차례에는 편목명이 '빙차병도설(冰車竝圖說)'로 되어 있고, 본문의 뒤쪽에는 '빙차(冰車)'와 '도설(圖說)'이라는 편목이 각각 붙어 있다. 번역문에서는 두 종류의 편목을 함께 제시했다.

74 이 말은 《국어(國語)》 권4, 〈노어(魯語)〉에 "현자는 어려운 상황을 해소하고 쉬운 일은 다른 사람에게 양보한다.[賢者, 急病而讓夷.]"라고 한 구절에서 따왔다.

겠습니까?"

주인이 말했다. "오랑캐가 정묘년(1627)에 우리나라를 침략하였지만, 화친을 청하고 바로 물러났던 것은 대개 그 근본이 아직 단단하지 않았기 때문입니다. 황조(皇朝)를 염려하는 의론은 그 뒤였으니, 또한 우리를 떠보려 집적거렸던 것입니다. 지금은 황제의 위세가 그다지 성대하지 않으므로 오랑캐가 천하를 훔칠 마음이 있습니다. 하지만 끝내 감히 그 소굴을 비워두고 서쪽으로 들어가지 못하는 것은, 또한 우리가 그 뒤를 칠까 염려해서입니다. 그 형세가 분명히 두 번만 거병하면 뒤를 끊을 수 있습니다. 오랑캐가 믿는 바는 말입니다. 우리 군사가 겁이 많고 나약함은 천하에 알려져 있습니다. 신묘한 기계가 있어 우리의 단점을 보호하고 적들의 장점을 제압한 뒤라야 온전하게 이길 수 있습니다. 그러지 않으면 지치고 약한 우리나라의 군대와 왜소하고 기운 없는 우리나라의 말, 둔하고 기동력 없는 우리나라의 기계를 가지고 저들의 새로 무장한 준족이나 백전의 경험을 갖춘 날랜 기병과 마주치면 한 번 채찍질하고 한 번 말등자에 발을 올리는 사이에 무너져 싸움이 끝나고 말 것입니다. 조사가 전단에게 이렇게 말했습니다. '오나라의 간장검으로 고기를 베면 소와 말을 자르고, 쇠를 베면 쟁반과 대야를 자

---

75 반착(盤錯)은 반근착절(盤根錯節)의 준말로, 뿌리가 서리고 가지가 엉켜 있는 것처럼 복잡한 일을 가리킨다. 이기(利器)는 이 일을 잘 해결하는 재능을 말한다. 《후한서》 권58, 〈우후열전(虞詡列傳)〉에 "뜻은 쉬운 것을 구하지 않고 일에서는 어려움을 피하지 않는 것이 신하의 직분이니, 이리저리 감긴 뿌리가 뒤엉킨 곳을 만나지 않으면 어떻게 예리한 무기를 구별하겠는가.[志不求易, 事不避難, 臣之職也, 不遇盤根錯節, 何以別利器.]"라는 고사가 있다.

른다. 기둥 위에 대고 치면 기둥이 끊어져 두 도막이 나고, 바위 위에 대고 치면 바스러져 백 조각이 된다.'[76] 이는 그 단점을 보호해준다는 말입니다. 손빈(孫臏)은 하등의 사마(駟馬)[77]를 가지고 여러 공자의 상등 사마와 겨루어 세 번을 치달려 두 번을 이겼습니다.[78] 이것은 그 장점을 제압했다는 말입니다."

손님이 말했다. "그렇다면 원수께서 말씀하신 신기한 기계와 묘한 계책이라는 것이 반드시 마음속에 이미 요량이 있을 듯합니다. 한 차례 듣고 싶습니다."

주인이 이에 말했다. "장군께서 의주로 나아가는 날 먼저 서울의 재주 있고 기술을 갖춘 솜씨 있는 장인의 부류를 모집하고 군문에 쌓아 둔 과거 시험 종이를 달라고 요청하십시오. 의주에 도착한 뒤에는 목재와 구리쇠, 털가죽, 단청 등속을 모아 성 안쪽 구석진 땅에 자성(子城)을 쌓고 공인들을 그 안에 들어가게 하십시오. 식사를 후하게 대접하고 밤낮으로 함께 작업하여 빙차 수백 량과 관마온조(關馬溫趙)[79]의 초상, 범과 표범, 흉악한 짐승[惡獸],[80] 주작과 현조의 형상을 만들어 쌓아

---

76 앞의 '무쇠검' 항목에 그 내용이 자세히 실려 있다.

77 사마(駟馬)는 네 마리 말이 끄는 수레를 말한다.

78 중국 전국 시대의 병법가 손빈(孫臏)이 제나라에서 전기(田忌)의 식객으로 있을 때, 전기가 제나라의 여러 공자(公子)와 천금(千金)을 걸어놓고는 말을 타고 달리며 활쏘기 내기를 하자, 전기의 하사(下駟)는 상대의 상사(上駟)와, 전기의 상사는 상대의 중사(中駟)와, 전기의 중사는 상대의 하사와 맞붙도록 해 이긴 일을 이른다.

둡니다. 겨울이 깊어 얼음이 꽁꽁 얼기를 기다렸다가 압록강 동쪽에 얼음 울타리를 여러 겹으로 세웁니다. 강물을 길어다 얼음 표면에 부으면 하루에 1척의 두께를 더할 수 있습니다. 눈이 내리면 또 물을 더 붓습니다. 힘써 강 절반의 동쪽을 모두 은빛 바다[銀海]⁸¹처럼 환하고 매끄럽게 만든다면 또한 찬란하지 않겠습니까? 오랑캐의 기병이 강 건너에 나타나면 빙차와 여러 물건을 울타리 안으로 옮겨둡니다. 오랑캐는 반드시 대포로 먼저 얼음 울타리를 시험해본 다음 강을 건널 것입니다. 그들이 꽁꽁 언 얼음 위로 잔뜩 몰려올 때를 기다려 빙차 한 대당 두 사람이 밀고 나갑니다. 이 두 사람은 4개의 톱니가 있는 나막신을 신는데, 톱니 끝에 못을 박아둡니다. 한 대의 빙차 안에는 네 사람을 배치합니다. 한 사람은 위층의 뒤쪽에서 사람 모양의 꼭두각시를 놀립니다. 한 사람은 그 앞에서 짐승 모형의 목구멍과 입 사이로 나팔을 불어댑니다. 두 사람은 아래층에서 거도와 구겸을 씁니다. 이렇게 총 6명입니다. 모두 짐승 모양으로 판옥을 만들기 때문에 그 크고 화려하며 웅장한 것을 마다하지 않습니다.

장군께서는 생각해보십시오. 이곳에서 적을 죽이려면 어떻게 해야

---

79 관마온조(關馬溫趙)는 중국 도교의 4대 원수(元帥)를 말한다. 조선과 중국에서는 전장에 진(陣)을 칠 때 4방에 홍(紅)·남(藍)·백(白)·흑(黑)색의 기를 설치했는데, 홍신기에는 관우(關羽), 남신기에는 온경(溫瓊), 백신기에는 마영요(馬靈耀), 흑신기에는 조현단(趙玄壇)의 화상을 그렸다. 혹은 《삼국지(三國志)》의 관우·마초·여포·조운을 이르기도 한다.

80 악수(惡獸)는 태어나자마자 아비를 잡아먹는다는 전설 속의 동물인 경(獍)을 가리킨다. 생김새는 범과 비슷하나 몸집은 더 작다. 어미를 잡아먹는다고 알려진 올빼미와 함께 효경(梟獍)으로 불리며, 불효나 배은망덕의 대명사로 쓰였다.

81 은해(銀海)는 고대 중국에서 임금의 능 안에 수은으로 강과 바다를 만든 것을 말한다. 《사기》, 〈진시황본기(秦始皇本紀)〉 및 《한서(漢書)》, 〈초원왕전(楚元王傳)〉 등에 보인다.

하겠습니까? 압록강이 꽁꽁 얼면 이는 천고에 으뜸가는 싸움터입니다. 관마온조의 기병에 범과 표범, 흉악한 짐승의 형상을 붙이면 이는 천고의 으뜸가는 기이한 경관입니다. 거도와 구겸 또한 말 다리를 자르는 데 으뜸가는 신묘한 기계입니다. 매끄러운 얼음 위를 한 번은 위에서, 한 번은 아래에서 가로로 부닥치며 곧장 들이친다면 뜻대로 되지 않음이 없고 빠르기는 바람과 같을 것입니다. 이런 경우 사람은 위에서 놀라고 말은 아래에서 겁을 먹게 됩니다. 거도와 구겸은 말다래[障泥]와 안장 사이에서 공을 세우기에 제격입니다. 하물며 오랑캐의 말은 말굽은 큰데 편자는 없어 얼음 위에서 무서워 떠니, 비록 가로누운 풀의 미약함도 오히려 견디기 어렵거늘 하물며 거도와 구겸으로 공격하는 것이야 말해 무엇 하겠습니까? 또 한 사람이 조심스레 천천히 가더라도 얼음 쪼개지는 소리가 하늘을 울리고 땅을 뒤흔들 것입니다. 이제 수십 대, 수백 대의 빙차를 교대로 치달리게 하여 수천, 수만의 갑마(甲馬)를 쳐서 거꾸러뜨린다면, 거록(巨鹿)[82]과 곤양(昆陽)[83]의 전투 소리도 이보다 더하지는 않을 것입니다. 또 만약 주작과 현조에게 큰 꽁지깃을 둘러 붙이고 빙차 위에 앉힌 다음 등과 가슴 사이에 대포를 숨겨 거꾸로 쳐서 내보낸다면 지나는 곳마다 삼군을 짓뭉개고 말의 다리를 모두 없앨 수 있을 것입니다. 위로는 오랑캐의 임금을 사로잡고 아래로는 여러

---

82 거록전투(巨鹿戰鬪)는 중국 진(秦)나라 말기에 하북성의 거록에서 초(楚)나라 항우(項羽)가 진나라의 군사를 무찌른 싸움이다. 초나라 군사들이 부르짖는 소리가 천지를 뒤흔들었다고 한다.

83 곤양전투(昆陽戰鬪)는 중국 전한 때 왕망(王莽)이 세운 신(新)나라 말년에, 신나라와 반란 세력인 녹림군(綠林軍)이 중원 지구에서 벌인 결전을 이른다. 뒤에 후한의 광무제(光武帝)가 되는 유수(劉秀)가 곤양을 점령하자 왕망의 43만 대군이 곤양을 포위하고 공격했는데, 결국 유수의 녹림군이 승리했다.

추장을 목 벨 수 있을 것이니, 또한 훌륭하지 않겠습니까?"

　손님이 말했다. "빙차는 어떻게 만듭니까?"
　주인이 말했다. "빙차의 바퀴는 초승달 같은 모양입니다. 두 바퀴 사이
거리는 예닐곱 자쯤 되고, 길이는 1장 반으로 합니다. 바퀴의 축이 6개
있는데, 중간에 있는 2개의 축을 거북의 등으로 삼고 2개의 축머리에
바퀴를 넣어 비녀장을 지르고 단단히 고정해 굴러가지 않게 합니다. 바
퀴가 땅에 닿는 부분 1척은 쇠로 감싸고 초승달 부분과 거북등 축 위에
는 모두 널빤지를 깔아 상하층의 다락을 만듭니다. 앞축에는 방패목을
설치하고 뒤축에는 2개의 손잡이를 답니다."

　손님이 말했다. "범과 표범은 어떻게 만듭니까?"
　주인이 말했다. "짐승 형상을 만들 때는 나무로 뼈대를 세우고 짚방석
으로 살을 채우며 노끈으로 힘줄을 만듭니다. 가죽으로 꿰매고 껍질을
입혀 그 네 발을 바퀴 축의 겨드랑이에 드리워 아래층의 판에 앉힙니다."

　손님이 말했다. "꼭두각시는 어떻게 만듭니까?"
　주인이 말했다. "꼭두각시는 종이로 거죽을 만들어 볏짚을 감싸고 단
청으로 꾸밉니다. 병장기는 나무로 만듭니다."

　손님이 말했다. "주작과 현조는 어떻게 만듭니까?"
　주인이 말했다. "주작은 높고 현조는 낮은데, 모두 빙차 위에 나무를
써서 장식하되 몹시 견고하고 질박하게 하고, 날개는 높고 꼬리는 낮

아서 꼬리 끝이 땅에 끌리게 합니다. 날개와 꼬리가 바깥을 향한 곳에
는 모두 거도를 품되, 거도의 톱니는 앞쪽을 향하게 합니다. 가운데에
대포를 숨겨두고 대포의 주둥이는 뒤로 향하게 해서, 화약을 동쪽으로
내뿜으면 수레는 서쪽으로 내달립니다. 대저 만곡(萬斛)의 무거운 짐을
실은 큰 배도 대포 한 방에 몇 리씩 물러나니, 하물며 미끄러운 얼음 위
에 놓인 빙차야 말해 무엇 하겠습니까?"

　손님이 말했다. "거도는 옛날에도 있었습니까?"
　주인이 말했다. "앞서 말한 여러 기계가 어찌 일찍이 옛날에 있던 것
을 본떴겠습니까?"
　손님이 물었다. "어떻게 제작합니까?"
　주인이 말했다. "칼날은 길이가 1척 반이고, 너비는 한 치 남짓입니
다. 바깥쪽은 얇고 가운데는 두꺼운데, 뾰족한 부분은 창이 되고 그 양
옆은 톱니가 됩니다. 톱니는 모두 아래쪽을 향하고, 자루는 몇 장의 길
이로 제어합니다. 그 사용법은 전진하거나 후퇴할 때 모두 신속함을 중
요시하는데, 거도로 말의 다리를 자르기 때문입니다."

　손님이 말했다. "옛것에 얽매이지 않았기 때문에 직접 이름을 지었다
고 하나, 거도는 또한 방천극(方天戟)에서 나온 제도가 아닌지요?"
　주인이 말했다. "또 한 가지 기계가 있습니다. 언뜻 들으면 아이들 장
난 같지만, 얼음 위 전투에는 가장 적합하지요."
　"말해줄 수 있습니까?"
　"쇠를 거위알만 하게 주조하여 가운데에 구멍을 냅니다. 두 길의 새

끼줄을 그 구멍에 꿰어 한 길 길이의 장대에 묶습니다. 3명의 병졸이 엄심갑(掩心甲)을 걸치고 톱니 넷을 박은 나막신을 신고서 저들의 기병을 감당하게 합니다. 병졸 두 사람은 2개의 철퇴를 가지고 말 위의 사람을 어지러이 치고, 나머지 병졸 하나는 얼음 위에 철퇴를 휘둘러 말의 다리를 묶어서 제압한다면 뜻대로 되지 않음이 없을 것입니다."

손님이 말했다. "얼음 울타리가 대포를 맞고도 끄떡없을까요?"
주인이 말했다. "얼음 구멍을 뚫어 큰 나무를 빗살처럼 꽂아 촘촘하게 늘어세워 묶습니다. 그 허리에는 차꼬목으로 얽은 바자를 간격을 두어 세워 세 겹으로 에워쌉니다. 상대편 언덕과 마주한 곳의 목책을 세 겹으로 한다면 바자는 마땅히 아홉 겹이 될 테니, 비록 서양의 홍이포라 하더라도 이를 쳐서 뚫을 수는 없을 것입니다."

손님이 말했다. "빙차는 압록강에서만 사용할 수 있습니까?"
주인이 말했다. "어찌 다만 꽁꽁 언 강에서만 쓰겠습니까? 서로의 천리 사이에는 산마루와 고개가 곳곳에 바둑돌처럼 있으니, 내가 여기에도 설치하려 합니다."

손님이 말했다. "얼음과 산마루는 전혀 다른데 빙차를 어찌 똑같이 쓸 수 있을는지요?"
주인이 말했다. "말로 하면 깁니다. 다음의 도설(圖說)에 자세히 나와 있습니다."

도설(圖說)

서로 천 리의 사이에 양옆 각 5리까지는 전지에 대한 세금을 면제해준다. 네모 또는 사다리꼴 모양에 따라 모두 양쪽 경계 사이에 오개의 지망법처럼 깊은 도랑을 파서 오랑캐의 기병이 다른 길을 통해서는 들어올 수 없게 한다. 서로는 비록 길이 곧고 평탄하다고 말들 하지만, 고갯길은 간혹 구불구불 굴곡진 곳이 있으니 이제 비단을 펼친 것처럼 길을 닦아야 한다. 길의 양옆은 모두 도랑을 파는데, 깊이와 너비가 한 자 남짓 되게 한다. 길의 양옆에 도랑과 몇 자쯤 거리를 두고 각각 2개의 궤도를 낸다. 빙차의 바퀴에 꼭 맞게 써서 물을 부어 얼린다. 좌우 양쪽의 궤도는 무릇 네 줄인데, 서로의 간격이 조금도 어긋나서는 안 된다. 두 대의 빙차를 가져다 합쳐서 한 줄로 만드니, 그 사이의 간격이 몇 장인지는 굳이 한정할 필요가 없다. 다만 길의 넓고 좁음을 살피면 된다.

그 배열 방법은 좌우 빙차의 월현목(月弦木) 위에 각각 횡량(橫梁) 6개를 두고, 월륜(月輪)의 4개 횡축(橫軸)과는 직각으로 한다. 그리고 함선 위에 울타리를 세운 곳처럼 들쑥날쑥하게 한다. 가운데 횡량이 놓인 곳에는 1척의 간격을 두고, 또 길고 곧은 2개의 기둥을 얹는데, 그 길이는 수레의 길이와 같게 한다. 모두 횡량과 더불어 서로 사개를 맞물려 헛돌지 못하게 한다. 가로로 곧은 들보가 얼키설키 우물 정 자 모양으로 놓인 곳에 차례로 4개의 큰 기둥을 세운다. 그 바닥이 곧장 월륜의 4개 횡축 뒤쪽에 난 구멍에 닿게 하고, 앞뒤 횡량에 있는 짧은 기둥에 기댄다. 버팀목의 맨 앞 기둥 윗머리와 조금 뒤쪽 기둥의 허리 사이에 가로로 둥근 구멍을 뚫는다. 세 번째 기둥의 허리와 가장 뒤쪽 기둥의 윗머리에 가로로 네모난 구멍을 뚫는다. 그러고 나서 큰 원목을 가져오는데, 길게 길의 너비를 덮을 만한 것이 2개다. 이것을 마치 철기의 용두처럼 깎아 좌우 수레 앞 두 기둥의 둥근 구멍에 넣어 비녀장을 꽂는다.

질려철을 수천 개 만들어 둥근 나무의 본체에 네댓 줄로 배열한다. 질려철의 발 하나에 못을 박고 나머지 3개의 발을 펼쳐둔 것을 질려량이라고 한다. 가장 앞에 있는 것은 높아서 기병을 막을 수 있고, 조금 뒤의 것은 낮아서 말을 막을 수가 있다. 부딪치면 회전하며 멈추지 않는다. 또 2개의 네모진 목재를 가져다 좌우 수레 뒤쪽 두 기둥의 네모진 구멍에 단단히 끼워 비녀장을 지른다. 또한 하나는 높고 하나는 낮게 해서 빽빽하게 쇠갈고리를 걸어둔다. 한 길 남짓 되는 방패목을 가져다 양 뿔에 각각 쇠고리를 박아서 쇠갈고리에 매는 데 쓰는데, 그 모양은 마치 산누에고치 같다. 또 양쪽 네 기둥 사이에 대나무 노끈으로 붙들어 매어 서로 쪼개지거나 떨어지지 않게 한다. 모두 똑같게 만든 뒤에 발막 두세 칸을 만들어 고개 위에 쌓아둔다. 또 산 아래쪽 평지에 길을 끊어 도랑을 통하게 하고, 도랑 위에는 다리를 설치한다. 다리 아래에는 마른 갈대와 땔감, 유황과 화약 등의 물건을 비축해둔다. 다리 양쪽의 도랑 밖에는 긴 제방을 쌓아 군사를 숨겨둘 수 있도록 한다.

적이 고개 위로 올라오면 고개 위의 군사들은 그들보다 먼저 바퀴 자국에 물을 부어 얼음을 얼리고 빙차를 꺼내와 궤도에 맞춰둔다. 수십 명이 수레를 밀게 하고 수백 명은 병장기를 지닌 채 따라간다. 한 차례 북소리가 울리면 일제히 고개 아래로 떨쳐 내려간다. 만약 날이 따뜻해서 진흙이 녹으면 그 매끄럽고 신속하기가 마땅히 얼음 위를 달리는 것보다 배가 될 테니, 저들의 기병이 고꾸라지고 엎어지는 자가 방패목 아래로 몸을 드러내지 않음이 없을 것이다. 사로잡든 베어버리든 어찌 뜻대로 하지 못하겠는가? 도랑 밖에 숨어 있던 복병은 또 화약의 심지를 가지고 다리 아래에 불을 놓고 제방 위로 올라와 양옆에서 공격한다. 그러면 적은 반드시 말을 버리고 도랑에 몸을 던져 살기를 구할 것이다. 도랑 속에 든 목숨이라면 어찌 우리가 제압하지 못하겠는가? 이러한 때를 당하면 비록 올출의 괴자마가 다시 온다 해도 우리를 어쩌지 못할 것이다.

'고개 위에 쌓아둔다[嶺上儲置]'고 한 대목의 아래에 나각성(螺殼城)에 대한 일단의 의론이 있고, '우리를 어쩌지 못할 것이다[莫如我何]'라고 한 대목의 아래에도 염금문(斂襟門)의 붉은 바람과 불비에 대한 일단의 문답이 있으나, 여기서는 생략한다.

객이 읽기를 마치더니 두 번 절하며 말했다. "대저 이와 같다면 서로의 천릿길이 문득 하나의 죽절탄(竹節灘)일 것입니다.[84] 비록 오랑캐의 기병 1천의 무리라도 발을 뻗을 곳이 없겠군요. 예전 원가(元嘉)[85] 시절에 이 방법을 썼다면 불리(佛貍)[86]의 철마가 어찌 황하의 얼음을 건너

---

84 이 말은 주희(朱熹, 1130~1200)의 시 〈죽절탄(竹節灘)〉에서 "배 아래 맑은 강은 죽절탄인데, 긴 안개 자욱하고 물길은 아득하다. 언덕 끊긴 민가에는 저물녘 볕 좋은데, 강 가운데 나그네는 저물녘에 춥구나.[船下淸江竹節灘, 長烟漠漠水漫漫. 人家斷岸斜陽好, 客子中流薄暮寒.]"라고 한 데서 따왔다. 죽절탄은 대나무 마디처럼 굽이굽이 꺾어져 길게 이어진 여울인데, 여기서는 서로의 곧은길을 대나무 마디처럼 도막도막 빙차로 막을 수 있다는 의미인 듯하다.

85 원가(元嘉)는 중국 남송 때의 연호로, 424~453년에 해당한다.

86 불리(佛貍)는 중국 북위(北魏) 제3대 황제인 태무제(太武帝) 탁발도(拓跋燾, 423~452년 재위)의 아명이다.

남쪽을 짓밟을 수 있었겠습니까? 천보(天寶)[87] 연간에 이를 사용하였더라면 안녹산의 돌격 기병이 어찌 능히 동관(潼關)[88]을 엿보아 서쪽 땅을 유린할 수 있었겠습니까? 위대하고 훌륭하다, 빙차여, 빙차여! 저는 공과 더불어 이 공로를 나누고 싶습니다."

---

87   천보(天寶)는 중국 당나라 현종 때의 연호로, 742~756년에 해당한다.
88   동관(潼關)은 중국의 낙양과 장안 사이의 협곡에 설치된 관문으로, 군사적 요충지였다.

형천(荊川) 당순지(唐順之)의 《무편(武編)》[89]

철(鐵)[90]

택로(澤潞)[91]에서는 철이 난다. 상등(上等)의 철사는 굵기가 메주콩만 한데, 길이는 1장 남짓이다. 공이 가장 많이 든다. 차등(次等)의 철은 조철(條鐵)이니, 가운데에 3개의 눈을 뚫는다. 삼등(三等)은 수지철(手指鐵)이다. 다섯 줄의 무늬를 판다. 하등(下等)은 괴자철(塊子鐵)이다. 철이 나는 곳에서는 조철만 쓰는 데 그친다. 동전 2개에 철이 1근이다.

계주(薊州)[92] 지역은 병기(兵器)가 좋은데, 외고철(桅孤鐵)을 쓴다.

달단족(韃靼族), 곧 서북방 오랑캐들은 쇠를 단련할 때 말똥을 태운

---

89 당순지(唐順之, 1507~1560)는 중국 명나라 때 학자로, 자가 응덕(應德)이고 호는 형천(荊川)이다. 그가 저술한 《무편(武編)》은 당시 문란해진 군대의 기강을 바로잡고자 역대 병서(兵書) 등에서 자료를 종합·편집하여 지은 병법서다. 장수 선발, 군사 훈련, 무기, 계략, 군대 규율 등 군법을 포괄적으로 다루었다. 전집(前集) 6권, 후집(後集) 6권이다.

90 이 부분은 《무편》 전집 권5, 〈철(鐵)〉을 초록한 것이다.

91 택로(澤潞)는 택주(澤州)와 노주(潞州)를 가리킨다. 지금의 중국 산서성(山西省, 산시성)에 있다.

92 계주(薊州)는 지금의 중국 하북성 천진(天津, 톈진)에 있다.

불을 쓴다.

   철에는 생철(生鐵)과 숙철(熟鐵)이 있다. 강철에는 생강(生鋼)과 숙강(熟鋼)이 있다. 생철은 광동(廣東)과 복건(福建) 지역에서 생산된다. 불로 녹이면 금은이나 구리와 주석이 녹아내리는 것처럼 변화하므로 지금 사람들이 두드려 주조하여 냄비와 솥 같은 것으로 만든다. 광동에서 나는 것이 정밀하고 복건에서 나는 것은 거칠다. 이 때문에 광동의 철을 팔면 값을 더 받고, 복건 것은 값이 싸다. 숙철은 복건과 온주(溫州) 등에서 나는데, 운남(雲南)과 산서(山西)와 사천(四川) 지역까지도 모두 숙철이 있다. 들으니 산서 및 사천의 노주(瀘州)에서 나는 것이 몹시 좋은데도 남쪽 사람들은 이것을 쓰는 경우가 드물다고 하니 자세한 것은 알 수가 없다.

   숙철에는 찌꺼기가 많아 불에 넣으면 콩알처럼 녹아 흐르지 않으므로 대장장이들이 대나무 집게로 집어내어 나무 몽둥이로 때려서 덩어리로 만든다. 혹은 죽도를 화로 안에 넣어서 칸을 나누어 꺼낸다. 지금 사람들이 이것을 사용하여 칼이나 총, 그릇 따위를 만든다. 그 이름은 세 가지가 있다. 첫째는 방철(方鐵)이고, 둘째는 파철(把鐵)이며, 셋째는 조철이다. 쓰임새가 정밀한 것과 거친 것이 있지만, 원래는 한 종류에서 나왔다. 대장장이는 만들 때 진흙물로 담금질을 한다. 불에 넣어 몹시 달구면 찌꺼기가 나오는데, 그러면 바로 쇠몽둥이로 이를 내리친다. 이렇게 하면 찌꺼기는 쏟아지고 순정한 철이 모인다. 처음 단련할 때는 색깔이 희고 치는 소리가 탁하다. 오랫동안 단련하면 색깔이 푸르게 되고 소리는 맑아진다. 하지만 두 지역의 철은 백 번 단련하고 백 번 쪼개므로, 비록 천 근이라 해도 또한 한 푼이나 한 냥조차 능히 남는 것이 없다.

생강은 처주(處州)[93]에서 나는데 그 성질이 물러서 서투른 대장장이는 단련하는 것을 어렵게 여긴다. 대개 대장간에서 나온 것에는 쇠똥이나 숯·재·흙 같은 것이 많이 섞여 있다. 게다가 그 덩어리는 거칠고 커서, 솜씨 있는 대장장이만 능히 불기운을 살펴, 빠르지도 않고 느리지도 않게 박자에 맞춰 몽둥이로 내리칠 수 있다. 만약 불기운이 지나치면 찌꺼기가 함께 녹아내리고, 불기운이 부족하면 본체가 미처 녹지 않아 서로 합쳐지지 않는다. 이 강철은 처주에서 나는데, 오직 절동(浙東) 지역에서만 사용한다. 그 밖에 먼 땅의 경우에는 모두 숙강을 사서 쓴다. 숙강은 처주에서는 나오지 않으므로 생철을 숙철 조각과 합쳐 넓은 쇠솥에 담고 진흙을 발라 불에 넣어서 뭉친다. 혹 생철을 숙철과 함께 주조하여 몹시 달궈지기를 기다려 생철이 녹으려 하면 숙철 위에 마찰시켜 스며들게 한다. 이 강철은 두 철을 합쳐서 두 차례 주조하여 단련하는 과정을 거쳐, 다시금 합하여 하나가 된 것이다. 모래흙이나 찌꺼기가 적기 때문에 보통의 대장장이도 쉽게 단련할 수 있다.

사람들은 오래 단련하면 생철은 없어지고 숙철만 남게 되어 그 성질이 부드럽다고 말하지만, 그렇지는 않은 것 같다. 대개 생철은 백 번을 불려도 갈라지는 것이 몹시 적다. 숙철은 한 번 불릴 때마다 갈라지는 것이 아주 많다. 없어지는 것과 남은 것이 어느 것이 더 많고 어느 것이 더 적은지 알지 못한다. 사람들은 단강(團鋼)[94]과 구강(久鋼)[95]이 무르다

---

93 처주(處州)는 지금의 중국 절강성(浙江省, 저장성) 지역에 있다.

고 하는데, 성질이 부드럽다는 주장과 상반된다. 이 두 강철은 오래 단
련하면 그 형질이 가늘고 기름지며 소리가 몹시 맑다. 하지만 오래 단
련한 철은 소리가 비록 맑기는 해도 강철에는 미치지 못한다. 첫째로,
먼저 모철(毛鐵)[96]을 가져다 덩어리별로 화로에 떨궈 넣는다. 불기운이
조금 붉어질 때 집게로 집어내어, 볏짚의 재를 써서 철의 본체에 뿌려
다시 화로에 넣는다. 큰 불부채를 부쳐 붉은빛이 피어날 때 붉은 쇳가
루[鐵花]가 마구 날리면 집게로 꺼내 이를 두드려 판자로 만든다. 나아
가 강철을 종횡으로 새기고 뚫어 그 위에 무늬를 깊게 넣는데, 그 무늬
는 모두 떨어져 있다. 세 차례에 걸쳐 횟수를 나누니, 처음에는 한 차례
불리고, 두 번째는 둘을 하나로 합치며, 세 번째는 넷을 하나로 합친다.

재 속에 담가 무늬를 새기는 것은 모두 앞서의 방법과 같다. 이러한
제법을 다 쓰면 그 색깔이 은처럼 희어 더할 나위 없고, 그 소리는 맑아
서 운치가 있다. 이 상태를 가지고 징험할 수 있다.

비용을 따져보면, 복건 지방의 네모진 모철은 손님이 100근씩 살 때
마다 운반 비용을 합쳐 모두 은 9전을 쓴다.

---

94 단강(團鋼)은 중국 북송의 문인인 심괄(沈括, 1031~1095)의 《몽계필담(夢溪筆談)》 권3에서 "세간에
    서 단철이 이른바 강철이란 것이니, 유철을 써서 움푹한 그릇에 담아 생철을 그 사이에 넣고 진흙으
    로 봉하여 단련하여 단철과 합친 것을 단강이라 한다.[世間鍛鐵所謂鋼鐵者, 用柔鐵屈盤之, 乃以生鐵
    陷其間, 泥封煉之, 鍛令相入, 謂之團鋼.]"고 했다.
95 구강(久鋼) 또한 특수강의 일종인 듯하나, 분명한 근거를 찾지 못했다.
96 모철(毛鐵)은 화로에서 막 빼내어 아직 단련 과정을 거치지 않은 숙철이다.

상두지

복건 지방의 조철은 지금 사람들은 못을 만들어 집기를 꾸미는 데나 쓰고, 큰 기계를 만들 때는 쓰지 않는다. 광동 지방의 조철도 지금 사람들은 철사 뽑는 데나 쓸 뿐, 큰 집기를 만드는 데는 쓰지 않는다.

하나. 철을 단련할 때 10근마다 임시로 단련한 쇠 3근을 만든다. 비용을 헤아려보면, 대장장이 5명이 공전으로 2전 5푼을 먹고, 대략 숯값으로 쓰이는 것이 은으로 1전 6푼이다. 단련하여 쇠로 만드는 비용을 합쳐 계산하면, 은 1전 6푼 6리 6호를 써서 철 1근을 얻게 된다. 이것이 대체적인 단련 비용이다. 칼이나 총을 만드는 것은 공전이 더해지고 쇠가 더 쓰인다. 이것은 상황에 따라 한 건 한 건 살펴보아야 능히 값을 정할 수가 있다.

하나. 제련한 강철은 1근에 은 2전 값을 쳐주는데, 갑옷미늘을 만들수 있다. 은이 3냥어치는 되어야 좋은 칼을 만들 수 있다.

하나. 폐단이 있으니, 기계를 만들어 팔 때 관에서 정한 가격은 어느정도 여유가 있지만, 안에서 만드는 것을 감독하는 인원과 작업 공정을 진행하는 자들이 조금씩 이익을 가져가는 것이다. 이 때문에 높은 값을 들이고도 질 낮은 물건을 얻고 만다. 철과 강철은 단련한 것이 정밀한지 정밀하지 않은지가 금이나 은처럼 빛깔로 살펴 헤아릴 수 있는 것이 아니다. 예전에는 단지 통상적인 제도에 따랐으므로 만드는 데에 항상 폐단이 많았다. 철을 제련하는 데도 폐단이 있으니, 손을 대어 탄을 훔치기가 더욱 쉬웠다. 조잡한 철을 가리켜 정련된 철이라 하면서, 조잡한 철로 정련된 철과 맞바꾸는 등 못하는 짓이 없었다.

하나. 철을 제련하는 공인은 평소에 써보아 쓸 만한 사람을 구해야
한다. 그래야 서로 이해할 수 있다. 조총을 만들 때는 만드는 데 익숙하
여 요령을 가진 사람을 구해야 하므로 이를 위해 지목하여 뽑는다.

도화(刀花)[97]: 양 뿔, 단회분(煅灰粉),[98] 심수제과(心水提過),[99] 산산초(酸
酸草)[100] 태운 재, 초, 장.

도방(刀方)[101]: 양 뿔, 철석, 요사(碙沙).[102]

97　도화(刀花)는 칼에 무늬를 새기는 것을 말한다. 뒤에 나열된 재료들은 금속을 열처리할 때 냉각제로
　　쓰이는 것들로, 탄소 성분이 스며들게 해서 저탄소강의 표면을 단단하게 만든다. 이 성분들이 칼의
　　표면에 무늬를 만든다.

98　단회분(煅灰粉)은 잿가루로, 양잿물 성분을 말한다.

99　심수제과(心水提過)는 의미가 불분명하나, 청산칼리 녹인 물을 뿌려주는 것을 가리키는 듯하다.

100　산산초(酸酸草)는 괭이밥을 가리킨다.

101　도방(刀方)은 칼에 각을 세우는 작업을 말하는 듯하다.

102　요사(碙沙)는 염화암모늄을 가리킨다.

모기령(毛奇齡)[103]의 《후감록(後鑑錄)》[104] 초록

산보(山堡)로 막아 지킬 때 대처하는 방법[山堡防護之法]

석성(石城)이라는 것은 당나라 때 토번(吐蕃)[105]의 석보성(石堡城)을 말한다. 평량(平涼)에서는 천 리나 떨어져 있다. 수많은 산 가운데 있고, 사면이 깎아질러 갈 수 있는 길이 없다. 줄을 매달아 산 서쪽으로 올라가는데, 꼭대기는 평평해서 수천 명을 받아들일 수 있다. 성벽을 둘렀는데 성벽의 높이는 2~3장이다. 수자원이 부족하나 산 틈에 돌우물이 있어 물을 길을 수 있다. 돌우물은 잔도(棧道)와 맞닿았고, 잔도 밖으로 작은 성을 쌓아 이를 보호한다. 앞에는 가파른 언덕이 임하여 있는데, 절벽을 두른 것처럼 높이가 몇 길이나 된다. 그리고 무릇 산의 정면과

---

103 모기령(毛奇齡, 1623~1713)은 중국 청나라 초의 학자다. 자가 대가(大可), 호는 서하(西河), 추청(秋晴), 제우(齊于) 등이다. 명나라가 망하자 산속으로 들어갔으나, 강희제(康熙帝) 때 조정에 나와 한림원 검토에 임명되었다. 《명사》 편찬에 참여하여 이때의 자료를 기반으로 《후감록(後鑑錄)》을 저술했다.

104 《후감록》은 중국 청조 강희(康熙) 연간에 모기령이 명나라의 역사서에 실린 이자성(李自成)과 장헌충(張獻忠) 등의 농민 전쟁 기록을 항목별로 구분해 정리한 역사서다. 모두 7권이며 《서하합집(西河合集)》에 수록되어 있다.

105 토번(吐蕃)은 당시 티베트 왕국을 이른다.

후면, 양옆으로 모두 성을 쌓았는데, 높이가 2장 5척이다. 저마다 작은 문을 두어 기병 하나가 겨우 지날 수 있다. 성의 둘레는 모두 어지러운 산으로 형세가 몹시 고약하다. 옛사람이 석보성은 험난하고 단단해서 수만 사람이 아니면 이길 수 없다고 말했던 것이다. 만사(滿四)[106]가 일찍이 이곳을 차지하자 성화 4년(1468) 6월에 평량 천호였던 만사가 반란을 일으켜 석성을 차지했다. 부도독 항충(項忠)[107] 등에게 명하여 일곱 갈래의 길로 군대를 나아가게 하여 마침내 만사를 사로잡았다. 그 뒤 적의 무리였던 만홍홍(滿洪洪)과 운화경(云火敬)[108] 그리고 만능(滿能) 만사의 조카다. 등이 청산동(靑山洞)으로 들어가니, 항충이 불을 써서 연기를 피워 모두 사로잡아 마침내 석성을 평평하게 깎아버렸다.

돌대포에 주술을 걸 때[109] 막는 방법[石礮厭禳之法]

숭정 9년(1636)에 이자성(李自成)[110]이 저주(滁州)에 있을 때 산 둘레에

---

106 만사(滿四)는 본명이 만준(滿俊)이다. 중국 명나라 말기 섬서성 고원(固原) 지역의 토추(土酋)로, 1468년 반란을 일으켰다.

107 항충(項忠, 1421~1502)은 중국 명말 절강 가흥(嘉興) 출신으로, 1468년 군무(軍務)를 총괄하여 만사의 반란을 진압했다.

108 만홍홍(滿洪洪)은 《삼조성유록(三朝聖逾錄)》에는 만홍박(滿洪璞)으로 나온다. 만홍박과 운화경은 모두 만사의 부하로, 청산동에 숨어 들어가 항충의 군대에 대항했다.

109 염양(厭禳)은 주술로써 재앙이나 액운을 물리치는 것으로, 압승(壓勝)이라고도 한다.

110 이자성(李自成, 1606~1645)은 중국 명나라 말기 농민 반란군의 지도자다. 1644년 대순(大順)을 세우고 스스로 황제의 자리에 올랐다. 북경을 함락시켜 명나라를 멸망시키기도 했으나, 끝내 오삼계(吳三桂)와 청나라의 연합군에 패하여 청군에 쫓기던 중 살해되었다고 전한다.

군영을 세워 비늘처럼 두른 것이 백여 리나 되었다. 행 태복경(太僕卿) 이각사(李覺斯)[111]와 지주(知州) 유대공(劉大鞏)[112]이 백성을 독려하여 성 위로 올라갔다. 적들이 길을 백 갈래로 나눠 에워싸 공격하였지만 함락 하지 못하였다. 성 머리에 화륜과 큰 대포를 설치하여 적을 죽인 것이 셀 수 없었다. 적들이 몹시 분이 나서 부녀자 백여 명을 발가벗기고 어 지러이 범했다. 음행을 마치고는 그 머리를 자르고, 성벽을 향해 둘러 세워 발꿈치를 거꾸로 하여 묻어 여자들의 아랫도리[下私]를 드러내놓 고 대포에 주술을 거니, 대포가 터져버렸다. 이에 유대공이 변기[圊牏] 수백 개를 가져다 그 숫자대로 성벽 밖에 매달아 대포를 향하게 하고, 인하여 발사하였다.

이정의 안설: 하사(下私)는 음호(陰戶)를 말한다. 청투(圊牏)는 화장실 의 디딤판[厠板]이다.

끈과 기둥으로 성을 무너뜨리려 할 때 막는 방법[絚柱拆城之法]

숭정 14년(1641), 이자성이 개봉부(開封府)[113]를 포위했다.[114] 개봉은 옛 송나라의 도읍으로 금나라 사람들이 다시 세웠는데, 성의 두께가 10장

111　이각사(李覺斯)는 중국 명나라 말기의 관료로 순천부윤(順天府尹), 형부상서(刑部尙書) 등을 지냈다. 저주에서 이자성의 군대를 격파했다.

112　유대공(劉大鞏)은 중국 명나라 말기의 관료로 예부낭중(禮部郎中) 등을 지냈다. 이각사와 함께 저주에서 이자성의 군대를 격파한 바 있다.

이나 되었다. 적이 성을 공격할 때 운제(雲梯)나 충차(衝車)[115] 없이 다만 성을 무너뜨리는 방법을 창안하였다. 1명의 갑옷 입은 군사에게 벽돌 하나를 쪼개게 해서, 성공한 자는 즉시 군영으로 돌아와 갑옷을 벗고 쉬게 하였다. 다 쪼개어 구멍을 뚫으면 처음에는 한 사람이 들어갈 정도인데, 점차 10명, 100명에 이른다. 차례로 흙을 삼태기에 담아 내온다. 흙기둥 하나에 굵은 끈을 묶어두고 끈과 기둥 사이에 1만 명이 끈을 등에 지고 서서 기둥을 무너뜨린다. 이렇게 하면 한 차례 외치기만 해도 성이 무너진다. 개봉은 수비가 견고하여 매번 구멍을 뚫을 때마다 적을 향해 독초 연기를 피워대니, 당하는 자가 살이 타고 문드러졌다. 성 위에서는 화살과 대포를 일제히 쏘아 적의 장수 상천룡(上天龍) 등을 죽였다.

불을 뿜어 성을 공격할 때 대처하는 방법[火進攻城之法]

이자성이 개봉을 포위하자 (중략) 총병(總兵) 진영복(陳永福)이 강한 쇠

---

113 개봉(開封, 카이펑)은 중국 하남성(河南省, 허난성) 북동부의 도시다. 변경(汴京), 변량(汴梁), 대량(大梁)이라고도 한다.

114 중국 명말 개봉부의 관리 이광전(李光壂)은 이자성의 군대에게서 도시를 수비한 과정을 기록한 《수변일지(守汴日誌)》를 남긴 바 있다. 이에 따르면 이자성 군대는 1641년 2월 처음으로 개봉을 습격했으며, 2차 공격은 같은 해 12월, 3차 공격은 이듬해인 1642년 4월에 이루어졌다. 1642년 9월 이자성군은 수공(水功) 작전으로 마침내 개봉을 함락시켰다고 전한다.

115 운제(雲梯)와 충차(衝車)는 성을 공격하는 무기다. 운제는 성벽을 기어오르기 위한 긴 사다리를, 충차는 성문이나 성벽을 무너뜨리기 위한 수레를 말한다.

뇌를 당겨 자성의 눈을 맞추었다. 적들이 몹시 분개하여 성이 무너진 곳으로 나아와 화공법(火攻法)을 시험하였다. 화약을 독 안에 담아 성에 패인 구멍에 채운다. 불을 붙이면 독이 터지니 이름하여 대소방병(大小放迸)[116]이라 한다. 이때가 숭정 15년(1642) 2월이었다. 적장이 불을 붙여 터트리기에 앞서 이렇게 명을 내렸다. "오늘 반드시 정예 기병을 뽑아, 성을 에워싸고 발을 구르며 소리를 지르다가 성이 무너지기를 기다려 일제히 에워싸 들어가라." 하지만 성의 흙은 안쪽은 견고하고 바깥쪽은 가벼워 불을 뿜자 도리어 반대편으로 들이쳤다. 재와 흙이 가득하여 하늘에 자욱하니, 이자성의 수천 명 기병이 섬멸되었다. 적이 놀라 달아났다.

뇌석(擂石)과 곤목(滾木)[117]을 쓸 때 막는 방법[擂石滾木之法]

숭정 7년(1634), 이자성이 달아나 흥평(興平)의 거상협(車箱峽)으로 들어갔다. 거상협은 사방에 산이 서 있고, 가운데로 40리를 뻗어 있어 달아날 길이 없었다. 토병이 뇌석(擂石)과 곤목(滾木)을 써서 담장처럼 에워싸고 내려다보았다.[118]

---

116 중국 명말청초의 문인 오위업(吳偉業, 1609~1671)의 《수구기략(綏寇紀略)》 권9, 〈통성격(通城擊)〉에서도 동일한 기록을 확인할 수 있다.

117 뇌석(擂石)과 곤목(滾木)은 둥글게 깎은 돌과 나무로, 성을 방어하는 도구다. 주로 높은 곳에서 아래에 있는 적을 향해 내려뜨려 공격하는 방식을 취하지만, 뇌석은 투석기를 이용해 멀리 있는 적을 공격하기도 했다.

성화(成化) 원년(1465)에 대등협(大藤峽)의 오랑캐 후대구(侯大狗)[119]가 난을 일으켰다. 대등협은 심주(潯州) 만산(萬山) 안에 있다. 좌첨도어사 한옹(韓雍)[120]에게 명하여 여러 갈래 길로 나란히 진격하자, 적은 계주(桂州) 횡석산(橫石山)의 사당(寺塘)[121]에 모여들어 험지에 기대어 울타리를 세우고 힘껏 대등협 남쪽으로 나가 막았다. 뇌석과 곤목, 표창 등을 준비하고 화살을 비 오듯 쏟아냈다. 관군이 산을 올려다보며 공격하느라 한옹이 더욱 다급하게 싸움을 독려하였다. 장졸들이 방패[圍牌]와 파산호(扒山虎), 압이파(壓二笆)[122] 등 여러 도구를 사용하여 물고기를 꿰미 꿰듯 나아갔다. 모두 죽기를 각오하고 싸우니 함성에 산골짜기가 찢어질 듯하므로, 적이 기세를 잃었다. 이에 불을 놓아 목책을 태우고, 그 기세를 타고 두루 여러 산채를 부수니, 적이 궤멸하여 횡석의 여러 절벽으로 들어갔다. 한옹이 군대를 독려하여 끝까지 추격하며 산을 쳐서 길을 내니, 여러 날을 가서 그 땅에 이르렀다. 적이 9층의 벼랑으로 올

118　이 대목까지가《후감록》에서 인용한 것이고, 이하의 내용은《만사합지》에서 끌어온 것이다.

119　후대구(侯大狗)는 중국 명나라 말기 광서(廣西) 대등협(大藤峽) 지역에서 일어난 요족(瑤族) 반란군의 지도자다. 성화 원년(1465)에 한옹(韓雍), 조보(趙輔) 등에게 토벌당해 이듬해에 처형되었다.

120　한옹(韓雍, 1422~1478)은 중국 명나라 말기의 관리로, 자가 영희(永熙)고 시호는 양의(襄毅)다. 여러 지역의 어사(御史)와 제독(提督)을 지냈다. 성화 원년에 병부상서 왕횡력(王竑力)의 추천으로 좌첨도어사가 되어 대등협의 반란을 진압했다.

121　사당(寺塘)은 절 아래 쌓은 제방을 가리키는 듯하다.

122　파산호(扒山虎)는 담쟁이덩굴인데, 담쟁이덩굴의 잎이 벽을 타고 기어오르듯 성벽을 찍어 타고 오르는 발톱 모양의 도구를 가리킨다.《어유당전서보유》의〈민보의〉, '민보수어지법(民堡守禦之法)'에서도 "明末流賊, 皆據山寨, 官軍攻之, 必用鐵貓·爬山虎等物, 以挖城根, 不然, 用大砲擊碎, 不然, 火薰之."라며 파산호를 언급한 바 있다. 압이파(壓二笆)는 2개의 큰 발톱이 달린 도구로, 성벽을 타고 오르는 데 쓰인 것으로 보인다.

라가 맞아 싸웠다. 앞쪽에 큰 목책을 세우고 천 근의 뇌석을 써서 하늘 꼭대기에서 굴려 내리자 소리가 마치 우레와 같았다. 쇠뇌까지 비 오 듯 쏘아대니 당해낼 수가 없었다. 한옹은 적에게 마구 쏘도록 유도하면 서, 병사를 시켜 사잇길을 따라 몰래 꼭대기로 올라가게 한 후 포탄이 다 떨어지기를 엿보니, 적이 크게 놀랐다. 한옹이 죽기를 각오한 군사 를 이끌고 큰 도끼로 나무를 베고 넝쿨을 당기며 올라가자 행렬이 앞 뒤로 개미 떼처럼 이어졌다. 온 산을 떨쳐 친 뒤에 불화살을 쏘아 목책 을 태우니, 적이 크게 달아났다. 이 한 조목은 《만사합지(蠻司合誌)》[123]에 나온 다. ○ 또 가정 18년(1539)에 만달(萬達)이 여러 요족(瑤族)을 공격하여, 적들의 요충 지에 설치된 질려와 고렴(菰蘞),[124] 뇌석과 곤목 등을 모두 제거하였다.

---

123 《만사합지(蠻司合誌)》는 모기령의 저술로, 중국 명나라 때의 토사(土司), 즉 소수민족 관련된 여
     러 사건의 전말과 이들의 풍속 등을 다루고 있다. 총 15권으로, 《서하합집》에 함께 수록되어 있다.
124 고렴(菰蘞)은 줄풀이나 가위톱처럼 가시가 많은 식물을 본떠, 군대의 행진을 방해하기 위해 설치하
     는 무기의 종류로 보인다.

《만사합지(蠻司合誌)》 초록

쇠갈고리와 파산호로 낭떠러지를 타고 오르는 방법[鐵貓爬山虎緣崖之法]

정덕(正德) 11년(1516) 아방(阿傍)과 아개(阿皆), 아혁(阿革) 셋은 추장의 이름이다. 등이 향로산(香爐山)¹²⁵을 근거지로 삼고 왕을 일컬었다. 산은 청평위(淸平衛)의 경계에 있다. 이에 총병관 이앙(李昻) 및 호광안무 진금회(秦金會)가 적을 소탕하자고 주청하였다. 하지만 향로산이 험한지라 백 번을 공격해도 항복시킬 수가 없었다. 이에 새끼줄로 만든 사다리와 쇠갈고리 및 파산호 등 여러 도구를 두루 만들었다. 선위사 팽구소(彭九霄)와 팽명보(彭明輔)¹²⁶ 등을 독책하고 정예의 군대를 엄선하였다. 벼랑을 타고 올라가 목책을 뽑고 불을 놓아 적의 소굴을 불태우고 적의 우두머리인 아방 등을 참하였다.

---

125 향로산(香爐山, 샹루산)은 지금의 중국 귀주성에 있다. 사방이 바위 절벽으로 둘러싸여 산 모양이 마치 향로와 같다 해서 이름을 얻었다. 묘족(苗族)이 특별히 신성하게 여긴 산이다.

126 팽구소(彭九霄)와 팽명보(彭明輔)는 중국 명나라 무종 연간 호광(湖廣) 지역의 토관(土官)이다.

줄사다리와 갈고리, 노끈으로 원숭이처럼 올라가는 방법[輭梯鉤繩猿扳之法]

도균부(都勻部)[127]의 묘왕 아향(阿向)이라는 자가 자주 개구돈(凱口囤)을 점거하여 난을 일으켰다. 가정 15년(1536)에 조서를 내려 순무 진극택(陳克宅)[128]을 파견하니, 그 지역 출신 한병(漢兵) 3만 명을 선발하여 개구돈 아래에 집결시켰다. 개구돈은 예전에 몹시 험준한 곳이었다. 적이 요해처를 되찾아 쇠뇌를 쏘는 다락을 설치하고 돌을 쌓아 막아 지키니 석 달을 공격하였지만 이기지 못했다. (중략) 이에 토관 안만전(安萬銓)을 시켜 원숭이처럼 잘 기어오르는 장사를 모집해서, 한밤 우레가 치고 비가 올 때를 틈타 쇠갈고리를 손과 발에 묶어 마치 손톱과 발톱처럼 하고서 벼랑을 타고 나무를 더위잡아 올라가게 했다. 그런 뒤에 줄사다리와 갈고리, 동아줄을 써서 여러 군대가 물고기 꿰미처럼 잇달아 산꼭대기까지 올라가게 했다. 적이 쇠뇌를 쏘고 돌을 던지며 공격했다. 총병 양인(楊仁) 등이 각 군의 초병을 독려하여 위쪽을 올려다보면서 양쪽에서 이를 치게 하였다. 안만전의 군사가 산 뒤에서 치달려 내려와 개구돈의 문을 열고 마침내 아향의 목을 베었다.

127　도균부(都勻部)는 중국 귀주성 중부에 위치한 묘족 마을을 이른다. 지금의 귀주성 도균시(都勻市, 두원시) 일대다.

128　진극택(陳克宅, 1474~1540)은 중국 명나라의 관료로, 자가 즉경(卽卿)이고 호는 성재(省齋)다. 강절(江浙) 여요(餘姚) 사람이다. 우부도어사(右副都御史)를 거쳐 귀주를 순무(巡撫)하고, 총병관(總兵官) 양인(楊仁)과 함께 도균묘왕(都勻苗王) 아향을 공격해 살해했다. 얼마 뒤 소송(蘇松)으로 옮겨 안무했는데, 묘족이 다시 반란을 일으키자 연좌되어 파직된 뒤 죽었다.

죽패, 화준, 속멸[129]을 쓰는 방법[竹牌火罇束篾之法]

천계 원년(1621)에, 사숭명(奢崇明)[130]이 과라족(猓玀族)[131]의 종자이다. 중경 (重慶)을 거점으로 삼아 반역하여 거점으로 삼은 것이다. 기세를 타고 성도 (成都)로 향하였다. 좌포정사(左布政使) 주섭원(朱燮元)이 성 위에 올라 지키면서, 먼저 상사 곤여상(坤汝常)에게 적을 맞아 싸우게 하였다. 지 휘사 상공(常恭) 등이 대포를 걸어놓고 이를 도와 적의 선봉 몇 사람을 죽이니 적이 조금 물러났다. 이튿날 수천 명의 적이 가죽으로 감싼 대 나무 방패로 몸을 가리고서 장차 성을 오르는데 화살과 돌이 아무 소 용이 없었다. 주섭원이 급히 명하여 칠성포(七星砲)와 불화살, 화준을 설치하고 공격하여 수백 명을 죽였다. 저물녘이 되자 적이 갈고리와 사 다리 수천 개를 끼고 성을 오르려고 나아왔다. 주섭원이 사졸들을 경계 시키고 대포를 쏘고 바위를 굴리며 시끄럽게 떠들지 못하게 했다.

동틀 무렵에 보니 쌓인 적의 시체가 성 아래에 언덕을 이루었다. 이 때는 겨울이었으므로 해자의 물이 얼어 있었다. 적이 항복한 백성을 이 끌고 대껍질을 가지고 섶처럼 묶어 해자 위에 신자 보루가 산과 같았 다. 위쪽에 움막을 얹으니 그 모양이 임시 가옥과 비슷하였다. 궁노수

---

129 죽패(竹牌)는 대나무를 엮어 만든 방패고, 화준(火罇)은 도자기 항아리 중간에 구멍을 뚫어 화염병 처럼 사용하는 무기다. 속멸(束篾)은 대나무 껍질을 묶어 만든 더미로, 이것을 해자 위에 쌓아 임시 보루의 기단으로 썼다.

130 사숭명(奢崇明, 1561~1629)은 중국 명나라 말기 사천(四川) 영녕(永寧)의 선무사(宣撫使)로 있다 가 반란을 일으켜 중경을 점거했다.

131 과라(猓玀)는 중국 서남방에 있는 부족 이름이다.

를 매복시켜 위쪽을 보며 성안으로 쏘고 발을 드리워 화살과 돌을 막았다. 주섭원이 밤중에 장사들에게 기름을 바른 섶을 가지고 줄을 타고 내려가게 했다. 지키는 자를 죽이고 불을 놓자, 불이 붙은 산채가 무너져 적이 크게 궁색하게 되었다. 주섭원이 또 사람을 보내 성도의 강과 제방의 물을 터서 해자에 댔다. 해자에 물이 가득 차자 적이 이에 다리를 설치하여 잠깐의 휴식을 얻었다. 적이 또 성의 사면에 망루를 세우니 그 높이가 성과 맞먹었다. 주섭원이 말했다. "적이 망루를 설치하였으니 반드시 사면으로 나와 쳐들어올 것이다. 그 가운데는 텅 비었으리라." 마침내 죽음을 각오한 병사 500명에게 명하여 갑자기 돌격하여 치게 하니 적이 과연 아무 방비가 없었다.

포석(礮石)으로 여공거(呂公車)[132]를 공격하는 방법[礮石呂公車衝擊之法]

천계 원년에 사숭명이 성도를 향해 가니 사숭명은 과라족의 종자로 모반하여 성도를 포위하였다. 좌포정사인 주섭원이 성 위에 올라 지키면서 적과 더불어 서로 맞겨루었다. (중략) 적이 성을 포위한 것이 백 일이 가까워져 오고 한 해가 저물어가고 있었다. 이윽고 적 수천 명이 숲속에서부터 소리를 지르며 나왔다. 살펴보니 배처럼 생긴 물건이 있는데 이름은 한

---

132 여공거(呂公車)는 중국 고대에 쓰인 전차(戰車)로, 임충(臨衝)이나 대루(對樓)라고도 부른다. 전차 안에 갑옷 같은 방어물을 붙인 큰 다락을 세우고 병사가 들어가서 공격한다. 공성전에 많이 쓰였다.

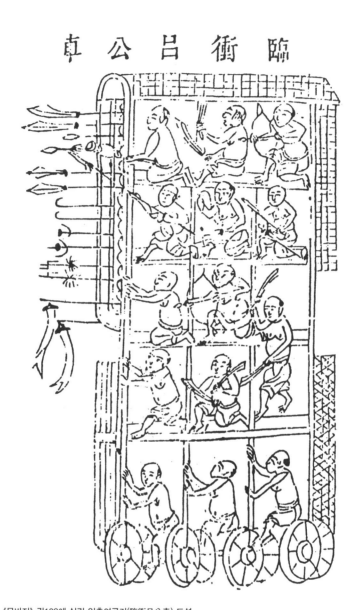

《무비지》권109에 실린 임충여공거(臨衝呂公車) 도설.

《상두지》에 언급된 여공거에는 맨 아래층에 사람 대신 소가 동력원으로 배치되어 있다.

선(斧船)이라 하고, 높이가 1장 남짓이요 길이는 500자였다. 몇 겹으로 된 대자리로 둘러막아 집을 만들었는데, 양옆에 널빤지를 댔다. 그 가운데 역사 100명이 숨어서 독 바른 쇠뇌를 쏘아댔다. 그리고 한 사람은 칼을 짚고 서서 깃발을 세운 소 수백 마리를 몰아 돌 바퀴를 끌고 가게 했다. 방 양쪽에 2개의 운루(雲樓)는 마치 좌우의 광(廣)과 같아 성안을 내려다볼 수 있었다. 주섭원이 말했다. "이것은 여공거(呂公車)다. 이를 깨뜨리려면 포석(礮石)이 아니고는 안 된다." 포석이라는 것은 큰 나무로 기둥을 만들고 기둥 사이에 축을 두어 끈을 돌려 기둥을 운전하는 것이다. 천 균(鈞) 무게의 돌이 총알처럼 날아가 치자 적의 수레가 가까이 오지 못하였다. 이에 몰래 대포를 터뜨려 굴대를 멘 소를 공격하자 소가 두려워하여 반대쪽으로 달아났다. 기세를 타고 군사를 놓아 공격하여 이를 패퇴시켰다.

곡식을 헤아리는 셈판[量穀數板]

문제: 본 고을의 전체 군사가 6,785호(戶)일 때 호마다 곡식 4두 3승 2홉 9작[133]을 나눠준다면 전체 곡식은 얼마가 되어야 하는가?

답: 총 2만 9,372두 2승 6홉 5작이다.

계산법: 6,000호가 각기 4두를 받으면, 4 곱하기 6은 24이므로 2만 4,000두가 됨을 알 수 있다. 또 700호가 각각 4두를 받으면, 4 곱하기 7은 28이므로 2,800두가 됨을 알 수 있다. 나머지도 이와 같다.[134]

십의 자릿수, 즉 올림수를 얻을 때마다 위로 올린다. 칸 밖에 있는 숫자가 답이다.[135]

---

133   두(斗)·승(升)·홉(合)·작(勺)은 모두 부피를 재는 단위로, 십진법의 체계를 가지고 있다. 1두는 10 승, 1승은 10홉, 1홉은 10작과 같다. 작은 기장 1,200알이 들어가는 관의 부피를 이른다.

134   셈판에 숫자를 적어 넣는 방식을 부연하면 다음과 같다. 예를 들어 셈판의 표 바깥 윗부분 왼쪽에서 네 번째에는 '5호'가 적혀 있고, 표 바깥 오른쪽 위에서 네 번째에는 '9작'이 적혀 있다. 5호에게 9작 씩 나누어준다면 총 45작이 되는데, 여기서 구해진 숫자 45를 5호와 9작이 만나는 표 안의 칸 속에 적어넣는다. 이때 십의 자리 숫자인 '4'는 사선의 왼쪽 윗부분에 적고, 일의 자리 숫자인 '5'는 사선의 오른쪽 아랫부분에 적는다. 그 위의 네모 칸은 표 바깥 윗부분의 5호와 오른쪽의 2홉이 만나는 자리로, 5호에게 2홉씩 나누어준 곡식의 양을 적은 것이다. 이를 곱하면 10홉이 되므로, 십의 자리 숫자인 '1'은 사선의 왼쪽 윗부분에 적고, 일의 자리 숫자는 없으므로 빈칸으로 두었다.

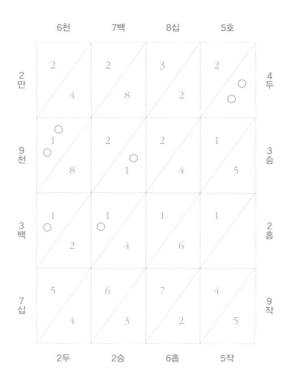

135 셈판에 십의 자리 올림수를 표기하고, 각각의 셈에서 구해진 숫자들을 합산해 답을 구하는 방식을 부연하면 다음과 같다. 셈판 속 '○'가 십의 자리 올림수를 의미하는데, 예를 들어 그림의 표 바깥 오른쪽 위에서 두 번째에 위치한 '3승'부터 표 바깥 아랫부분 왼쪽에서 두 번째 '2승'까지 사선으로 이어지는 표 안의 숫자, 즉 승의 단위에 해당하는 "5, 1, 6, 7, 3"을 모두 더하면 22가 된다. 즉 22승이라는 말인데, 여기서 일의 자리인 2는 사선 바깥쪽 표 아랫부분에 '2승'이라 적고, 십의 자리인 2는 2두로 치환하여 두의 자리에 해당하는 윗부분의 사선 칸 안으로 올려서 적는다. 여기서는 표 바깥 오른쪽 '4두'라고 적힌 부분 왼편의 칸 속에 '○' 두 개로 적어 넣었다. 이 ○ 두 개는 각각 '1'로 계산되어 같은 사선에 위치한 두의 자리 숫자 "1, 4, 1, 4, 6, 4"와 합산된다. 이렇게 산출한 숫자를 표 바깥 사선 왼쪽 아랫부분에 적고는 표 바깥 왼쪽 윗부분에 자리한 숫자부터 표 바깥 오른쪽 아랫부분에 자리한 숫자까지 순서대로 이어 읽으면, 즉 그림의 표 바깥 왼쪽 위에 첫 번째 '2만'부터 표 바깥 아래 왼쪽에서 네 번째 '5작'까지 'ㄴ' 자로 글자들을 이어 큰 단위부터 차례대로 읽으면 "2만 9천 3백 7십 2두 2승 6홉 5작"으로, 본 셈의 답이 산출된다. 다만, 그림 속 올림수 ○를 적어넣은 지점들을 살펴보면 일정한 패턴이 보이지 않는데, 아마도 상단의 사선으로 이어진 같은 칸 안이라면 어디든 적어넣어도 이를 합산하는 데 무방하기 때문으로 보인다.

문제: 만약 백성이 총 6,705호일 때 호마다 곡식 4두 2홉 9작을 나눠 준다면 전체 곡식은 얼마가 되어야 하는가?

답: 총 2만 7,014두 4승 4홉 5작이다.

계산법: 사선으로 경계를 나누는 방법은 10으로 10단위를 올리는 것 이다. 그러므로 중간에 비록 10단위의 숫자가 없더라도 그냥 빈칸으로 둔다. 홉과 작은 있는데 중간에 승의 자릿수가 없으면 빈칸으로 두는 것 또한 같다.

만약 6,005호일 경우 중간에 2칸을 비운다. 만약 4두 9작일 때 2칸 을 비우는 것 또한 같다.

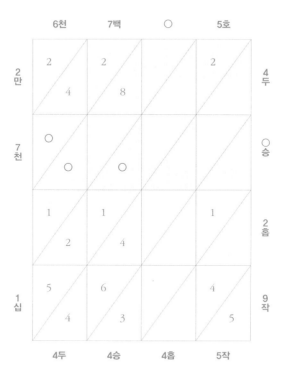

원문

備禦考卷之[1]

屯田制

募屯卒

制屯餼

置城基

築城堞

置屯田

渴烏引水法

龜車說

腰鼓城制

開道設溝法

隱城撥幕

平地設險 三條

城塢

鋸刀

腰鼓砲

扇子砲

噴筒

---

1 이하 차례는 《미산총서》 6책에 수록된 〈상두지〉 필사본 원문의 권두 차례를 그대로 옮긴 것이다. 앞의
번역문에서 교정한 제목과는 일부 차이가 있다.

松滬

水鐵釟

紙甲

朱雀砲

四輪車

三輪車

翼虎牛

玄鳥砲

拐子車

弔橋

火車

三條奇制 銅砲, 連弩, 設橋三條

一統諸論

冰車竝圖說

荊川武編

山堡防護法

石礮厭禳之法

絙柱拆城之法

火進攻城之法

攂石滾木之法

鐵貓爬山虎緣崖之法

輭梯鉤繩猿扳之法

竹牌火罐束篾之法

礮石呂公車衝擊之法

量穀數板

桑土志卷之一

嵋山鄭士郁輯.

夫人之所以參天地, 而爲三才者, 以其有修齊治平之能事也. 然或智不周房闥, 慮不及旿夕. 有或股玩六合, 洞視萬古, 差數而等之, 天亦可梯也. 余家於國之南海之島, 平生所讀書, 不過數十卷, 則眞所謂坐井觀天. 亦曾一再到京城, 縱觀都邑之盛. 宮闕官署街衖, 歷歷然猶能記之. 然自興仁以東, 沙峴以西, 足未嘗踤焉. 以之見之聞, 欲以談天下之大勢, 古今之氣數, 亦已難矣. 第念滄波拍天, 而地脈不斷. 萬象森羅, 星斗可占. 則雖以海隅顓蒙, 論廊廟之所不虞, 亦未爲僭也. 矧今四門洞闢, 九重孔邇, 芻蕘之說, 無間於紸纊之下. 而鯨波之東息, 已二百年. 紅兜之郊天, 亦已百五十禩. 不以此時, 同規合矩, 爲陰雨之備, 徒事黨同伐異. 朝恬暮嬉者, 羣公之計過也. 萬曆間, 茅元儀作武備志, 挾以遊燕, 而當事者莫之應. 李騰芳草遼帥李汶少傅制, 寓虛危之間, 先事之警, 而卒以得罪. 七夕梧葉詩有云: "正如天下亂, 先有一人憂." 此兩人者, 倘所謂先天下之憂而憂者非耶? 憂而言之, 言而不聽者, 非言之者之罪也. 此桑土志一卷, 得於破屋違漏之餘, 弊袍捫蝨之際者爲多. 舍

其所耘, 職思其外, 知我罪我者, 其在斯歟, 其在斯歟. 稍俟秋風乍涼,
早粟可舂, 袖此以往. 先走光範門外, 次告籌司諸公. 如或褒而不採, 則
直到明春園幸之日, 不避犯蹕之罪, 拜呈舟橋之側, 效男子郇模[2]持筐與
席獻三十字[3]故事. 人之病狂, 至於此極, 則庶幾空中有聞而笑之者矣.
癸丑正月上澣書. 公欲託名野人權爲此序以自晦.

屯田制

屯田非古也. 自漢武帝始有孝弟力耕科, 議輪臺屯田未果. 至曹孟德於
許下置屯田, 積穀百萬斛, 所以南征北伐, 無匱粮之患. 操之得天下, 實
用此也. 及丕叡時行之猶不輟. 鄧艾獻議於司馬懿: "移許下屯田於淮
南北, 用五萬人, 十二番休, 可於七年內, 辨十萬兵五年之食. 然後可圖
吳." 懿從之, 竟以滅吳. 先是諸葛武侯, 以運粮不繼, 使己志不伸, 及出
五丈原, 分兵屯田. 耕者雜於渭濱耕民之間, 而民不爲病, 其良法美制,
雖不得詳, 而以數萬羈旅之卒, 深入敵境, 分力於兵農, 然後使敵穴地
縮伏, 不敢正視, 則視曹馬家, 往耕國內者, 爲尤難矣. 唐振武軍轉運使
韓重華, 稅贓吏九百餘人於栖梧中, 給未耜與牛, 使耕其傍便地. 二歲
之內, 盡償所亡失四十萬斛. 重華又請: "募人爲十五屯, 屯置百三十人
而種百頃. 令各就高爲堡, 出入河山之際六百餘里, 屯堡相望, 寇來不

---

2 《상두지》필사본 원문에는 '郇摸'라 쓰여 있으나, 문맥상 '郇模'의 오기로 보아 바로잡았다.

3 《상두지》필사본 원문에는 '三才字'라 쓰여 있으나, 문맥상 '三十字'의 오기로 보아 바로잡았다.

能爲棄, 人得耕其中, 少可以罷漕輓之費." 朝廷從其議. 秋果倍收, 歲省度支錢千三百萬. 重華又來奏曰: "得益開田四千頃. 則盡可以給塞下五城矣. 田五千頃, 法用人七千. 臣令吏於無事時, 督習弓矢. 爲戰守備, 固可以制虜. 庶幾所謂兵農兼事, 務一而兩得者也." 大臣持其議, 韓文公作序送之, 而爲惜焉. 盖嘗論之, 水田之於旱田, 利實倍蓰. 秦之興也, 以鄭白之渠, 所收畝鍾故也. 今考漢魏唐屯田, 未詳爲水爲旱. 然唐宋之際建議者: "以爲梁楚之郊, 無水田, 人不習耕種之法. 請募吳越人習於水田者, 使敎耕種." 云云. 而累世不能行, 則漢魏唐之屯田, 其爲旱田也明矣. 言者猶以爲一人所耕, 當收百石, 則農之利亦大矣. 而水田之利尤大, 何以知之? 唐之劉晏, 理度支也, 天下錢穀, 各六百萬, 前後無及焉. 及宋代, 幅員不及唐遠甚. 然反致十倍之多. 南渡後, 僅保一隅吳越, 而亦不減六萬, 則事實逕庭. 而此皆千水利之益開故也. 由是言之, 雖吳越水利, 到宋南渡以後, 方不遺餘力也. 王介甫嘗欲田梁山濼, 良有以哉. 元初用海賊朱淸張瑄, 開海運, 運東南米百萬斛. 及其季, 以龍衣御酒賜張士誠而求米, 僅得二十萬石. 然則梁楚之郊, 尙未有水田而然耶? 皇明弘武年間, 鄭圃隱, 嘗由登萊朝金陵. 過齊地, 恨不置屯田, 作詩志之, 可想經綸大才, 到底見徹故耳. 萬曆間, 左忠毅公光斗, 爲御史, 力請屯田, 又請倣漢力田科, 以屯人多寡, 爲殿最, 使人自爲田, 又請置屯學, 設博士弟子員, 因屯粮制餼, 於是屯功大興. 鄒忠介元標道見之歎曰: "夫治天下, 豈不以才哉? 人苟有才, 天氣地力, 皆可得以變也. 往三十年, 都人之視藁秸猶扶桑也, 而今畝棲若此." 今按以燕薊之迥絶, 而向也梁楚之累代經營不得, 左公一朝行於燕京而若是易易. 若非眞才實學, 焉能如是? 左公後改督學倣古弓箭社遺意, 敎士習射, 士皆能挽强. 後白蓮教起, 奏功者半出儒生. 此與屯田, 實相表裏. 此等人才, 鋤殺無遺, 明之忽焉. 將誰咎哉? 近時使燕還者言: "豊潤玉田之間, 水草繁茂, 皆可爲水田, 而多爲棄地, 可惜." 槩而想之, 豊玉之地, 距燕京爲不遠, 而視我東兩西, 則猶是西南方, 其可爲水田, 寧顧問哉?

今我東水田, 八路無處無之, 而湖嶺爲最多. 二關爲僅見, 其地勢然也. 兩西, 則水旱田相半, 而終是旱田居多. 此則非地勢也, 亦俗習之難變. 故而旱田所出, 亦不減於水田, 則其土土宜稼可知. 國家若於兩西及畿內沿路撥幕, 築城置屯, 依韓重華左光斗遺制而設施焉, 則西關西四十五撥, 處處爲重防, 而可免胡騎長驅之患. 此實固圉之良法, 而必欲城堡完固, 田場便近然後可論. 無此二件, 則雖有屯卒, 無所施之矣. 二件中城堡, 則可以衆力築成, 至於田場, 須有別般規畫, 乃可設置, 始則越三撥設屯, 已又越二撥設屯, 已又逐撥設屯. 必爲之有漸者, 非但爲一朝改觀, 見疑彼隣之憂, 庶經營勿亟, 竟致財力之屈. 今條列數事, 先易而後難. 庶他日任事者, 有以取考焉.

募屯卒

屯卒須用束伍諸色軍. 曾考蕭廟庚子兵曹都數, 則京畿束伍諸色二萬六千八百, 海西一萬四千八百, 關西一萬四千五百. 今於其零數內, 選其筋力壯健, 習於農作者用之, 亦可取足. 其中如有無家室自願者, 則許爲長番.

制屯餼

凡農家雇奴之法, 壯丁則豫給二兩錢. 夏衣二套, 冬衣一套. 朝夕飯二升, 農則時三升. 故其言曰: "要畜雇奴, 須三十兩." 今若自官役卒, 則給二兩三飯一升, 似屬虛費. 而今屯卒所需釜甑甕盎椀楪之屬, 固靠官備. 至於薑鹽之類, 誰當辦而待者乎. 由是觀之, 制餼宜優不宜涼矣. 然後可責其盡力農事, 有兩公及私之誠矣. 此外又宜有屯圃屯市之設, 人給醬菽三斗鹽五斗. 席一面而藁築長廊以居之. 幷十卒許給一火兵. 如有並妻孥來住者, 亦宜許之.

置城基

西路撥幕, 相距二十五里, 自有尺數. 而旣欲築城, 則因當度其地勢及井泉遠近, 乃可置城. 五里之間, 若有得地利包井泉者, _{地利卽道路平直處.} 則宜有推移前却, 不可膠守舊址而已. 我國築城, 必於高阜. 故有城而無池. 若於平地置城, 則我俯彼仰, 終不可誣, 而可以鑿池而重險. 又施砲則有糜爛三軍之威, 放箭則有貫三連雙之功. 且置城不但宜於平地, 又宜橫截大路, 而城門則設於兩隅. 豫鑿砲穴置大砲, 則敵當於十里內不敢由直路而來, 況環城而攻之耶?

築城堞

我國築城之法, 全無意思. 雖或巍然數丈之高, 尖薄已甚, 內無容足之
地, 女墻不能蔽人身. 京城則猶或及肩, 外方則低在膝下者比多. 旣不
能容足, 又不能蔽身, 守城之人, 何以施放矢石哉. 今旣不用石而土築,
則務令高厚完固, 須依杜氏通典, 城高五丈, 下闊二丈五尺, 上闊一丈
二尺五寸之法.

先定城址, 不可徒令方正而已. 腰鼓及四角紡磚形, 皆可用之. 旣定城
址, 掘開數尺, 築石塡滿. 然後用二丈五尺之狹板, 橫截城址上, 一以爲
城厚之準, 一以爲範土之幹. 束其兩頭, 實土於板間而築之. 然須多取
築板, 櫛比而置之, 衆力俱作, 百杵齊聲. 築堅之後, 抽板而升之, 稍移
前跡, 使前板痕, 正當今板痕之中央, 而前板痕, 則以泥灰三物, 塡築爲
上, 不能則以礓石和泥而築, 乃復塡土板間而築之. 雉堞之外, 則上下
如一, 不宜有殺, 使雉堞內, 可以成列. 通典之法, 上殺於下者半, 恐未
必然.

築城之土, 亦不宜鹵莽取充. 長安城取龍首山土築成, 故赤如丹堅如鐵.
此固天造地設, 不可求得者, 而城之當敵處, 雖不能蒸土築之, 西路土
厚, 求之傍近, 當有堅實異常之土. 或得自解石, 則尤好. 若用造瓦之黏
土, 則築成之後, 積柴齊城而燔之, 亦免雨潦淋削之患. 或云, 碎砆之土,
俗名石飛來. 與石無異. 其亦可試者也. 雉堞則非石灰塗, 無以免雨洗之
患.

城之大小, 則南北二百步, 東西三百步. 屯卒之舍, 皆依城爲長廊. 中間
空蕩處, 移十里內客店居之. 場市之在近者, 亦令移設.

城堞高必一丈, 而城底多置砲樓, 爲第一要務. 盖雉堞者, 只可下臨左右射而已. 砲樓者, 直下城底, 而中空之, 使容人衆. 左右前面, 多作眼穴, 置大砲. 又於其上作樓, 以爲射夫瞭望放箭之所, 而亦要砲穴上有蔭石, 不令敵知其爲砲樓. 若敵來傅城, 則樓下放砲, 樓上放箭. 此所謂糜爛三軍, 貫三連雙者也. 西國法以臺護銃, 以銃護城, 以城護民云者, 亦謂是也. 雖萬雉之城, 可使數百人守之而有餘. 一城不過數十砲樓, 而敵不敢近矣. 但砲樓旣中空而設之. 則城之厚當減五分之四, 必須以石, 或石灰築之然後, 可免敵砲之碎. 曾見扶安, 邊山蟠據百餘里, 全體是一石, 石理如疊紙. 厚薄長廣可以任意撬起. 若以此等石, 盖女墙作樓板. 則永不朽敗.

安砲之法, 須築石墩於樓下城底, 使後有依靠. 前直眼穴, 中如剜筒. 大小長短, 一依砲樣, 高低分寸, 皆須經驗. 使守卒熟知施放之法, 而道路之平陂曲折, 皆以砲穴爲準, 預講敵至某處, 放某字砲. 各有所司, 移易不得, 乃可. 舊法下安天地玄字砲, 上安勝字砲, 而猶恐非西洋紅夷之近製耳.

明末薄珏爲張國維, 製銅爲砲. 於砲上安千里鏡, 篏玻瓈於筒之兩端, 五六十里瞭然在目. 砲發三十里, 三軍靡爛, 而發又無聲. 楊[4]維垣家居俱寇, 以私力置萬人, 敵五百座于城上, 皆不能以此却敵者, 虜之長技, 亦在大砲故耳. 鳥銃出而無猛將, 大砲出而無堅城, 雖不可獨恃吾技, 若遭時運參會, 則雖以一屯城而可以建破敵之功者, 惟砲樓爲然.

西路絛直平易, 少山谿曲折. 置城必於平直之路, 橫截占住, 使前後瞭

4 《상두지》필사본 원문에는 '揚'이라 쓰여 있으나, 문맥상 '楊'의 오기로 보아 바로잡았다.

상두지

望通谽. 砲路便當. 而設砲又不高不低不左不右. 平居時, 於路之左右,

深開溝澮, 令可沒馬, 或引水貯之. 若値有警, 則路傍田場, 皆設地網,

地網作罟溝於地面, 深廣及其間, 平地皆以八尺爲準. 使虜騎, 不得左右而近城

後, 放砲塵之, 雖千萬兵, 必不能支矣.

置屯田

我國無公田. 若欲置屯, 只當買置. 而四十五撥, 跨亘三道之地, 土價

之高下不等, 不可以一規論之, 則只得依中品定價. 以稻一斗種地, 爲

二十兩. 而前輩云:“中國一頃, 爲我國稻田四十斗之地.”今若依韓重華

舊法, 一屯人用百三十, 田用百頃, 則當置稻田四千斗地. 晴案: 此下文多

未詳, 今刪十餘句. 始先以每屯萬兩備田, 置卒五十人爲式, 年年增益, 雖

一屯至二三百人, 無不可矣.

若强買民田, 則民怨滋起, 先以設屯利民之意. 播告於民, 依麗朝均田

之法, 令民三五十結之外, 有剩田者, 告官斥賣, 而自官給公價買. 取其

餘開洑築堰等事, 悉以官力經紀, 以土以錢, 收稅備田.

州縣俸祿本薄, 若干官田, 似不可奪. 然獨西路守令之行樂, 亦已久矣.

有形勢者, 莫不于于然向西. 茫不知恤民報國之爲何物, 日以妓樂爲事.

其弊亦不可不捄, 則兩西官田, 一倂歸之於屯田, 亦可當一隅.

趙重峯東還封事曰:“竊聞各道兵營, 歲留米數千石. 其他布帛積於無用

者, 不可勝數. 況兵曹歲入之布空積者甚多. 若彼爲兵判, 爲兵使者, 有

殉國之志, 無營差之念, 則出此米布, 募飢民, 歲完數城. 殿下又捐內需

之儲, 以補其缺, 則彼爲邊將者, 雖至愚之人, 亦感殿下之至誠." 云云. 此則壬辰前海邊村落, 賊船可迫處築城之議也. 而今此屯田事, 又大於此. 若使各道監兵營及度支兵曹出其贏餘, 以助大役, 則亦一助也.

謹按重峯於壬辰前料壬辰事, 若燭照數計者. 然而其中海邊漁村籬落盛處, 賊船可迫之地, 築城之策, 如是丁寧周至. 伊時朝家, 視作怪鬼之說, 聽若不聞, 已極可惜. 且大臣中盧穌齋守愼, 謫在珍島, 乙卯倭亂時, 避賊于淳昌. 亂定始還. 故其詩集, 亦有海村築城之意. 不十年, 遭穆陵不世之遇, 持國秉政, 幾二十年, 罷相後四年, 而壬辰之亂作, 曾無一事建白. 同時有重峯, 疾聲號咷, 而任其以言獲罪, 不爲之抹解. 不但摧折太甚, 以言爲諱之至此. 岐路東西, 亦不無偏私之橾其中者, 良可慨也.

民有饒於財, 能創立一屯. 或助其半, 或三之一, 自朝家許除邊將, 或仍爲屯長, 或復其子若孫幾人及免罪事, 爲之節目頒喩, 則富民亦當有聞而興者. 至若松都之某某, 平壤之某某, 及州縣之有名大商, 則營門量其財力所及, 使之效力, 而償其勞. 雖官錢買田等事, 亦必委一境之能幹富民, 使之經紀, 仍爲之屯長.

元虞集, 論海運糧曰: "東南運糧, 實竭民力. 今京師之東瀕海數千里, 北極遼海, 南瀕靑齊, 萑葦之場也, 而海潮日至, 淤爲沃壤. 宜用浙人之法, 築堤捍水爲田. 聽富民欲官者, 合其衆, 分以地, 官定其畔, 以萬夫耕, 命爲萬夫長, 以千夫耕, 命爲千夫長, 三年而征其稅. 如是則東南民數萬, 可以衛京師, 可以防島夷, 可以省海運矣." 異議者多, 事遂寢.

漢唐宋以來, 國之大利, 未有不自官管攝者. 魚鹽茶酒之利, 一倂歸于官, 而政細民之困, 亦由於此. 此非有國者之所宜效. 獨茶者, 天下之所同嗜, 我東之所獨昧, 雖盡物取之, 無榷利之嫌, 政宜自國家始採, 而嶺南湖南處處有茶, 若許一斗米, 代納一斤茶, 或以十斤茶, 代納軍布, 則數十萬斤, 不勞可集. 舟輸西北開市處, 依越茶印貼之價, 一兩茶取二錢銀, 則十萬斤茶, 可得二萬斤銀, 而爲錢六十萬. 不過一兩年, 而可置四十五屯之田矣. 別有茶說, 附見于下.

渴烏引水法

水利旣大, 而江邊高仰之田, 雖有咫尺洪流, 不得蒙其潤, 爲可惜. 泰西諸水器中, 龍尾玉衡, 俱極巧妙. 未有說渴烏者, 故今詳著于此. 苟能行是, 則只用臨津碧瀾大同淸川四大川, 而可令四十五屯, 皆成金湯. 用漢江錦江洛東南江屯置營山六大川, 而湖嶺諸鎭及海村要害處, 皆可得以城矣.

渴烏者, 從高吸水之器也. 漢靈帝用銅數十萬斤, 造翻車渴烏者是也. 全體用銅同好, 然今只用銅爲吐納二筒及中間折水一筒. 而其餘則以竹筒, 通節續之, 亦可用矣. 吐納折水筒, 皆長二尺. 而納筒之樣, 如眞書以字之乚. 吐筒之樣, 如諺字之ㄱ. 折水之樣如竺書卍字之乚, 而微低乚之始處以應乚之礫處. 吐筒之上節, 折筒之兩端, 皆爲層節. 如烟筒之合竹處. 如用一圍竹, 則層節之受竹處, 加二指, 其餘依本竹一圍之準, 層節長七八寸然後, 可以冒竹固, 而無撓脫之患矣. 折水筒最高處, 開

一穴粟大許, 又造補穴之銅片, 而脂蠟襦裂之屬畢備. 以待以竹筒塗漆,
冒入銅筒, 勿令有隙. 自納水至折水, 量水之高下遠近, 而用竹筒. 或一
再續, 或三四續. 續處亦用銅爲好, 不則長批兩竹以漆繩塗束. 以水之昇高爲準.
自折水至吐水, 則只用一竹, 亦可先於引水處. 無論大江大川, 深潭急
灘, 於岸堨平夷不甚陡絶之地, 鑿成斷港數十步. 石築兩岸, 立板扉, 密
鑿水眼. 架以大木, 鎭以大石, 以防水漲時洶激蕩溢, 而貯水其中. 以渴
烏之納筒, 浸其中而豎其頭. 頭沒水中半尺許, 以平時水形爲準, 旱則
蓄水. 水則洩水, 以折水之筒, 加于最高處, 以吐筒低一層, 行水洩出於
用水處. 宜以大樁, 縛住三筒, 不得搖動. 以胖皮豬脬之屬, 東俗謂牛胃曰
胖. 裹束納筒之口, 不令水出入. 以海藿楡皮等物, 東俗謂海藻曰藿. 和襦
裂塞吐筒之口. 直到ㄱ字之曲處, 垂下牽繩. 又以銅鐵作器, 如長柄葫
芦, 而穴其柄, 納于折筒上大穴. 汲水灌于葫芦, 比及水滿兩筒之管, 浮
于上穴, 以銅片合補, 以松脂黃蠟, 溶灌無隙, 然後以聲爲節, 使吐筒之
塞方抽, 納筒之裏適解, 則水無間斷而抽不如瀑矣.

渴烏之引水, 若欲驟高, 則水亦不上, 必也. 以四丈內得一丈高爲準, 則
十丈可得二丈半, 斯亦多矣. 餘皆以此爲準. 若一圍之水, 從空墜下, 則
其流之大, 當比一大洑之渟潴流去者. 得此數十, 則可分涇流之大, 雖
數十里之野, 無不浸矣. 皆可於一二斷港內施設.

或言:「以小竹筒, 批其兩頭而合之, 亦能吸水而上. 今用銅爲三節者,
何也?」曰: 天地間, 非水則氣, 氣之呼吸而水爲之往來. 驗於潮汐, 而
可知矣. 氣必乘水之虛, 水亦隨氣之虛. 氣之所行, 有水半點, 而氣不得
占. 水之所行, 有氣一絲, 而水不得呑. 批竹之筒, 惟其細也. 故水所行
處, 氣不得容, 而水行無礙矣. 若批大竹而合之, 則批處轟上, 而穴徑直

楮, 水從楮穴之下頤, 遠溢而踰. 故至於蠱上處, 則水未得充滿驅除, 而
猶有停留之氣, 棲於其間. 所以抽水無力, 而反歸於納口矣. 如不欲其
蠱上, 而平擧吐筒, 則水又不得抽下. 今若用銅筒, 楪而曲之, 則筒穴迤
邐, 宛轉而曲, 自然房楮而淺矣. 氣無可留之地, 而水得全筒而行, 房楮
之穴, 容水多少, 又與圓筒無所參差. 此其所以非銅不可也.

或言:"自納筒至折筒, 則用間竹宜矣. 自折筒至吐筒, 又用間竹則冗
矣."曰: 水自納筒至折筒, 四丈僅得水一丈高. 而又有吐筒中半, 則旋
失半丈矣. 況自納筒至折筒愈遠, 而水愈重, 吐口若短, 則力不能引水
而下. 故於折筒之下, 即爲平行之筒, 雖不如納筒之竹, 長短相等. 猶能
平分水勢, 無輕重之患矣.

渴烏水踰好時, 或有人搖動, 則水便不上. 設施之前, 須於斷港後吐筒
前及左右築墻圍住, 不許人闌雜. 續竹處, 皆宜設椿縛竹.

渴烏水, 旣出吐筒, 而浸田處尙遠, 地勢低下於吐筒, 則宜設水碓水磑,
以利軍民. 凡開洑築堰者, 一二年之間, 則以穀隨稅, 必於三年後, 知其
無後慮然後, 以田收稅. 今此渴烏, 旣用竹竿, 則當年年修改不可與洑
堰爲比. 必於分田之後, 擇於本土之有幹局者, 劃給其田幾分之一, 使
之歲歲貿竹於南州, 舟輸豫備然後, 可免賣鬻之歎矣, 而竹價亦由此而
高矣.

余以所聞渴烏之可行處, 無踰於忠州之猲川. 猲川之水, 至丹月驛前,
岸高不過一二丈. 遇大水, 則水勢汗漫於對岸, 故猝無汎溢之患. 而從
古未有築洑者, 有柳某者, 費三萬兩錢, 截水築洑, 洑將成, 爲大水所
潰. 一夜之間, 築洑軍丁器械, 一倂漂沒云. 猲川之田, 素號萬石種地.
以其土品極好, 遇一雨, 一月不暵, 故種稻不種粟. 然價賤至於一斗種

地, 五十錢或百錢, 而若有引水者, 願與分半. 今若以公錢二十萬兩, 買取後, 仍令田主佃作, 設渴烏灌漑, 而許一斗種. 稅納十五斗, 而作米六斗. 仍除其田稅, 則民亦未爲失矣. 竊計萬石云云. 雖未必果然, 用是槩而計之, 一歲所收米當爲十二萬石,[5] 五年則當爲六十萬石. 而斜計則將九十萬矣. 倉儲江邊, 以爲京城荒年之豫備, 則何患數年之飢饉也.

設屯, 專以置田爲難. 若有田可置, 則屯卒雖加至數百人, 屯城容置數百家, 尤爲完固, 而足防禦之地. 屯城守備軍器, 自當隨屯功之興盛, 而措備矣. 操練, 則農隙之時, 無日不可. 朔望, 則定賞格而勸獎.[6] 旣以屯人多寡, 爲殿最, 又以矢丸巧拙爲賞罰. 年年屯人之居最者. 每朔試射之受賞者, 別有加資赴擧之法. 但束伍諸色軍, 本是民兵, 不可一年長番, 擔棄家事而不顧. 又不若募兵之爲便. 募兵一事, 雖有張說彍騎之嫌, 而實則韓重華所謂兵農兼事, 務一而兩得者也. 然始設之時, 不可不用束伍諸色軍. 若穀積兵練, 隱然若一鎭, 則更設團練使之屬一人, 以名武領之, 以爲履歷之窠.

龜車說

城旣完矣, 粮旣積矣, 卒旣練矣, 而截路當衝, 終無倖免之望, 則必有必勝之械, 乃可恃矣. 天下之畏死者, 莫如我國之人. 而李忠武每戰殲倭

---

5 《상두지》필사본 원문에는 '二十萬石'이라 쓰여 있으나, 문맥상 '十二萬石'의 오기로 보아 바로잡았다.
6 《상두지》필사본 원문에는 '勸槳'이라 쓰여 있으나, 문맥상 '勸獎'의 오기로 보아 바로잡았다.

者, 以龜船出奇故也. 今推此意, 造龜車之制, 良以西路平易最可行此
故也.

龜車者, 下作六輪, 而一輪居前, 一輪居後, 雙雙四輪居中, 雙輪之軸十
餘尺. 上依龜船之制, 以板造屋如龜形, 造鐵葉廣五寸, 製牛皮廣五寸,
自車頭至尾, 以牛皮間四寸, 立傅於板屋, 以鐵葉壓補其空處, 拉皮釘
之. 鐵葉鑿起, 雙行鋸齒, 而一行之內, 一縱一橫, 相間二三寸, 鋸齒長
寸許, 使極尖利, 其鑿起處量手眼所及, 間開銃穴望穴. 最下板之上, 最
上板之下, 開板隙一寸許, 以爲用鉅刀之地, 勿用鐵皮裝褁, 只於頭尾
腰三處裝連, 而屋後置板扉, 以便開闔. 自板屋中, 用長杠推車, 推車人
前後各五, 則車廣可十尺. 或用兩牛, 駕行於車內.

車有上下裝. 裝者古所謂廂也, 軫也, 收也. 上裝載五人, 下裝載四人.
上裝一人, 主瞭望, 其餘, 運鋸刀放銃. 鉅刀皆刀樣五六尺, 前後有鋸齒.
偃置於板隙之內, 不令賊見. 敵若掠陣接戰, 鋒刃相接, 則橫出板隙, 而
戮之. 下戮馬足, 上戮人頸. 若敵兵在近, 而未成陣, 則盡力急馳, 衝入
敵中, 齊橫八鉅, 若吳榜之擊汰, 則前無堅陳而人馬傷戮不支. 若見敵
兵逼城, 則先開城門, 列陣而待, 敵從大路而來, 不見城門, 以門隱於腰
鼓紡磚之角故耳. 待其傅城, 以車繞出城角, 而衝其不意, 則敵無不破.

古有猛火油, 楊行密得於占城國王遣契丹阿保機者也. 若非光明海油,
則今之松潚近似焉. 以水沃之而火愈熾故耳. 守城之具, 此不可缺, 況
野中孤城, 樵蘇最難. 若有此, 則冗石兵器, 皆可蘸漬而炊竈. 若敵兵傅
城, 以噴筒激洒, 投火燒之. 未脫衣甲之燒死無疑. 若入火藥前, 同煎而

注入於大砲藏藥之上, 向敵陣放之, 藥發火而瀋性重, 必如火星流落, 遍滿敵陣, 一燒而盡矣. 且松瀋爇取甚易. 細斫明松入瓶, 以松葉塞口. 取小缸埋土中. 倒瓶于缸中, 以泥塗隙. 糠火爇之, 則一瓶明松可得半瓶瀋. 明松細斫前, 浸水一宿, 則得瀋尤多. 年年收取, 埋甕儲置. 以爲副急之用. 既可禦賊, 又足代薪.

國家大禁, 卽牛酒松, 而計小邑一年內潛屠者, 不下數百. 歲時除禁, 則宰殺無數, 而皮角之入官者幾希. 若其不納皮角者, 雖歲時亦收贖, 雖官庖例收皮角, 一年限百張. 牛黃除役邑, 則數倍輸送屯城. 以二三十張連縫, 限以爲障城之具. 若當急, 則城上立柱橫梁, 釘皮于梁脊, 外護城堞, 內庇軍卒. 敵有登城者, 自皮障內, 衆擠而振落之. 如此則老弱亦可以登城效力矣. 或有睢陽襄陽之窖, 則可以煮食代糧.

世傳淸主丙子東侵也, 到洞仙嶺, 靑石洞, 見其險阨, 欲斬龍骨大者再. 此皆野人之說也. 曾見西堂私載, 載開城留守時上疏. 樊言淸兵之來也, 不由靑石, 而由府邊山麓之路. 今可養樹木, 以爲日後之備云. 而未知朝家施行與否. 又聞, 洞仙之南山盡處海堰, 有平地廣五里許, 故淸兵取此路而行. 然迄今未有築城堡設險之事. 且龍骨大爲先鋒, 自義州三日內抵京師, 而淸主始渡鴨綠, 安得有欲斬之事. 此兩處, 皆宜重重設險, 以示前車之戒.

戰國時, 一戰或拔數十城者, 未必皆是州縣之城, 蓋亦亭障之類. 唐詩
所謂'國步連營五千里'者, 是也. 漢之賈山, 請乘一障, 退之書云下猶取
一障而乘之者, 亦是也. 近聞, 彼國無築城之規, 而富民有請築家城者,
許之, 故沿路小城比比云. 築城堡, 雖載丙子約條中, 旣就撥幕設城, 則
我亦有可誘之端. 雖然一時張皇, 如其重難, 則先自畿內及海西, 迤及
於關西而先築小城, 漸次大之亦可. 初則越數撥築之, 稱以沿海延勑亭,
亦可誘之一端.

一人所食, 一日二升, 農時半年, 加一升, 則一歲合百八斗, 爲七石三斗.
夏衣二件, 冬衣一件, 合錢五六兩. 而七石三斗, 以中年計之, 當爲二十
餘兩, 合衣資, 當爲三十兩, 百人當用三千兩. 制餼, 若四十五屯, 養
四千五百人, 則用錢十三萬五千兩.

一人所耕, 二十斗種水田, 十斗旱, 則以中品論價, 當用田五百兩買置.
每屯當爲五萬兩, 四十五屯, 當用二百四十五萬, 而種牛田器之費, 不
入此數. 若一屯先用五十人, 則粮田之價減半.

造磚皆以方正爲好, 而余意則先作磚範, 必以一把長爲準. 東俗以橫一丈
爲一把. 大頭平正, 而眞小橫穴. 其下則漸殺如圭形, 極乾之後, 入窰燔
之. 築城, 以大頭向外, 齒齒相當, 兩殺之間, 以泥灰塡合. 小穴亦以泥

灰塡築, 便是鐵杖揷然.

李判書世載, 欲築慈母山城, 而患無磚. 山上有古塊阜數十, 試屈之, 則乃磚窯也, 而磚滿其中, 每磚有朴犀二字. 取以築城. 朴犀高麗名將也. 蓋欲築山城, 造磚而未成者也. 古人精神氣力, 能於數百年後, 伸其志業, 可敬, 亦可悲也.

尙成安公, 每憂義州界連夷漢, 而襟袍疎闊. 自古中原有難, 我國必與受其害. 遠則衛滿, 近則紅巾, 可見矣. 故前古有懲於此, 一境設巨鎭三四以防之. 若麟州抱州義州等是也. 今則只置義州而防禦虛弱, 又無城塹以閫之. 若鐵騎乘氷, 其將奚以禦之. 國家設長城價布, 專爲是也. 吾之築城箭串, 爲江邊而爲之兆也. 有志未就, 尋常恨之. 出淸江小說.

謹按成安憂國之忱如是, 而終未有建白設施, 則量以元衡擅國, 不容他人施展方策也. 及乎丙子之亂, 鐵騎乘氷之慮, 若合符節. 而雖以林慶業之智, 將不能獨捍. 書曰[7]: '無侮老成人', 豈不然哉?

李判書世載, 爲平安監司時, 曾設屯田, 一歲輪數萬石, 輸入慈母山城,

---

7 《상두지》 필사본 원문에는 '詩曰'라 쓰여 있으나, 인용 과정에서 발생한 오기로 보아 '書曰'로 바로잡았다.

事載西堂私載. 此亦先獲之一端, 而繼其後者, 無能守其成畫, 則豈非恬嬉之致耶.

黃文敏公, _{秋浦也.} 戊申陳奏使回還後所啓: "臣等在北京時, 聽中朝物議, 則以奴酋爲慮. 且觀此胡情狀, 數年不爲進貢, 今年乃遣麾下八百名于京師, 爭賞銀之多小, 其侮踐中朝者甚矣. 臣見東征時來此路人⁸問之, 則皆以爲此賊憂在遼廣, 其次在貴國. 及此暇時, 修繕險要, 以爲軍兵入保之計可矣. 若視如倭人欲爲逃避, 則鐵騎如風雨, 人民無一脫矣. 貴國善自爲謨. 如關西近邊必守之處, 預須相擇形止, 以定堡基, 觀勢善措, 恐不可已. 目今飢民流移, 物力全乏, 誠不可猝爲此役, 但預爲講定, 期免後日噬臍之悔可也. 若多般備穀, 與本道監司, 使之召募屯田, 則賑飢⁹生穀, 可以兼得."

謹按金潛谷大同法, 爲國家良制, 行之至今無弊. 而竊見秋浦, 辛丑諫院進言劄, 及辛亥戶判時六條別單, 則肇開大同者, 實秋浦也. 潛谷特遵而行之耳. 今見陳奏回還啓, 其驗於日後者, 與丙申使倭還後登對, 皆若合契然, 可謂善觇國者也. 其爲寶臣, 宜哉. 而當時旣不能聽其言, 又先國家多事時, 遜荒凋落, 良可悲也.

---

8 《상두지》 필사본 원문에는 '來此老人'이라 쓰여 있으나, 《추포집(秋浦集)》 원문에는 '來此路人'으로 되어 있어 원전에 따라 바로잡았다.

9 《상두지》 필사본 원문에는 '振飢'라 쓰여 있으나, 《추포집》 원문에는 '賑飢'로 되어 있어 원전에 따라 바로잡았다.

桑土志卷之二

通論

西邊道路, 以撥馬往來之. 故治得極平, 不思設險備賊之策. 丙子冬, 撥馬以二十三日, 抵京告急, 而虜騎以二十四日, 踰沙峴. 此乃路平之效也. 其後雖有約條, 然州郡之不在路傍者, 亦不築一城. 禦暴客之計, 則過矣. 今西邊勑館, 多居道傍, 以勑行, 不可逺入路傍, 爲言. 於道路平直要割處, 截路築館, 以爲使客宿留之所. 墙之南北五百步, 東西三百步, 如腰鼓形而館居腰, 亦要長廣二百步. 又有內墙, 內墙之內, 亦長廣百步. 百步內, 只築館舍. 外墙之外, 勑需廳, 居腰鼓之南頭, 客店場市, 皆居其傍. 屯田所, 居腰鼓之北頭. 屯圃撥幕, 皆居其傍. 屯所勑廳, 各南北百五十步, 東西三百步. 墙之高厚如城, 不設女墙, 則誰復登墙度其高厚, 而糾察之者乎. 墙上雖容五馬隊, 從墙外望之, 只見墙之外稜而已, 從墙內望之, 亦見墙之內稜而已. 若有警急, 則臨時設睥睨, 豈不省民力之十九乎. 縱未築睥睨, 亦不可以禁遏豕突. 館之外墙及勑廳屯所之向大路處, 皆於墙趾開大砲穴, 常時泥封, 臨急設砲相待, 可令敵兵糜爛於十里之外. 所以館城之西大路, 務要平直如練, 爲可.

崇禎己巳, 清人犯高陽, 時孫閣老承宗在城中. 虜見其城曰:"此腰鼓城, 不可破." 試遶城大喊, 城上人亦應聲大喊. 虜曰:"此城笑也. 法當破." 遂攻城陷之, 孫高陽死焉. 蓋腰鼓城之難破, 以城之左右夾輔故也.

西路左右五里, 皆除田租. 路傍左右, 濬澮廣深皆二仞. 澮外之田, 隨方直句梯, 於田畔濬洫廣深, 皆八尺, 如吳玠地綱云.

西路千里之間, 左右三里, 皆除田租. 隨其方直句梯, 皆於四畔, 掘溝澮如吳玠地綱法, 使胡馬不得超越而過. 路畔之溝, 則倍其深廣, 以其土積於溝外, 爲長堤, 使可伏兵而令路上人不見. 雖嶺峙之路, 皆然. 堤外往往置長杠四五介, 以爲臨時設橋渡溝之地.

無論嶺峙平地之路, 凡於要害處, 則十里五里之內, 皆要正直如弦. 截置館城撥幕於東頭. 路之正直, 所以便於走車放砲也. 路中往往橫截爲溝, 上設弔橋, 使易於設撤.

路之中間, 開四轍, 以合於三車之輪. 四轍之相去各六尺, 無少差違, 而轍深一尺. 路廣若五丈, 則兩邊轍外空地, 各餘一丈五六尺, 尚堪容撥馬之往來. 一邊通行人, 一邊爲撥路. 四轍之內, 則不許踐踏凌夷.

右通論.

隱城撥幕

西路之十里二十里條直者, 在在有之, 今於十里中間, 曲而折之, 截住故路, 而築隱城. 隱城之高六七尺, 厚四五尺, 南北長二十丈, 東西長四五丈. 如甬道之複墻, 左右齊整然後, 於兩墻之間, 自南至北, 立大柱十餘箇, 長十餘尺, 上加龍脊樑. 取數十尺長大椽數百, 一頭架于龍脊, 一頭低于墻之外, 稜結山子木, 加泥土, 以甓鱗次蓋之, 如蓋瓦狀, 上加

厚土, 種穬麥, 及其成實, 以爬子爬而靡之. 年年如此, 則無異苫蓋. 始
於築墻時, 以大石列置離立, 爲墻之外趾, 自墻內趾, 開一人往來之穴,
四五曲而折之. 至墻之外趾大石之間, 如斂襟形. 於大石之前, 置土墩.
土墩之中, 如小槽以大砲本靠大石, 而置砲于槽, 其高低左右, 豫試於
平日, 期賊到某處, 放某字砲, 用甓爲櫓以庇之. 土槽之外, 掘開長溝,
以其土附于墻外. 常時只如長墩, 臨難則開砲穴, 待敵兵彌滿五里十里
之間然後, 放砲人, 從斂襟之內, 點火耳穴. 夫設砲於墻外者, 恐砲有坼
裂之患, 則隱城狹, 或致自燔故也. 或云: "甓簷之下, 土槽之外, 宜有短
墻遮護, 以溝土附之." 然則, 似又無欠. 隱城之頭尾, 聯築單墻二三里,
亦掘溝池, 然大路則不可斷. 宜於隱城單墻之間, 築關門而使不直向大
路, 以隱城仍作撥幕, 開小門於隱城之一頭.
右隱城撥幕.

平地設險 三條

倭奴善設伏於平地, 李提督碧蹄之戰, 陷于泥濘者, 是也. 說者云, "秋
雨爲濘, 戰塵蔽其上, 故不能覺察." 而夫碧蹄之峴, 雖有十日雨, 猝非
汨成泥濘之地. 此實狡, 故壅其下流, 掘土造泥而以乾土覆其上, 以欺
之也. 其泥土乾土, 則又是刐山之滅迹者也. 若非刐路傍山, 藏奇材劍
客, 則不過數騎陷滯而已. 豈致衄敗之至是也. 至今我人曚然不知其狡
計之及此, 良可歎也. 今於西路深開兩畔溝池, 常時蓄水, 臨急設施, 則
可陷虜之頭陣, 而但虜之犯境, 多在嚴冱之日, 是則當量時而爲之者也.

若値冬日, 則去水爲深坑, 不則氷合而爲平地矣.

李提督之復平壤也. 大軍旣入城, 而倭穴處牧丹峯, 放砲如雨. 提督所騎馬斃於丸, 故不得已倒退出城. 此亦古所未有, 而倭奴創用. 亦司馬懿掘地爲營之餘法也. 凡州郡有城處, 豫於城中造山, 自山下, 至山顚, 築厚墻四五層, 使下層之顚, 可掩上層之趾. 平治兩層之間, 無令高低. 每層只開一人出入之門十餘處, 與上下層之門, 錯互不相當. 或如衣襟之相掩, 而從傍出入, 則尤好. 墻腰開砲矢穴. 若値城不守之日, 入墻相拒, 則豈巷戰之比也. 自山下望之, 只見城裏山. 而每層可以儲粮儲水儲器械. 又可休番出入, 若一層不支, 則退入上層, 自上層, 殲下層之賊, 尤易. 譬猶衷甲者, 與赤身者相刺, 蓋上下之勢懸殊, 而至近之地, 尤易於命中故也. 如水原晉州, 皆有山城, 皆可就山城措置.

吳玠地網法, 掘地深八尺廣八尺間八尺如網目, 所以制虜馬馳突者也. 今西路雖不能行此法, 當於田與路之間及田之四方兩田之界, 皆掘八尺深廣之溝, 使虜馬不敢不由大路. 大路則設以下諸法相待, 庶乎其有濟也.

右三條, 平地設險.

城塢

明末流賊之熾也, 惟某州守, 最得設備之法. 先於城外閭閻之櫛比處, 夾路連築高墻, 以屬於城. 又於家家向大路處, 只開一人出入之門, 使二壯士守門之左右, 賊旣由大路向城, 而左右綿綿皆高墻. 故不得恣其擄掠, 遇小門欲入, 則二壯士夾擊斬之. 或見賊隊稀散不相屬者, 則突出擊斬, 旋則入門. 賊旣不得志於城門, 而退走也. 城外之民, 齊出攔擊. 以是賊屢進屢敗, 不敢正眼覷視云.

余因思得用甓築城之法. 甓長二尺, 廣一尺, 厚三寸. 無論城與墻堡, 先以瓦石築址. 後以甓橫植其上, 如玄琴之置卦. 兩甓之間, 不過一尺. 以板齊其頭, 築泥其間, 泥與甓齊. 後又移植上層之甓於已築兩甓之間, 不循故跡. 若墻厚一丈, 而聯植五甓, 則其頭之錯迕相互亦如之, 不循左右內外之跡. 若聯築五甓, 則可得一丈厚, 層築三十甓, 則可得三丈高. 如此則無徒石易崩, 徒土易陵之患. 若於甓之向外處, 則以三物築成, 尤奇. 雖西洋紅夷砲, 似未易擊碎. 勅館隱城皆依此法, 則可成完固之城. 三物者, 黃土細沙石灰也.

右城塢.

鋸刀

鋸刀古無用之者, 而鑄鋸三尺長, 如菖蒲葉. 脊厚而刃薄, 左右皆有鋸刃, 向下. 又於鋸頭, 有兩峯如雙槍, 柄以茄蒔木, 裹以鯌魚皮, 長二丈許. 使進爲鎗, 而退爲鋸. 令驍健者習用, 則步騎俱可爲械. 進可以戳人馬, 退可以鉤依甲剪馬足. 尤緊於伏路軍之夜用, 鐃鉤鉤鎌等鎗, 不得專其功也. 一進一退, 皆以急疾爲用法.

右鋸刀.

腰鼓砲

腰鼓砲, 腰大一圍, 長五寸, 中開耳穴. 兩邊大頭, 各圍三尺, 長一尺, 周圍開棗核大穴數十, 築藥於腰, 先以木朾從大頭中, 支腰穴之一頭, 然後可築得堅實. 一大頭滿貯松濡或花椒末, 一大頭虛, 以生皮蒙兩頭, 以革條穿生皮之四隅, 牢縛于腰間. 豫作土墩, 而上面稍欹, 以實頭安墩上, 以虛頭向虜陣, 點火腰穴, 則藥發於腰, 向虛頭衝起, 落于虜陣中, 滾轉不已. 而松濡[10]火花椒末, 噴發於棗核孔, 可以擾亂虜陣, 其用當大於佛郎機.

右腰鼓砲.

扇子砲

崔天若之造銃車也, 四層載二十銃, 減二十人肩擔之勞, 雖云巧矣, 而箇箇點火, 猶覺遲鈍. 若依三穴砲法, 鑄水鐵爲砲, 如扇子形, 十砲共一耳穴, 點火于一穴, 而十穴俱發, 則可謂減之又減矣. 三穴則號砲, 故各出耳穴, 此則只要快捷, 故十砲共一耳穴.

右扇子砲.

---

10 《상두지》 필사본 원문에는 '齧'라 쓰여 있으나, 문맥상 '濡'의 오기로 보아 바로잡았다. 아래도 같다.

噴筒

嘉靖年間, 胡宗憲破倭奴徐海汪直時, 用噴筒. 噴筒者, 用三節大竹, 通其二節, 藏三丸三蒺藜. 西諸二集載其圖, 而大砲尙有坼裂之時, 況竹筒豈免此患. 無已則用神機箭紙, 緊纏於筒外庶可恃也. 且欲爇虜陣, 則以松脂和藥爲丸, 多貯四五丸噴放, 若與倭奴戰, 則專向帆蓬噴放, 可獲全勝. 松脂火一著則難滅, 比火藥, 尤利害.
右噴筒.

松瀡

松瀡爇取明松者也. 取明松枝核, 細析椔滿大瓶中, 以松葉塞口. 又取小缸, 埋于地中, 以明松瓶, 倒揷于缸口, 以泥塗隙. 又以泥作大圈. 圍住瓶身半尺外而虛其上. 以糠埋瓶身而火燒之. 過一夜火盡後, 松瀡盡入缸中. 松明一斗, 例得一升半瀡. 以之點火, 則一時火起, 不可撲滅, 以水沃之, 則火愈熾焰高數尺, 鐵物瓦礫, 皆可爲薪. 史云: "淮南楊行密, 以猛火油, 遺契丹阿保機, 乃占城國所貢也. 其油, 暴雨火愈熾. 阿保機, 得之大喜, 欲以攻平州城. 述律后笑之曰: '豈有得一油, 便欲攻人之城耶.' 乃止." 又秦始皇使人入海採藥於扶狹山. 山下有千里光明海. 舟中人誤以燭跋投海, 而千里一時火起. 舟中人, 燒死不返. 後人不復敢入海. 但於海濱, 汲而賣之. 占城所貢, 豈亦此海來者耶. 今松瀡, 亦一猛火油也, 從古未聞有用之者. 若於有城郭有戰船處, 令守令鎭將年年熁取數甕, 埋置土中, 雖陳久, 無不堪用之理. 其功效, 當在硫硝上. 松澹儲瓶中塞口, 而以鐵索倒懸于竿頭, 作鐵絲籠, 籠中置小鐵盤, 懸于瓶項, 熾松火于籠中. 又於城上植柱, 懸竿腰. 又以長繩繫竿尾, 俟賊彌滿城下, 將登之際, 拔去瓶塞而執竿頭之繩, 左右牽之, 則澹落籠, 火溢於盤外, 著于衣甲, 而猝難撲滅. 及其解衣之際, 燒傷者多矣.

又作土槽貯松澹熾火, 以鐵勺斟而揮之, 最好. 古人守城之法, 有鐵汁火牛揚湯之類, 而鐵汁工力大, 火牛只燒一處, 揚湯力弱, 都不如此. 圍城中無薪者, 亦可用此炊飯.

右松澹.

水鐵釰

趙奢謂田單曰: "吳干之劍, 肉試之則斷牛馬, 金試之則斷盤匜. 迫于柱上而擊之, 則折而爲二, 迫于石上而擊之, 則碎而爲百." 蓋古之名劍, 皆鉛錫鑄成者故也. 鐵釰之始實自楚, 亦未知用何鐵. 而我東則鑌鐵釰主世, 鉛錫則無聞焉. 惟僧家剃髮刀, 用鍮而已. 獨倭刀乃是用水鐵和銅鑄成者. 故細看則微有紫色, 而汎看則色如霜雪. 今不暇索言其據, 而若非水鐵, 則豈能和銅, 若是其均也. 且聞倭奴入海島沈船, 而鑄釰與鏡, 蓋避塵也. 若鑌鐵, 則百鍊愈精, 何用避塵. 蓋水鐵與銅, 則方鎔爲水時, 塵垢一入, 永無濾淸去滓之理. 由是觀之, 尤可驗其爲水鐵與銅也. 今益山恩津之間, 往往有水鐵刀子. 其利擊大竹筒, 應手而斷. 然益山恩津之匠, 則猶未知和銅. 和銅然後剛柔兼備, 可成名釰. 況水鐵之輕, 半減於鑌鐵, 水鐵之價, 居三之一, 水鐵之利, 不啻倍蓰, 則何須若守舊法. 且短兵之不及長兵之優劣判矣. 水滸志記取刀刃, 上押於捍棒事甚詳. 可見華人之用長釖者, 當時刃自刃, 柄自柄, 及其用時, 插刀于柄, 而橫插釟木. 以爲長刀也. 雖美髥公靑龍刀亦如是焉. 而今之關廟所架者, 何其短朴椎魯, 與圖中所見者異耶. 以鈍爲利, 以短爲長, 不過籌司軍門一番振作而已.

右水鐵釖.

紙甲

類苑兵甲部, 記沈某襞紙爲甲, 勁矢不能入. 此正我東之所宜聞. 夫我國之紙, 堅靭無二於天下. 我國之兵, 背心無片甲, 而我國試士之券, 山積於軍門, 不過用爲軍士油衣. 若直送造紙署, 以三四張層疊擣附, 如神機箭紙之堅靭, 製爲掩背掩心之甲. 試之以矢丸, 果有驗則兵水營州郡, 皆依法造置, 豈不費小而用大哉? 壬辰倭亂時, 長興人魏某, 入鄕校取冊子, 縫以爲衣. 衣而入水沾漬後, 揮長釖擊倭. 倭之鳥銃, 無所用之, 大衂而退之, 用能保其鄕里. 此亦可據之一端. 鳥銃之不能穿濕紙, 則不待驗而可知. 勁矢之不能穿紙, 則雖見於文字, 亦須驗而後可知也. 鳥銃之爲物, 利於堅硬, 不利於柔軟. 今不濕之紙甲, 則在於剛柔之間, 尤須詳驗而後可知也. 若果拒矢拒丸, 則其輕㢧安帖, 豈鐵革之可比哉? 縱使沾濕, 而後拒丸刃, 亦勝於鐵革之重矣.

右紙甲.

朱雀砲

北虜所恃者, 馬足也. 劉錡順昌之戰, 令人持斧不得仰視, 但俯斫馬足, 用破兀朮拐子馬. 然非百戰精兵之不畏死者, 不能如是. 今有一策. 無論屯所隱城, 若遇山阜迤邐而高者, 卽於高處設施, 而平治來路, 極其正直. 左右掘長溝, 築長堤. 鑄大砲長三尺, 就其背上, 以雙行間數寸, 連造小砲各四. 使小砲頭微向外, 如仰臥之馬木脚. 造鐵輪鐵軸之四輪車. 造大木鳥, 頭高一丈, 鑿其背與尾如小槽, 腹下則爲魁齬二處, 安于車軸上, 以大砲身, 安于鳥背空處, 以砲本, 冒入鳥膺, 以砲口, 出于鳥尾. 以泥灰爲圈, 護耳穴如接子. 挿藥線貯松脂. 又以泥灰罨鳥身及左右罅隙, 以兩邊薄而背脊高之木板. 鋸作蜈蚣形, 掩大砲之背. 使其脚出兩行小砲之間, 然後以鐵鎖拴縛於小砲及鳥身兩軸之際, 使不得移易. 造鋸刀如倭鋸, 廣可五寸長可二尺, 凡六箇. 用木板十尺長五寸廣爲柄. 交叉其柄頭于兩行小砲之間, 會于大砲之背, 使刃皆在後而向外縛其柄于鳥身, 便成鳥翼矣. 一倂塗朱. 掘山上爲深坎而平治其前. 移置鳥車, 使鳥頭向外. 始藏藥於大小砲, 以松脂和藥爲丸, 各藏三四箇於一小砲. 乃點火于大砲耳穴之藥線, 則鳥車滾下山去. 小砲次次放丸, 而松濡性重. 故亂落虜陣, 便是火箭. 且鋸齒張如劒翎, 可剪馬足. 掘深坎而置砲者, 恐藥之噴, 傷吾兵也. 先以布幕之類, 圍遮其前, 待賊及十步之近然後可發, 不然則恐小砲藥先放於空故也. 地坎傍伏數人, 一邊褰幕, 一邊放砲.

右朱雀砲.

四輪車

造四輪車, 不必用鐵輪, 但用鐵籠軸. 獨輪居前後, 雙輪居中. 雙輪之前
駕, 以兩牛用牽雙輪之軸, 以板作兩頭尖中間廣之板屋, 皆橫板造成,
橫板外用革條旁[11]午相制以鐵釘. 釘著但後梢中層, 則不施革而開數寸
之隙. 又於雙輪之後, 後獨輪之前, 裝低樓, 藏鋸刀于板屋後梢之隙, 制
其柄於低樓上. 乃以板屋加于三軸之頭, 俟賊彌滿山下谷口, 驅車峻坂,
一湧而下. 以小鐵軸灸火裏以濕布, 橫繫于牛尾下. 人從樓上, 扯開鋸
柄如吳榜之擊汰, 則可剪虜馬之足. 蓋板屋突如其來而鋸刀, 又是意外
之械也. 從前面望之, 只是一丈廣物, 及其作用, 則可及三丈之遠. 且牛
後熱, 奮迅如飛, 樓上人又視其後者而鞭之, 可無橫走之患. 兩牛間須
用欄木, 使不得相拏. 若於板屋上裝出傀儡, 自樓上弄其線索, 尤當眩
亂虜目, 而鋸刀益奏奇功矣. 樓上可置三四人.
右四輪車.

或疑四輪車不必自山上馳下, 雖平地, 旣有人在車中而鞭策之, 則勝於
朱雀砲一迅而止. 但牛在車中, 不見前路. 人亦策之而已, 不能御之使
前, 却左右則或自投溝池, 或抵閣堤岸. 須於左右板設鐵環. 以左牛之
鼻繩貫右板之環, 以右牛之鼻繩貫左板之環, 而於樓中操縱. 亦須於板
屋邊, 往往鑿穴, 以爲覘賊覘路之地. 板屋後尖合縫處, 須令開闔任意,

---

11 《상두지》필사본 원문에는 '房'이라 쓰여 있으나, 문맥상 '旁'의 오기로 보아 바로잡았다. 아래도 같다.

以爲臨急出脫之地.

拐子馬卽兀朮之用, 以長勝者也. 以革條聯馬項, 用十馬倂進, 故有摧
山壓城之勢. 以此金虜起於海上不數年滅遼及宋, 而衂於順昌之戰, 痛
哭而歸. 前此李綱銳意於車戰, 未獲一試. 到劉錡始用粗法而非其至者
也. 今此兩法可剪馬足, 足稱良械. 而雖一人推送之車, 亦能制虜. 魏勝
如意車是也.

三輪車

造三輪車, 要狹而長. 獨輪居前, 雙輪居後, 造板屋, 磬折其前隅, 以禦
矢石, 而虛其後, 只用一人推送. 著掩背甲如襁褓, 只顧推送. 推送之柄,
用一本兩岐木, 兩岐則入于獨輪之軸下, 其本則加于雙輪之軸上, 皆用
繩縛. 而三輪之間, 裝小樓. 兩人居中, 用鋸刀翼張於板隙之外, 而制其
柄於內. 亦有短兵隨身, 幷護推車者. 此車則鋸刀須短於四輪車所用者,
而藏鋸在獨輪之左右, 制鋸在雙輪之間. 我國亦有鐵簾, 虎栿, 編箱等
車, 而虎栿稱爲妙製. 然鋸刀則彼之所無也.
右三輪車.

翼虎牛

取健牛, 被以厚韉肩背上, 著山字鞍, 不必盡具鞍形, 只要緊著牛身, 掛

搭鋸刀而已. 造渾鐵鋸刀長四五尺者, 以柄交叉于項上而縛于角本, 亦
於柄頭有刃, 以柄腰加于山字鞍上, 縛于牛身. 造虎頭傀儡蒙牛首, 使
柄頭出虎耳. 取虎皮蒙牛身, 不必眞虎皮. 以馬皮等物, 畵成虎紋, 裝出
白虎旗上飛虎形, 而鋸刀爲之翼. 取短鐵軸, 前繫山字鞍, 臨時火灸, 以
濕布裹纏, 橫于牛尾下. 向虜陣夜放, 則牛後熱而前不見物, 橫衝直撞
無不傷者. 眞所謂虎而翼且角者也. 田單火牛法, 後人有效之者, 敵兵
鼓噪而進, 牛反走而傷本陣, 則以牛有所見故也. 今若蒙牛頭, 使不見
前邊而人居後驅之, 則當無此患.
右翼虎牛.

玄鳥砲

玄鳥砲, 以木爲鳶形, 形體低卑, 而鑿背藏砲, 略與朱雀砲相似. 砲形短
於朱雀之半, 而圍大則過之. 以鋸刀爲翼, 揷于兩肩而釘之縛之. 又以
鋸刀爲尾. 皆以墨塗之. 以小鐵輪, 駕于翼下, 以大砲擊燕背之砲, 而送
于虜陣.
右玄鳥砲.

拐子車

以上諸砲諸車, 皆所以剪虜馬足. 而虜若眞箇以拐子馬來, 則諸械皆爲

無用之物, 當何以制之? 曰有是哉. 若欲制拐子馬, 當以拐子車相當. 先
於大道上, 開轍迹如今騎哨馬路, 深可及膝, 廣可一尺, 相去五尺, 凡開
五條, 極其條直整齊. 亘屬於大路弔橋, 然後以大車輪五雙串五尺之軸,
一字擺開. 軸頭著鐵環, 連縛兩軸頭, 使五輪相聯. 又退四五步, 列五輪
而設施與前同. 以長板橫豎而加前後軸, 用夾前後輪而頭出輪外各一
尺, 穴其腰與頭三處, 以方木橫貫爲固, 而橫鋪長板于上, 是謂車廂也.
俵其收加板屋于夾輪之上, 而虛其中層以下, 獨於前面, 以四橫板爲簷,
以環懸其兩端, 使於廂內揭落任意. 又以十條木植於廂內之東邊, 偃以
支乎板屋西簷之上, 皆依夾輪板邊. 設施以長杠八條, 設環堅縛于後五
軸之間, 而以二十尺長杠, 橫繫于其末. 以四牛居八杠之間, 頭向板屋,
而牽二十尺橫杠, 二人居後驅策, 則十輪齊進, 而人居板屋, 用鋸刀剪
馬足, 雖有拐子馬, 亦當倒退不支矣. 是車也, 車在前而牛在後, 人與牛
無矢石之憂. 若欲退車, 則倒駕而驅之.
右拐子車.

弔橋

屯所或隱城西五里, 掘斷大路, 深數丈, 濶八九尺, 以板橋架之. 橋濶二
間才通往來之使客. 橋東左右, 植大柱各一. 柱頭設小轆轤, 如船檣上
掛帆之輪木. 橋之西頭兩畔穿穴, 可容一拳大. 又造置大繩于隱城, 而
繩之大, 比於上帆繩倍之. 臨警繫于板橋, 逾于柱頭, 數十人呼耶挽之.
倚橋于柱而縛之. 使兩人依橋板爲芰舍, 以爲傳遞撥報之地. 掘隧道以

爲逃避之地, 行人則自當別尋迃路, 不可爲此撓奪.

右弔橋.

火車

古云: "十里一置, 五里一堠." 凡於五里之間, 置一夾路隱城, 與大路夾
溝而居. 其制度, 與截路隱城同. 傍開銃矢穴, 儲置枯柴三輪車網席之
屬, 結橋如扉, 使可渡溝而藏置. 若値虜騎犯境, 俟其過而束也, 卽時開
城門渡溝. 結三車爲一排, 以網席漬鹽水覆之. 裝柴其上, 灑以松脂, 造
鐵叉 如丫字形 長丈許. 續以木柄, 長數丈. 用兩叉推一車, 而一排用六
叉. 若用數排, 則其叉數如之. 自屯所隱城, 亦如是設施而待之使賊居
間. 若有東風, 則自屯所隱城, 搖鼓而推車向西. 若西風, 則自夾路隱城,
搖鼓推車而向東. 無論東西, 去賊數百步, 放火于車柴, 賊爲兩頭火所
逼, 不得不棄馬投溝. 故夾路之溝, 不可不深, 而須用銃卒, 隨後勦殺之.
搖鼓者, 欲前面人之聞之也.

右火車.

掘溝之泥, 或云當積于大路之兩畔, 以爲我諸車之防隄. 或云當積于溝
外, 以爲驍賊超越之備. 惟在相地設施之得宜爾.

三條奇制 銅砲, 連弩, 設橋三條

銅砲

明人薄珏造銅砲, 砲藥發三十里, 鐵丸所過三軍糜爛, 而發後又無聲. 每置一砲, 卽設千里鏡, 以偵賊之遠近, 鏡筒兩端嵌玻瓈, 望四五十里 外如咫尺也. 爲大司馬張國維作.

連弩

明王端節徵, 字良甫, 創爲連弩活橋自行車自飛砲, 端節里居三原, 用 此保全一城云.

設橋

明朱家民字同人, 嘗爲安保監軍副使. 盤江故黔滇衝危境. 層厓疊嶂, 壁立千仞, 水深無際, 闊三十餘丈. 先是, 漢伏波將軍馬援, 設法利濟, 岸建兩石墩, 尋以水勢浩淼, 莫敢措手. 公憤然曰: "橋若不成, 誓以身 殉." 乃鎔鐵成押, 聯押成索, 餘其索之頭末各數十丈. 鈕鐵軸而藏山窟 中, 仍加重覆焉. 鋪以木幹, 聯以鐵索. 輪蹄往來, 若天馬行空. 建鼓樓 爲橋護, 建月城爲樓護. 琳宮梵刹, 棋布星羅. 沿江一帶, 望若化城, 前 此狼奔豕突之區, 牂牁而渡, 牂牁容一人之船也. 葬魚腹者, 幾以輕量. 至 是, 始獲寧宇而覩安瀾俾水西. 水西者安民也. 不敢南向牧馬者, 皆公力 也. 論者比於武侯之建瀾江, 仁愿之築受降城, 爲過之云.

右三條記古人巧思奇計, 要人之不泥古跡.

常恨西路之坦易, 爲北虜所用, 貽我國家丙子之恥. 而士大夫之西游者, 反誇道不已, 不思爲山河湔羞. 今此一篇, 皆爲西路發也. 故以截路設險爲主, 覽者不沒此意, 爲幸也. 至於禦敵諸具, 得於旅窓雨夜, 寢睡不著, 輾轉無悝時爲多. 而書生之迂論, 未足備芻蕘之說. 然曾聞林將軍慶業之在義州也, 日見虜騎之長驅, 力不能一擊. 夜輒杖劒徧行軍伍中曰: "汝等盍亦出智哉?" 有一老卒曰: "今虜火明滅於隔江. 明當渡氷而東, 若連夜鑿鴨江氷, 汲水澆于江磧, 而騎我著鐵之馬激擊, 則可獲全勝." 慶業用其計, 果擒淸主之壻. 今余此編, 爲義州老卒, 則或有餘矣.

西路嶺峙, 不必高如晨星, 險如洞仙. 橫遮十里或五里者, 在在有之. 就其最高處, 削其左右, 補其前後, 作平地數十步, 西窄而東濶. 就其窄濶中間左右, 築石造樓, 樓下高二丈. 施鐵樞于樓板, 懸門而掩之, 以兩關木撑開, 通人往來. 就其濶處左右, 造屋數十間, 以爲撥幕及藏車之所. 就其門前窄處, 開三轍, 各深尺許, 直抵嶺下平地.

又造四輪車, 單輪各居前後, 雙輪竝居左右. 前後輪共一轍, 左右輪各一轍. 下造低樓, 上覆板屋. 屋簷及柱牌, 密釘鐵蒺藜, 礜折其前隅, 使可衝堅, 翼張其左右, 使可擠排. 置數卒於樓中, 用長柄鋸鎌, 以剪馬足. 用數卒推車, 數十百人持兵隨之, 待虜騎充滿懸門外, 一湧馳下.

又一法. 左右輪間, 又置一輪, 竝居三轍. 三輪之軸長十二尺, 前後輪相去十六尺, 各有軸短三尺. 以兩杠木跨中輪之外, 夾架于前後輪軸頭, 則別是五輪之制. 其轍則依前只用三條.

李將軍成梁[12]之鎭遼也, 携奴兒哈赤, 爲家丁, 使之行商於北京. 明法寸鐵不得出北海關, 故奴兒哈赤貿針車載出關, 歸遺其故時部落, 鑄爲兵器. 積年行之, 而李不覺, 而致奴燼復熾. 嘗聞北京針肆, 橫旦數里. 其連車行商, 固無疑也. 我東使价年年往來, 故北針充牣於京肆, 數年來針價無端湧貴. 豈北肆所賣者, 亦藉南方, 而南方或有梗, 不能流輸如前而然耶? 無針則不得縫紉明矣, 而一國全仰異國, 若一朝北京路阻, 則雖有布帛, 吾得而衣諸? 我國亦或有造針者, 而鈍軟不堪用. 故謂之餠針. 想北針則必用石炭鑄成者也. 李參判匡德, 嘗於北京, 持來石炭, 到平壤, 使求其骨於房近, 而果得之. 然東俗, 亦不用之. 近聞關北六鎭, 則用石炭大勝於木炭. 湖南亦有之. 有深慮者, 當亟求石炭鑄針. 若不如前鈍軟, 則貯于竹筒, 仰承瀑流處, 待之而用之, 可免磨杵之窘矣.

京城之內炭價, 比炊薪頗歇. 以其近峽故, 而一葉錢買炭, 可煮二帖藥, 皆橡木 栩柞亦同類 檀木炭也, 未聞用松炭者. 在峽中時, 爐中或埋松炭, 則隨卽爐滅, 未及半夜. 故意謂松炭不足用明矣. 自來此中, 見所用炭, 皆松炭而可以冶鑄, 可以煮藥, 可以熾爐, 而其耐久之功, 與橡木炭不差多. 蓋此中所用炭, 皆是生松枝所埋者, 故成炭則有鐵聲, 而炭性又堅, 可耐久也. 更思楊峽炊竈者, 皆枯松枝, 故不能耐久也. 聞此中埋炭者, 則取松中房枝, 而茂朱等鐵冶處, 取合抱靑松. 造窟埋出, 亦皆成好矣. 以松炭鑄熟鐵, 以橡炭鑄水鐵. 蓋松炭性緩故, 而松炭價, 減橡炭五分之一, 然例以一苞炭, 授二十文, 或卄五文, 此其大槩也. 炭中靑松彌望. 若取房枝則, 一日可得十擔而全不費力, 舟輸京城, 只費一兩日矣.

---

12 《상두지》 필사본 원문에는 '粿'이라 쓰여 있으나, 문맥상 '粱'의 오기로 보아 바로잡았다.

雖不得與橡炭同價, 用工甚省. 却恨當年不作賣炭翁, 而枉作讀書計也.

龜車者, 下造四輪, 車上造板屋. 脊高丈餘, 作四方簷, 簷出車外四五尺, 去地亦四五尺. 以厚板周遭裝爲, 而板上及四沿, 釘鐵蒺藜. 車輪上, 裝坐機, 置四人, 執刀鋸鉤鎌之屬. 用十餘人, 驅入虜陣, 而十人隨而翼之. 雖兀朮拐子馬, 末如我何矣.

蒺藜車者, 取兩氷車, 合做一排. 兩車上, 各豎四大柱. 前二柱, 各鑿橫圓穴二, 取二圓木大一圍半, 橫納于左右二柱之圓穴, 而穴外施轄. 轄外木頭, 尙餘丈許. 橫木之前者高, 後者低, 高可以拒騎, 低可以拒馬. 有觸則圓轉不滯, 如鐵機之龍頭. 造鐵蒺藜累千箇, 就木身上排四五行釘入, 是謂蒺藜樑. 後二柱則鑿橫方穴, 橫揷二方木, 密釘鐵鉤. 造防牌木, 各於兩角, 釘環, 用掛于鐵鉤, 如野繭狀. _{野繭有兩角.} 牌木, 凡兩重, 又於兩邊四柱之間, 以竹絙維持, 使莫相離析. 待虜騎擁嶺而上, 用數十人, 推車, 數百人, 持兵隨之, 齊奮下嶺, 彼騎之驍者, 未及旋而顚者倒者, 無不現身於牌木之下. 或擄或斲, 無不任意.

火車者, 作四輪車, 而中間兩邊立大柱, 柱間上下, 各橫一樑. 上樑之腰, 繫大繩如股者. 繩之左右一二寸外, 又繫長繩, 下係于下樑如門戶狀, 所以使大繩不得游移. 又取六七丈堅直木, 斲而圓之, 作兩握大, 而木頭五六尺許, 則裹以薄鐵葉. 鐵葉開孔, 遍釘鐵蒺藜. 蒺藜之長數寸, 以一脚釘入鐵孔, 三脚向外. 又以襦袽漬松脂, _{松脂之爁取者也.} 襯縛于蒺藜間, 層疊四五寸. 乃以圓木腰懸於上樑股大之繩, 倚泊于下樑之上. 又以長繩兩條繫于圓木之末, 熾火于襦袽. 用十餘人推車, 直向賊陣, 而四人持兩條繩, 左右掣之, 則火之所揮霍, 雖銅頭鐵額者, 無不排墻于溝中. 然須於下樑之後懸牌木, 以護轉車掣繩之人.

冰車竝圖說

冰車說

客有問於主人曰:"今虜氛彌天, 四路之兵, 衂於深河, 東犯之鋒, 及於平山. 勝國之時, 義州境內, 麟抱二州, 鼎足而立, 所以嚴界限而壯軍容也. 今則獨有義州一府單弱已甚. 朝廷不知某之不才, 委以鎖鑰之任. 急病讓夷, 義不敢辭. 而盤錯利器, 非力所堪. 元帥[13]將何以教某乎?"

主人曰:"虜之丁卯東侵也, 請和卽退者, 蓋其根本未固. 慮皇朝之議其後也. 亦所以嘗我肆我也. 方今皇威不競, 虜有盜天下之心, 然終不敢空巢穴. 西入者亦恐我之躡其後也. 其勢必再舉以絶後顧之慮. 虜之所恃在馬, 我卒之惻懦, 聞於天下. 須有神機妙械, 護我之短而制彼之長然後, 可以全勝. 不然而以東兵之疲弱, 東馬之矮屌, 東械之鈍澀, 當彼新羈之駿足, 百戰之驍騎, 不過於其鞭鐙間, 撩撥而止耳. 趙奢之語田單曰:'吳干之釖, 肉試則斷牛馬, 金試則斷盤匜. 迫于柱上而擊之, 則折爲二. 迫于石上而擊之, 則碎而爲百者.'此護其短之謂也. 孫臏以下駟, 當諸公子之上駟, 三馳而兩勝. 此制其長之謂也."

客曰:"然則元帥之所謂神機妙計者, 必有成籌於胸中, 願一聞之."

主人乃言曰:"將軍赴義之日, 先募京師材技手工之流, 及請軍門委積之試士紙. 到義後, 鳩聚木材銅鐵皮毛丹靑之屬. 築子城於城內僻遇之地, 驅工人入其中, 厚其餼饔, 晝夜併作, 造冰車數百兩及關馬溫趙之像, 虎豹惡獸朱雀玄鳥之形, 以儲之. 俟冬深冰合, 樹冰柵數重於鴨江東邊.

---

13 《상두지》필사본 원문에는 '師'라 쓰여 있으나, 문맥상 '帥'의 오기로 보아 바로잡았다.

汲江水灌氷面, 可令日添一尺厚. 遇雪則又加灌焉. 務使半江以東, 瑩滑如銀海, 不亦爛爛乎? 及夫虜騎出沒隔江之日, 輪置氷車及諸物件于柵中. 虜必以大砲先嘗氷栅而後渡江. 待其充滿氷面, 一氷車用二人推出, 而人著四齒屐, 齒端著釘. 一車中置四人, 而一人居上層之後, 弄人像傀儡. 一人居其前, 吹角於獸形喉吻間. 二人居下層, 用鋸刀鉤鎌, 以上六人. 皆以獸形爲板屋. 故不厭其巨麗宏大. 將軍試思, 這場廝殺, 當如何哉? 鴨綠江氷, 是千古第一戰地也. 關馬溫趙騎, 著虎豹惡獸, 是千古第一奇觀也. 鉅鎌則又剪馬足之第一妙械也. 滑溜氷上, 一軒一輕, 橫衝直撞, 無不如意, 而迅疾如風, 則人驚於上, 馬駭於下. 鉅鎌政好奏功於障泥鞍韀之間, 況胡馬蹄大無鐵, 凌兢氷上, 雖橫艸之微, 尙堪爲難, 矧又鉅之鉤之者乎? 且一人竦趾徐行, 而氷坼之響, 有時震天发地. 今使數十百氷車交馳, 數千萬甲馬倒撞, 則巨鹿昆陽之戰聲, 不是過也. 又若以朱雀玄鳥, 帶著鉅翎尾, 蹲於氷車上而背膺間, 藏大砲倒擊而送之, 則所過之地, 可令三軍糜爛, 馬足盡空. 上可以擒虜主, 下可以梟群酋, 不亦善乎?”

客曰:“氷車者, 其制何如?”主人曰:“氷車之輪, 如弦月. 兩輪之相去六七尺, 長一丈有半. 有六軸, 而中間二軸, 則爲龜背. 以兩頭入輪施轄, 牢著不轉. 輪之著地處一尺, 則裹之以鐵, 月弦及龜軸上, 皆鋪板爲上下層樓, 前軸施牌木, 後軸施兩柄.”

客曰:“虎豹之制, 何如?”主人曰:“獸制, 則木爲骨, 而藁韀爲肉, 繩索爲筋. 縫以革, 蒙以皮. 以其四足, 垂輪軸之腋, 據下層之板.”

客曰:“傀儡之制, 何如?”主人曰:“傀儡以紙皮製, 就裹以芻藁, 餙以丹靑. 兵器則木爲之.”

客曰: "朱雀玄鳥之制, 何如?"主人曰: "朱雀昂, 玄鳥卑, 皆於氷車上,
用木裝就, 極其堅朴. 翅高而尾低, 使尾端曳地. 翅尾向外處, 皆含鉅,
鉅齒向前. 中藏大砲, 砲口向後, 使藥噴于東, 而車走于西者也. 夫以萬
斛之舟, 爲一砲所退者數里. 況氷車之滑汰氷上者乎."

客曰: "鉅刀古亦有之否."主人曰: "已上諸械, 何嘗泥古哉."客曰: "其
制何如."主人曰: "其刃長一尺有半, 廣一寸許.[14] 外薄而心厚. 尖爲劍
而房爲鉅. 鉅齒皆向下, 柄以數丈捍捧. 其用法, 則進退皆以迅疾爲貴,
所以鉅斷馬足也."

客曰: "不泥古故自名言, 然此亦方天戟餘制乎?"主人曰: "又有一械,
驟聞之如兒戲, 而最合於氷戰." "可得而言乎?" "鑄鐵如鵝卵, 當中有
竅. 串以二丈之艸條, 繫于一丈之殳. 使三卒掛掩心甲, 著四齒屐, 當彼
一騎. 二卒持二鐵鎚, 亂擊[15]馬上人, 一卒則揮鐵鎚于氷面, 綴馬足而製
之, 無不如意."

客曰: "氷柵能當大砲而不動否."主人曰: "鑿氷穴, 揷大木如梳齒之. 密
而排束, 其腰以杻木笆子離立圍之三重. 木柵之當彼岸處, 三重則笆子
當爲九重, 雖紅夷西洋砲, 恐不能打透也."

客曰: "氷車獨可用於鴨淥而已乎?"主人曰: "奚但氷江而已哉? 西路千
里之間, 嶺峙往往碁置, 吾欲施之."

客曰: "氷與嶺懸殊, 車豈可同用乎?"主人曰: "言之長矣. 竝見圖說."

14　《상두지》 필사본 원문에는 '廣一丈許'라 쓰여 있으나, 문맥상 '廣一寸許'의 오기로 보아 바로잡았다.

15　《상두지》 필사본 원문에는 '繫'라 쓰여 있으나, 문맥상 '擊'의 오기로 보아 바로잡았다.

西路千里之間, 左右各五里, 除田租. 隨其方直句梯, 皆於兩界之間, 掘
深溝如吳玠之地網法, 使虜騎由他路不得. 西路雖號條直坦易, 而嶺路
則或有透迤屈曲處, 今須治得如鋪匹練. 路之左右, 皆掘溝, 深廣丈餘.
路之兩畔, 去溝數尺許, 各開兩轍迹, 用合于氷車之輪, 灌水成氷. 左右
畔轍, 凡四條, 相去不失尺寸. 取兩氷車合做一排, 其間丈數, 則不必有
定限, 但視路之廣狹. 其排法則左右氷車月弦木上, 各置六橫梁, 直于
月輪之四橫軸. 而差先差後如舟艦上立牆處. 橫樑當中處, 間一尺, 又
加兩條長直梁, 其長可竟車, 皆與橫樑, 闊闊相唧, 不得游移. 橫直梁之
旁午開井處, 相次立四大柱, 使其根直抵于月輪四橫軸之背穴, 而倚短
柱於前後橫梁, 以樘柱之最前一柱上頭及稍後一柱, 腰間鑿橫圓穴. 第
三柱腰間及最後一柱上頭, 鑿橫方穴然後, 取大圓木, 長可掩路之廣者
二箇, 規削其兩項如鐵機之龍頭, 納于左右車前二柱之圓穴, 而加轄焉.
造鐵蒺藜數千箇, 就圓木身, 排四五行, 釘入一足, 張開三足, 則是謂蒺
藜梁. 最前者, 高可以禦騎, 稍後者, 低可以拒馬. 有觸則圓轉不滯. 又
取二方木, 堅插左右車後二柱之方穴, 而加轄焉. 亦一高一低, 密掛鐵
鉤, 取防牌木長丈餘, 各於兩角, 釘鐵環, 用掛于鐵鉤, 如野繭狀. 又於
兩邊四柱之間, 以竹絚維持, 使不相離析. 造得整齊後, 造撥幕數三間
于嶺上而儲置. 又於山下平地, 截路通溝, 溝上設橋, 橋下儲枯荻乾柴
硫硝等物. 橋之左右溝外, 築長堤, 使可伏兵. 及賊上嶺, 嶺上之兵, 先
期灌轍成氷, 出氷車合轍, 用數十人推車, 數百持兵隨之. 一聞鼓音, 齊
奮下嶺. 若又日暖泥融, 其滑汰迅疾, 當又倍於走氷, 彼騎之顚者倒者,
無不現身於牌木之下. 或擒或斫, 寧不任意? 溝外之伏, 又以藥線, 放火

於橋下, 登堤夾擊, 賊必棄馬投溝而求活. 若其溝中之命, 則豈不制之在我哉? 當此之時, 雖兀朮拐子馬復來, 莫如我何矣. '嶺上儲置'下有螺殻城, 一段議論. '莫如我何'下有斂襟門紅風火雨, 一段問答, 今删去.

客讀畢, 再拜曰: "夫如是, 則西路千里, 便一竹節灘, 雖虜騎千群, 無所展其足矣. 向使元嘉之際用此, 則佛狸鐵馬, 何得涉河氷而南矍? 天寶之世用此, 則祿山突騎, 何能窺潼關而西蹕? 偉矣盛哉, 氷車乎, 氷車乎. 某願與公分此功."

荊川武編

鐵

澤潞出鐵. 上等鐵絲, 如黃豆大, 長丈餘, 用工最多. 次等鐵, 條鐵, 中鑿三眼. 三等手指鐵, 鑿五條紋. 下等塊子鐵. 出鐵之處, 條鐵止用. 兩箇錢一斤而已.

薊州好兵器, 用桅孤鐵.

達子鍊鐵, 用馬糞火.

鐵有生鐵, 有熟鐵. 鋼有生鋼, 有熟鋼. 生鐵出廣東福建. 火鎔則化如金銀銅錫之流走, 今人鼓鑄, 以爲鍋鼎之類是也. 出自廣者精, 出自福者粗, 故售廣鐵則加價, 福鐵則減價. 熟鐵出福建温州等處, 至雲南山西四川, 亦皆有之. 聞出山西及四川瀘州者甚精, 然南人實罕用之, 不能知[16]其悉. 熟鐵多瀵滓, 入火則化如豆查不流走, 冶工以竹夾夾出, 以木搥搥使成塊, 或以竹刀就鑪中, 畫而開之. 今人用以造刀銃器皿之類是也. 其名有三, 一方鐵, 二把鐵, 三條鐵. 用有精粗, 原出一種. 鐵工作用, 以泥漿淬之, 入火極熟糞出, 即以鐵捶捶之, 則渣滓瀉而淨鐵合. 初煉色白而聲濁, 久煉則色青而聲淸. 然二地之鐵, 百煉百拆,[17] 雖千斤亦不能存分兩也. 生鋼出處州, 其性脆, 拙工煉之爲難. 蓋其出爐冶者, 多雜糞炭灰土. 且其塊粗大, 惟巧工能看火候, 不疾不徐, 捶擊中節. 若火候過則與糞滓俱流, 火候少則本體未鎔而不相合. 此鋼出自處, 惟浙東用之. 若其他遠土, 則皆貨熟鋼也. 熟鋼無出處, 以生鐵合熟鐵片, 夾廣鐵鍋, 塗泥入火而團之. 或以生鐵與熟鐵并鑄, 待其極熟, 生鐵欲流, 則以生鐵於熟鐵上, 擦而入之. 此鋼合二鐵, 兩經鑄煉之手, 復合爲一. 少沙土糞滓, 故凡工煉之爲易也. 人謂久煉, 則生鐵去而熟鐵存, 其性柔, 頗似不然. 蓋生鐵, 雖百鑄, 所拆甚少. 熟鐵每一鑄, 所拆甚多. 其去其存, 不知其孰多而孰[18]少也. 人有謂團鋼久鋼則脆, 與性柔之說相反. 此二鋼久煉之, 其形質細膩, 其聲淸甚. 若鐵之久煉者, 聲雖淸, 不及鋼也. 一先將毛鐵, 逐塊下爐入. 火候微紅時, 鉗出, 用稻草灰拌鐵身, 却入爐. 大火扇透, 紅發値時, 鐵花飛冒之際, 鉗出, 鎚成板子, 就以鋼塹鑿縱橫, 湊紋於其上, 其紋路俱隔. 分數如此三遍, 初次一煉, 二次二合一, 三次四合一.

---

16 《상두지》 필사본 원문에는 '如'라 쓰여 있으나, 《무편(武編)》 원문에는 '知'로 되어 있어 원전에 따라 바로잡았다.

17 《상두지》 필사본 원문에는 '拆'이나 '坼'이라 쓰여 있으나, 《무편》 원문에는 '拆'로 되어 있어 원전에 따라 바로잡았다. 아래도 같다.

18 《상두지》 필사본 원문에는 '熟'이라 쓰여 있으나, 《무편》 원문에는 '孰'으로 되어 있어 원전에 따라 바로잡았다.

其醮灰鑿紋, 總同前法. 但盡此法製, 其色白聖如銀, 其聲清而有韻, 此其証驗.

計用福建方毛鐵, 對客買每百斤, 算買脚, 并搬運脚價, 共用銀九錢.

福建條鐵, 今[19]人用造釘[20]裝家火, 造大器械不用. 廣東條鐵, 今[21]人用抽鐵絲,[22] 造大器不用.

一. 鍊鐵, 每十斤權鍊作三斤. 計用匠五工, 工食二錢五分. 約用炭價, 銀一錢六分. 通算鍊就鐵, 用銀一錢六分六釐六毫, 得鐵一斤. 此鍛鍊之大數. 至於成造刀銃, 工又益加, 鐵又益拆. 此須逐樣, 監試一件, 纔能定價.

一. 鍊鋼, 每斤計銀二錢, 可作甲葉. 計銀三兩, 可作好刀.

一. 弊端, 估造器械, 官價率有餘. 然內而監造人員與掌局工作, 以漸侵剋, 是以高價而得低物也. 鐵與鋼鍊之已精未精, 非若金銀可以成色辨計. 往昔只照常制, 造尙自弊多. 至於鍊鐵則弊, 益易著手盜炭. 指粗鐵以爲精鐵, 以粗鐵而易精鐵, 將無所不至矣.

一. 鍊鐵之工, 須得素用堪用之人, 方彼此相解. 若造鳥銃, 須得慣造得法之人, 爲之指撥.

---

19 《상두지》 필사본 원문에는 '슘'이라 쓰여 있으나, 《무편》 원문에는 '今'으로 되어 있어 원전에 따라 바로잡았다.

20 《상두지》 필사본 원문에는 '打'라 쓰여 있으나, 《무편》 원문에는 '釘'으로 되어 있어 원전에 따라 바로잡았다.

21 《상두지》 필사본 원문에는 '슘'이라 쓰여 있으나, 《무편》 원문에는 '今'으로 되어 있어 원전에 따라 바로잡았다.

22 《상두지》 필사본 원문에는 '緣'이라 쓰여 있으나, 《무편》 원문에는 '絲'로 되어 있어 원전에 따라 바로잡았다.

刀花: 羊角, 煅灰粉, 心水提過, 酸酸草燒灰, 硝, 醬.

刀方: 羊角, 鐵石, 磠沙.[23]

後鑒錄抄 毛奇齡著

山堡防護之法

石城者, 唐吐蕃石堡城也. 去平凉千里. 在萬山中, 四面斗絶無徑. 懸繩而登山西, 頂平可容數千人. 而環以墻, 墻高二三丈, 顧乏水, 山隈有石甃可汲. 甃當棧道. 棧外築小城護之. 前臨危坡, 高數仞如拱壁者. 而凡山面背左右悉築城, 高二丈五尺. 各留小門, 僅容一騎. 環城皆亂山, 形甚惡. 昔人所稱石堡險固, 非數萬人勿克者. 滿四尙據之. 成化四年六月, 平凉千戶滿四叛據石城. 命副都項忠等七路進兵, 遂擒四. 後賊黨滿洪洪云火敬與滿能 滿四之從子. 入靑山洞, 忠用火燻之, 俱就擒, 遂剗平石城.

石磢厭禳之法

崇禎九年, 李自成在滁, 環山爲營, 包絡鱗次百餘里. 行太僕卿李覺斯, 知州劉大鞏督民登陴. 賊百道環攻不下. 城頭火輪巨磢, 殺賊無筭. 賊恚甚, 裸婦女百餘, 遷[24]淫之. 已盡斷其頭, 環向堞植跗倒埋. 露下私以

---

23 《상두지》 필사본 원문에는 '戶磠沙'라 쓰여 있으나, 《무편》 원문에는 '磠沙'라고만 되어 있어 원전에 따라 바로잡았다.

24 《상두지》 필사본 원문에는 '참'이라 쓰여 있으나, 《후감록》 원문에는 '遷'으로 되어 있어 원전에 따라 바로잡았다.

壓諸礮, 礮裂. 大羣取圍牏數百枚, 如其數懸堞外. 向礮仍發.
晴案, 下私謂陰戶也. 圍牏卽厠板也.

絚柱拆城之法

崇禎十四年, 李自成圍開封. 開封故宋都, 金人所重築也. 城厚十丈. 賊
攻城, 無梯衝, 但創拆城法. 責一甲士拆一甎, 得者卽歸營, 解甲臥. 拆
已穿穴, 穴初容一人, 漸至十百, 次第畚土出, 留一土柱巨絚, 絚柱間萬
人負絚而絶之, 則一呼而城崩矣. 開封守堅, 每穿穴, 輒薰以毒穢, 當者
焦爛, 城上矢礮齊擊, 殺賊帥上天龍等.

火逬攻城之法

李自成圍開封, 節. 總兵陳永福, 挽彊弩, 中自成目. 賊憤甚. 乃就城壞[25]
處, 試火功法. 以硝炭實甕, 塡城穴, 火發甕裂, 名大小放逬. 時十五年
二月, 賊將逬火, 先下令曰: "今日必拔引精騎環繞, 距躍鼓譟, 俟城頹,
齊擁以入." 而城土內堅而外浮, 火逬反擊, 灰土之漲及于天, 數千騎殲
焉. 賊駭而去.

攌石滾木之法

崇禎七年, 李自成奔入興平之車箱峽, 峽四山立, 中亘四十里, 無去路,
而土兵用攌石滾木, 圍堵而瞰.

---

25 《상두지》필사본 원문에는 '壤'이라 쓰여 있으나, 《후감록》원문에는 '壞'으로 되어 있어 원전에 따라
바로잡았다.

成化元年, 大藤峽蠻侯大狗倡亂, 峽在潯州萬山中. 命左僉都御史韓雍等,
諸道幷擊. 賊聚于桂州橫石寺塘, 據險立柵, 而悉力出捍于峽南, 置礧
石滾木鏢鎗, 矢下如雨注. 官軍仰山而攻, 雍督戰[26]益急, 將士用圍牌,
扒山虎, 壓二笆諸器, 魚貫以進, 皆殊死戰, 呼聲裂山谷. 賊氣奪, 乃縱
火焚柵, 因而乘之, 歷破諸寨. 賊潰入橫石諸厓, 雍飭兵窮追, 伐山通道,
行數日至其地. 賊上九層厓抗戰, 前樹大柵, 用千觔礧石, 從雲霄轉下,
聲如轟雷. 且弩矢雨注, 不可當. 雍誘使大發, 而令人間道潛陟其巓, 覘
發竭擧砲, 賊大駭. 雍麾死士, 以大斧刊木, 扳蘿而升, 前後不絶如蟻.
漫山奮擊, 然後發火箭焚柵, 賊大奔. 此一條出蠻司合誌. ○又嘉靖十八年, 萬
逹攻諸瑤, 盡拔諸賊隘所設蒺藜菰菱及礧石滾木等.

蠻司合誌抄

鐵貓爬山虎緣崖[27]之法

正德十一年, 阿傍,[28] 阿皆, 阿革, 三酋名. 據香爐山, 稱王. 山在淸平衛界.
乃奏請摠兵李昻及湖撫秦金會, 剿賊. 而香爐山險, 百攻不能下. 乃雜

---

26 《상두지》 필사본 원문의 해당 부분에 붉은 글씨로 '督戰' 두 글자가 덧붙어 있다. 이는 《만사합지》 원
   문을 인용하는 과정에서 누락된 글자를 써놓은 것이다.

27 《상두지》 필사본 원문에는 '厓'라 쓰여 있으나 《만사합지》 원문에는 '崖'로 되어 있어 원전에 따라 바
   로잡았다. 아래도 같다.

28 《상두지》 필사본 원문에는 '房'이라 쓰여 있으나 《만사합지》 원문에는 '傍'으로 되어 있어 원전에 따라
   바로잡았다. 아래도 같다.

製繩梯及鐵貓爬山虎諸具. 督令宣慰彭九霄彭明輔等, 選精銳緣崖而
上. 拔木柵縱火焚巢, 斬賊首阿傍等.

頓梯鉤繩猿扳之法

都勻部苗王阿向者, 屢據凱口囤, 稱亂. 嘉靖十五年, 詔遣巡撫陳克宅,
調土漢兵三萬集囤下. 囤故絶險, 賊復于要害, 設弩樓, 疊石防守, 攻三
月不克. 節 乃令土官安萬銓, 購壯士能猿扳者, 乘夜雷雨, 以鐵鉤縛手
足, 若指爪然, 攀崖援木以上. 然後用頓梯鉤繩, 使衆軍魚貫, 躡絶頂.
發弩石下擊. 摠兵楊仁等, 督各哨, 仰面夾攻之. 萬銓兵, 自山後馳下,
開囤門, 遂斬阿向.

竹牌火罐束箠之法

天啓元年, 崇明奢氏 猓種也. 據重慶, 叛據之. 乃乘勢向成都, 左布政朱爕
元, 登陴而守, 先令上司坤汝常乘賊, 而以指揮常恭等架大砲助之. 殲
賊先鋒數人, 賊稍却. 次日, 賊數千人, 以革裹竹牌障其身將登, 矢石無
所用. 爕元急命架七星砲火箭火罐衝擊之, 殺數百人. 抵暮賊擁鉤梯數
千, 攀城而前, 爕元戒士卒, 第放[29]砲礌石, 無譁. 遲明賊積尸陵城下, 時
多濠水涸, 賊率降民持箠束薪, 載濠上壘如山, 上架篷篳, 形類行屋, 設
伏弩, 仰射城中, 而垂簾以蔽矢石. 爕元夜縋壯士持爇塗膏, 殺守者縱
火. 火舉山隤, 賊大阻. 爕元又遣人, 決都江堰水以灌濠, 濠滿, 賊乃治

---

29 《상두지》 필사본 원문에는 '然'이라 쓰여 있으나, 《명사》 원문에는 '放'으로 되어 있어 원전에 따라 바
로잡았다.

橋得少息. 賊又于城四面立望樓, 高與城等. 燮元曰: "賊設瞭望, 必四出剽掠, 其中虛." 遂命死士五百人, 突出擊之, 賊果無備.

礮石呂公車衝擊之法

天啓元年, 崇明向成[30]都. 崇明猓種也. 叛圍成都. 左布政朱燮元登陴而守. 與賊相犄角. 節 賊圍城將百日, 歲且盡. 旣而賊數千自林中噪而出. 視之, 有物如舟, 名旱船. 高丈許, 長五百尺. 爲重屋簞第, 左右而板. 其中伏力士百人. 張以毒弩, 而以一人仗釰, 載羽旂, 驅牛數百頭, 運石轂行. 房翼兩雲樓如左右廣, 俯瞰城中. 燮元曰: "此呂公車也. 破之, 非礮石不可." 礮石者, 巨木爲杆柱. 置軸柱間, 轉索運杆. 千鈞之石, 飛擊如彈丸, 賊車不得近. 乃陰爇大砲. 擊牛中其當軛者, 牛駭反走. 乘勢縱擊敗之.

量穀數板

問: 本縣總兵六千七百八十五戶, 每戶應分粟四斗三升二合九勺. 該粟幾何?

答曰: "總二萬九千三百七十二斗二升六合五勺.

法曰: 六千戶, 各受四斗, 則四六二十四, 知爲二萬四千斗也. 又七百戶, 各受四斗, 則四七二十八, 知爲二千八百斗也. 餘倣此.

每得十數, 升之上. 格外者, 圈之.

---

30 《상두지》 필사본 원문에는 '城'이라 쓰여 있으나, '成'의 오기로 보아 바로잡았다.

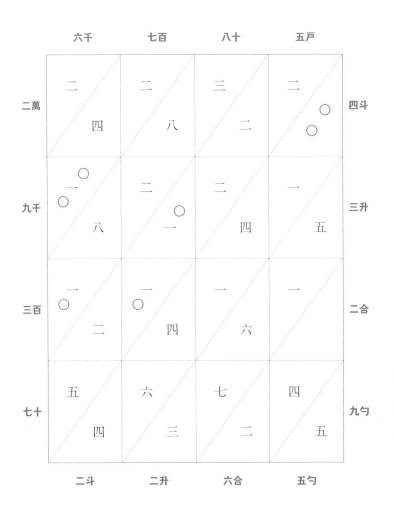

問: 若民總爲六千七百單五戶, 每戶應分粟四斗零二合九勺, 該粟幾何?

答曰: 總二萬七千一十四斗四升四合五勺.

法曰: 斜界之法, 以十乘十. 故中間雖落十數, 亦須設其空格, 有合有勺, 而中間無升者, 其設空格亦同.

若六千單五戶者, 中間須空二格, 若四斗單九勺者, 其空二格亦同.

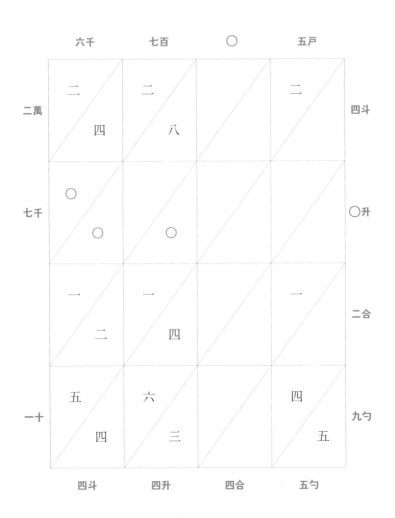

찾아보기

상두지

비운의 실학자, 조선의 국방 청사진을 그리다

1판 1쇄 발행일 2020년 6월 29일

지은이 이덕리
옮긴이 정민 강진선 민선홍 외

발행인 김학원
발행처 (주)휴머니스트 출판그룹
출판등록 제313-2007-000007호(2007년 1월 5일)
주소 (03991) 서울시 마포구 동교로23길 76(연남동)
전화 02-335-4422 **팩스** 02-334-3427
저자·독자 서비스 humanist@humanistbooks.com
홈페이지 www.humanistbooks.com
유튜브 youtube.com/user/humanistma **포스트** post.naver.com/hmcv
페이스북 facebook.com/hmcv2001 **인스타그램** @humanist_insta

편집주간 황서현 **편집** 하빛 김선경 **디자인** 한예슬
조판 홍영사 **용지** 화인페이퍼 **인쇄** 삼조인쇄 **제본** 경일제책

ⓒ 정민, 2020

ISBN 979-11-6080-410-2 93900

이 도서의 국립중앙도서관 출판예정도서목록(CIP)은 서지정보유통지원시스템 홈페이지(http://seoji.go.kr)와
국가자료공동목록시스템(http://www.nl.go.kr/kolisnet)에서 이용하실 수 있습니다.(CIP제어번호: CIP2020023096)